农牧民补助奖励政策 实施与成效

全国畜牧总站 编

中国农业出版社

北 京

图书在版编目（CIP）数据

农牧民补助奖励政策实施与成效 / 全国畜牧总站编
. —北京：中国农业出版社，2020.8
ISBN 978-7-109-27210-1

Ⅰ．①农…　Ⅱ．①全…　Ⅲ．①农业政策－研究－中国
②畜牧业政策－研究－中国　Ⅳ．①F320②326.3

中国版本图书馆 CIP 数据核字（2020）第 156289 号

中国农业出版社出版

地址：北京市朝阳区麦子店街 18 号楼
邮编：100125
责任编辑：赵　刚
版式设计：杜　然　责任校对：吴丽婷
印刷：北京中兴印刷有限公司
版次：2020 年 8 月第 1 版
印次：2020 年 8 月北京第 1 次印刷
发行：新华书店北京发行所
开本：700mm×1000mm　1/16
印张：18.50
字数：320 千字
定价：80.00 元

编辑委员会

编 写 组 成 员

前　　言

我国有近 4 亿公顷草原，居世界第二位，占国土面积的 41.7%，是耕地面积的 3.2 倍、森林面积的 2.3 倍，是长江、黄河、珠江、雅鲁藏布江、辽河和黑龙江等水系的源头。草原具有调节气候、净化空气、涵养水源和维持生物多样性等多种生态功能，是山水林田湖草生命共同体的重要组成部分。天然草原上有野生植物 1.5 万多种、野生动物 2 000 多种，其中特有牧草和饲用植物 300 多种，国家一级保护动物 40 多种。全国 1.2 亿少数民族人口中 70% 以上集中生活在草原区，全国 659 个少数民族县（旗）中有 597 个分布在草原地区；全国 2.2 万千米陆路边境线中有 1.4 万千米在草原地区。保护好、利用好草原，对发展牧业生产、维护民族团结、保障边疆稳定、实现社会和谐具有举足轻重的作用。

中华人民共和国成立后，草原地区大力发展畜牧业生产，为满足广大人民群众生活需要，增加农牧民收入，促进经济社会和谐发展做出了重要贡献。但受气候变化、人口增加、开垦和其他不合理利用等因素的影响，草原地区人草畜矛盾突出，草原退化、沙化、盐渍化十分严重。虽然 21 世纪初实施了退牧还草、京津风沙源治理等草原保护建设项目，但还不足以从根本上解决草原保护和利用的矛盾。为此，在西藏自治区先行试点草原禁牧补助和草畜平衡奖励等政策的基础上，经国务院同意，从 2011 年起建立草原生态保护补助奖励机制，五年为一个周期，2016 年起改为草原生态保护补助奖励政策，2019 年起将该政策中发放给农牧民的补助奖励资金单独立项，改称为"农牧民补助奖励政策"。

农牧民补助奖励政策（包括草原生态保护补助奖励机制和草原生态保护补助奖励政策）在我国北方 13 个省区和新疆生产建设兵团、黑龙江省农垦总局实施，以实行禁牧补助和草畜平衡奖励为主，同时给予绩效奖励，用于草原生态保护和草牧业发展。农牧民补助奖励政策实行资金、任务、目标、责任"四到省"和任务落实、资金发放、建档立卡、服务指导、监督管理"五到户"的管理体制机制，共有 1 200 多万牧户、5 000 多万农牧民受益，在脱贫攻坚、农牧民转移就业、产业融合发展等方面发挥了重要作用，促进了民族团结和边疆稳定，增强了农牧民群众心向党、心向国家的感情，被农牧民群众称赞为德政工程和民心工程。

为了宣传好、落实好、完善好农牧民补助奖励政策，全国畜牧总站组织有关专家学者详细阐释了该政策提出的现实背景与理论依据，系统梳理了政策的内容与变化，全面总结了政策实施的进展与效益，编辑出版《农牧民补助奖励政策实施与成效》一书。全书共五章，分别为背景与依据、内容与实施、进展与成效、反响与期待、案例与做法，力求从理论和实践两个层面向读者展现政策的全貌，期待更多关注草原、关爱牧民、关心牧业的专家学者、企业、农牧民和社会组织机构及广大社会工作者为完善和落实政策建言献策，为草原地区可持续发展贡献更大的力量。

本书的编写工作得到了北京林业大学、甘肃农业大学、西南民族大学、石河子大学、中国草学会、中国农业科学院草原研究所、中国农业科学院农业环境与可持续发展研究所、四川省草业技术研究推广中心等单位的大力支持，特别是承担农牧民补助奖励政策第三方效益评价工作的专家学者提供了宝贵的数据资料。参与编写工作的同志查阅了大量文献，对相关文件规范和总结报告进行了整理分析和归纳提炼，多次修改完善稿件，付出了大量心血和汗水。值此成书之际，谨对各位专家学者、编写人员的辛勤付出及相关单位的大力支持表示诚挚的谢意！

由于农牧民补助奖励政策是中华人民共和国成立后国家实施的覆盖面最广、资金量最大、受益者最多的草原保护建设与科学利用措施，内涵丰富，创新性强，亮点纷呈，分析好、提炼好、升华好政策举措有很大的难度，加之编写人员水平有限、经验不足，很多内容还不够完善、到位，不足之处敬请读者批评指正。

本书编委会

2020 年 3 月

目　　录

第一章　背景与依据

第一节　草原概念及功能

草原是一种自然资源，既有自然属性，同时也具备经济社会属性。厘清草原的概念，不仅有助于理解、认识和深入研究自然生态系统，还能够明确它的经济社会属性边界，这对于草原管理十分重要，是制定法律、政策必须澄清的基本问题。

一、概　　念

我国是草原资源大国，在草原科学技术研究方面做了大量的工作，对草原有比较深刻的认识。不同组织或知名学者也都从不同的视角来描述草原或草地的概念，如在我国植被学的范畴，草原被认为是"由耐寒的旱生多年生草本植物为主（有时为旱生小半灌木）组成的植物群落"（《中国植被》，1980）。全国高等农业院校统编教材《草原管理学》（1979）将草原定义为：以天然饲用植物为主的具有特殊生态系统的畜牧业生产基地，这一生态系统还包括很多资源。中国《环境科学大辞典》（1991）认为，草原是指在中纬度地带大陆性半湿润和半干旱气候条件下，由多年生耐旱、耐低温的以禾草占优势的植物群落的总称。中国高等农林院校"十一五"规划教材《草地学》（第三版，2009）认为：草地一般可简要理解为"生长草类的土地"或"凡有形成草层（或草被）的多年生草本植物生长着的地区"。中国草原学会（1974）对草原的定义为："以禾草、类禾草、杂类草或灌木等天然植被（具有顶级或形成顶级的自然潜力）为特征的一种土地类型"。我国草原科学的奠基人王栋（1952）将草原与草地在定义上予以区分，认为草原是指"凡因风土等自然条件较为恶劣或其他缘故，在自然情况下，不宜耕种农作，不适宜生长树木，或树木稀疏而以生长草类为主，只适于经营畜牧的广大地区"。同时他给草地的定义是"凡是生产或栽种牧草的土地无论生长牧草株本之高低，亦无论所生产牧草为单纯一种或混生多种牧草皆谓之草地"，与苏联 A. M. 德米特里耶夫的定义相同。任继周（1959）认为"草原是大面积的天然植物群落所着生的陆地部分，这些地区所产生的饲用植物可以直接用来放牧和割草饲养牲畜"。20 世纪80 年代初，他根据生态系统的理论，对草原的定义作了发展，认为"草原是以草地和家畜为主体所构成的一种特殊的生产资料，在这里进行着草原生产，它具有从日光能和无机物，通过牧草到家畜产品的系列能量和物质流转过程"。贾慎修（1982）认为："草地是草和其着生的土地构成的综合自然体，土地是环境，草是构成草地的主体，也是人类经营利用的对象"。许鹏（1994）认为："草地是具有一定面积，由草本植物或半灌木为主体组成的植被及其生长地的总称，是畜牧业的生产资料，并具有多种功能的自然资源和人类生存的重要环境"。章祖同（2004）认为草原的含义是"以天然饲用植物为主的具有特殊生态系统的畜牧业生产基地，这一生态系统还包含多种资源，如旅游、狩猎、一定的水产和林产、自然资源保护等"。

到目前为止，国际上对草原也没有统一的概念和定义。美国草原学奠基人桑普孙（1952）认为："草原是大面积的少雨、少围栏、生长天然植被，用以放牧家畜和野生动物的土地资源"。英国《牛津植物学词典》（Allaby，1998）将草原定义为能满足草本植物生长，但不完全满足树木生长的水热与人文条件，降水介于森林和荒漠之间，包括因放牧或者火烧森林发生的偏途演替后形成的草地群落。A. 刘易斯（1969）认为："草原包括温带禾草草原、热带稀树草原、灌丛地、大部分荒漠、冻原、高山群落、海滨沼泽和草甸，它是世界上最大的一种土地类型"。美国草原学会（1974）对草原的定义为："以禾草、类禾草、杂类草或灌木等天然植被（具有顶级或形成顶级的自然潜力）为特征的一种土地类型，它包括按天然植被管理，并提供饲草的天然或人工恢复的土地。这种土地上的植被适于家畜放牧采食"。H. F. 海迪（1975）指出："草原的植被包括灌丛地、草地和开放的林地"。与国内相似，国际上草原与草地的概念也常常混用。苏联 A. M. 德米特里耶夫（1948）认为："草地是生长多年生草本植物并形成草层的陆地部分"。英国草地学家 W. 戴维斯（1960）在第八届国际草地会议上提出，草地一词应该包括各种类型的牧场，特点是将禾本科、豆科牧草和其他植物结合在一起，以供家畜牧食。E. 达菲等（1974）对草地的定义为："草地是世界少雨地区分布最广泛的一种植被类型，在温带地区，草地是人们砍伐了森林后播种牧草而形成"。H. 托马斯（1980）

为英国草地学会所写的"草地植物研究中的术语及其定义"一文中，对草地定义为："植物群落的类型，可以是天然的或人工的，草本植物种占优势，大部分为地面芽植物，例如禾本科和豆科草，也可以存在某些灌木或乔木"。加拿大里瑟尔（1981）认为："草地是含有少量树木和灌丛，以混合草本植被为特征，并且以禾草占优势的生物群落"。英国《布莱克农业辞典》（Dalal，1981）对草地的定义为："用于放牧家畜的土地，培育的草地主要由禾本科和三叶草组成，而有苔藓、地衣和矮灌丛的为未培育的草地或天然草地"。美国巴恩斯和泰勒（1985）简明扼要地认为："草地是指除了需要每年播种的作物之外的，用于饲养家畜的所有植物群落"。

纵观国内国际学者和组织给出的草原和草地的定义，界限并非十分清晰，除了天然草原，荒漠、戈壁、沙漠等生态系统也常常被认为是草原或草地。《中华人民共和国草原法》（以下简称《草原法》）规定："草原是指天然草原和人工草地，天然草原包括草地、草山和草坡，人工草地包括改良草地和退耕还草地，不包括城镇草地。"

二、功　　能

（一）草原的生产功能

1. 天然草原是人类重要的畜产品基地

草原是陆地上覆盖面最大、数量最多、更新速度最快、生产性能最高的一种再生性自然资源，是发展草食家畜和草食动物的主要饲料来源，是肉、奶、皮、毛等畜产品的重要生产基地。据统计，全世界草原面积5 250万平方千米，占陆地面积的近40%，其植物生产占全球总生产的30%～35%，是基础生产的主要基地，养活着世界上1/3的人口（侯扶江等，2016）。我国草原面积约4亿公顷，全国天然草原鲜草产量年均超过10亿吨（全国草原监测报告，2017），饲养着近3亿只羊、1亿头牛，六大草原省区畜产品产量羊肉达到231.4万吨，占全国的近1/2，牛肉产量192.2万吨，占全国的30.29%（中国畜牧兽医年鉴，2018），草原畜牧业已经成为牧区国民经济的支柱性产业，在促进国民经济发展、提高牧民生活水平等方面正发挥着不可替代的作用。

2. 人工草地为畜牧业生产提供了大量的优质饲草料

人工草地作为草原的重要组成部分，与天然草原相比具有产量高、草品质好等特征。目前，国际上牧草平均产量高达每公顷 7 500~10 000 千克，牧草产业发达国家牧草种植面积约占天然草原面积的 10% 左右，如美国人工草地占耕地面积比例高达 14%（张英俊等，2011）。美国、加拿大、澳大利亚、新西兰等国是牧草生产的主要国家，2009 年，美国牧草种植面积为 2 435.4 万公顷，产量 1.52 亿吨，青贮玉米面积为 241.4 万公顷，产量 1.12 亿吨；加拿大牧草种植面积为 737.9 万公顷，产量 3 043.2 万吨；澳大利亚各类干草产量超过 650 万吨，青贮饲料干物质产量约 220 万吨。截至 2016 年，我国商品饲草生产面积（包括天然草原打草场）约 2 000 万亩，干草产量 810 万吨，为支撑我国畜牧业发展做出了积极的贡献。

3. 草原是重要的食物、医药和部分轻工业生产的原料供给库

草原的动植物资源十分丰富，是发展食品、制药、纺织、造纸等的原材料。不论在湿热雨林、干旱灌丛、灌草丛，还是高寒草甸等，均有在严酷生境长期演化过程中，适应极端条件（极端冷热、干旱、强风、高辐射、基质贫瘠等）而形成的具有特殊抗逆性的生态适应型，或含有有价值的次生代谢化合物的野生生物资源。这些野生生物资源不仅是宝贵的物种基因库而且是重要的医药原料资源。以我国新疆和西藏为例，新疆药用植物有 2 012 种，其中蕴藏量大、药用价值高的品种有干草、麻黄草、肉苁蓉、虫草、发菜、雪莲、阿魏及紫草等。西藏地区入藏药的植物有 191 科、682 属、2 085 种，包括菌类植物 5 科、50 种，地衣类 4 科、46 种，苔藓类 5 科、5 属、5 种，蕨类 30 科、5 属、5 种，裸子植物 52 属、47 种，被子植物 131 科、581 属、2 895 种；动物有 57 科、111 属、159 种。此外，草地上的菌类、野菜等已成为绿色食品的重要组成部分，沙棘、山杏等成为饮料食品的重要来源，罗布麻、芦苇、芨芨草等也成为纺织、造纸等工业原料之一。

（二）草原的生态功能

1. 调节气候

草原对气温、降水、湿度、蒸发等气象要素均有调节作用。草原绿色植物在生长过程中，从土壤中吸收水分，通过叶面蒸腾，把水蒸气释放到大气层，可提高环境的湿度、云量和降水，减缓地表温度的变幅，增加水分循环的速度，从而影响太阳辐射和大气中的热量交换，起到调节小气候的作用。由于草层的遮蔽作用，草丛下面地面温度比裸地高 6.0~6.5℃。

草丛的遮光、避风和减少土壤中水分蒸腾的作用，还可以使空气湿度增加并维持一定时间，在植被茂密的草原上空，很容易形成降雨，从而改善环境、调节气候。

2. 改善空气质量

草原具有调节空气成分、净化环境的作用。绿色植物在进行光合作用时，可吸收二氧化碳，释放出氧气。据有关资料报道，地球上的绿色植物每年大约向大气释放氧气为 27×10^7 吨，可使大气中二氧化碳和氧气保持平衡。草原是面积最大的绿色生态系统，对人类的生存极其重要。草原还可以减少噪声、释放负氧离子。草原上的植物是一个大功率的消音器，能吸收和减弱 $125 \sim 800$ 赫兹的噪音；草原释放的负氧离子的数量每平方米高达 $200 \sim 1\,000$ 个。草原还是一个很好的大气过滤器，对空气中的一些有毒气体具有吸收或转化能力，如多年生黑麦草、狼尾草等就具有抗二氧化硫污染能力。草原还能吸附尘埃、净化空气，尤其有利于防止二次扬尘。据北京市环境保护科学研究所资料，在 $3 \sim 5$ 级风的情况下，裸地空气中的粉尘浓度约为草原空气中粉尘浓度的 13 倍，草坪足球场附近地面的粉尘含量仅为裸露黄土地的 $1/6 \sim 1/3$。

3. 涵养水源

草原植被和土壤可以吸收和阻截降水，延缓地表径流速度，渗入土壤中的水分通过无数微小通道下沉转变为地下水，构成地下径流，补充江河的水源，起到涵养水源的作用。大雨状态下的草原可减少地表径流量 $47\% \sim 60\%$，减少泥土冲刷量 75%。生长两年的牧草拦蓄地表径流的能力为 54%，高于生长 $3 \sim 8$ 年的森林。据有关资料介绍，黄河水量的 80%、长江水量的 30%、东北河流一半以上的水量均直接来源于草原。

4. 防风固沙，保持水土

草地植被能降低地表风速和风沙流速，减少风蚀的强度。当草地植被覆盖度为 $30\% \sim 50\%$ 时，近地面风速可消减 50%，地面输沙量仅相当于流沙地段的 1%。植被覆盖度越大，阻挡流沙效果越明显。草原上有些旱生植物根系特别发达，在被沙埋的茎上能生长不定根，在暴露的根上能生出不定芽，种子轻而有翅，能随风沙漂移而不被深埋，易于在沙地生长，从而增加植被盖度。草原有较高的渗透性和保水能力，草原土壤的含水量一般比裸地高 20%。草原上的植物根系对土壤有很强的穿透、缠绕、固结等作用，可防止雨水冲刷，增加土壤有机质，改良土壤结构，提高草原抗侵蚀的能力。

5. 储碳固氮，培肥地力

草原植物通过光合作用把大量的碳储存在牧草组织和土壤中，对碳循环起着重要作用。草原储存的碳和森林相当，所不同的是草原储存的碳主要在地下，这是由于草原多分布在干旱和寒冷地区，根系密集而发达，地下生物量大于地上生物量。如高寒草甸类草原的地上、地下生物量之比为1∶13～1∶10。草原对氨和甲烷也有重要的储存功能。豆科牧草根系上有大量的根瘤菌，可固定空气中游离的氮素并为植物直接吸收，对改善土壤理化性状、促进土壤团粒结构的形成具有重要作用。研究结果表明，生长3年的紫花苜蓿草地平均每公顷含氮素150千克，相当于330千克尿素的含氮量。

6. 保护生物多样性

草原对维持生物多样性和遗传多样性起着不可替代的重要作用。草原丰富的基因资源为人类提供了许多独特的物种和产品，是培育动植物新品种、发展农业生物工程最宝贵的基因库。人类历史上大约有3 000种植物被用作食物，几乎所有的谷类作物如小麦、燕麦、稻谷、大麦、谷子、玉米、黑麦、高粱等来源于草原。草原也是有蹄类动物的故乡，几乎所有的人工饲养的草食畜禽，如马、牛、牦牛、骆驼、绵羊、山羊、猪、兔、鹿、鹅、鸵鸟等来源于草原。草原对当今和未来新农作物良种培育、新医药和工业材料来源，家畜和牧草新品种发展，特殊基因和物种提供将发挥更大的作用。如袁隆平育成的杂交水稻三系配套就是从野生稻中发现的；美国学者把紫花苜蓿的一种基因转移到马铃薯中，使转基因的马铃薯具有抗黄萎病的能力。

（三）草原的经济社会功能

1. 草原是人类文明重要的发祥地

草原是地球的保护神，是人类的母亲。草原的出现和发展揭开了人类历史篇章的第一页（恩格斯，1876）。当古猿走出茂密的森林进入广阔的草原，才开始进化为直立行走和奔跑的猿人，才发育出巨大的脑颅和灵巧的可以创造和使用工具的双手，进而成为真正的人（高鸿宾，2012）。草原为人类提供了生存和繁衍的良好环境，使人类得以在这片辽阔而古老的土地上繁衍生息。从草原环境进化的人类，学会了猎食大型动物以获得肉类食物，世世代代学习发展，经历漫长岁月，他们学会了豢养野生草食动物，形成了原始畜牧业。因此，草原不仅是人类进化的摇篮，也是人类原始文明和生产变革的基地。

2. 草原孕育了多彩的文化

草原独特的自然资源、生产条件、动植物特点，改变了各游牧民族的习俗、生产和生活方式及性格特点，从而形成了各具特色的地方文化和民族文化。虽然广阔的牧场人口稀少，但放牧社会是一个多民族的社会，仅在东非就有 70 多个不同语言文化的牧民群体。我国广袤的大草原占据着秀美山川的主体部分，哺育了一代又一代的游牧民族，成为中华民族经济和文化的重要摇篮。中国北方草原先后有匈奴、东胡、鲜卑、契丹、蒙古等依赖草原为生的民族，创造并发展了辉煌灿烂的草原文化，并将其推向一个又一个高峰。青藏高原是藏族文明的沃土，藏族人民在高寒的气候环境下，形成了淳朴善良、乐于吃苦的民族性格，对草原有深厚的感情，从不破坏一草一木，不滥猎野生动物，不捕鱼类，养成了重视自然、爱护生灵、与大自然和谐相处的文明风尚。与藏族人民一样，蒙古族、哈萨克族、鄂伦春族等也同样具有本民族的一些特征。草原还孕育了丰富的宗教文化，草原不仅供养着游牧民族的生活，也是他们的心灵家园。从我国古代北方草原民族的萨满教，到现在的藏传佛教和伊斯兰教，都体现了草原民族文化中宗教的思想特征。萨满教崇尚的是自然万物有灵论，是游牧文化的基础，在相当长的历史时期内，推动了游牧社会、文化的发展，发挥过重要的积极作用。随着时代的发展，草原地区由单一的原始萨满教信仰，过渡到与多种外来宗教并存的文化宗教信仰阶段，也即由自然宗教步入到人文宗教阶段。草原民族在漫长的社会历史中，除了受佛教影响，还受伊斯兰教等宗教影响。到现在，蒙古族、藏族、裕固族等民族信仰藏传佛教，而哈萨克族、柯尔克孜族信仰伊斯兰教。

3. 草原是人类旅游和休闲的重要活动场所

草原日益成为游客的旅游（生态旅游）目的地和休闲活动场所，游客通过草原徒步旅行、垂钓、狩猎等活动，满足文化和精神需求，获得审美愉悦。以澳大利亚为例，较 20 世纪 80 年代中期，20 世纪末期国际游客人数增加了 3.3 倍，消费金额增加了 4.7 倍。除了旅游和消费，狩猎猎人的数量和狩猎业的税收也明显增加。说明草原提供旅游和休闲的理念，是草原具有重大的经济服务功能。在一些草原生境辽阔的国家，如纳米比亚，全国面积的 13% 被划为自然保护区，旅游是最重要的经济收入之一。位于纳米比亚荒漠草原区的埃托沙国家公园，以其独特、原始的自然景观和野生动植物备受游客喜爱，被提名为最具特殊吸引力的旅游地。同样，在博茨瓦纳的卡拉哈里稀树草原和疏林地占约三分之一的天然土地上，观赏野生动物较其他行业有更明显的经济优势。

4. 草原还在国家食物、能源资源和国防安全中发挥着不可替代的作用

草原是重要的动物性食物供给和储备基地。随着经济社会发展，人民群众饮食结构逐步发生变化，肉类食品需求逐渐增加。作为国家战略，食品安全已成为最重要的社会和政治问题之一，草原作为重要的、潜力巨大的农业资源，对保障国家绿色畜产品食品安全起到了越来越重要的作用。草原是重要的国家能源资源储备基地。我国的草原区矿产种类繁多，资源十分丰富，是我国经济建设的重要财富。以内蒙古为例，目前已经查明的140多种矿产中，内蒙古草原地区已经发现128种，其中，储量居全国前十位的有56种；探明储量的78种中有22种列全国前3位，7种居全国首位。在内蒙古草原地区，现已经查明含煤面积超过10万平方千米，累计探明储量2 400亿吨，占全国探明储量的25％以上，居全国第二位，预测储量12 000亿吨；铌金属储量190多万吨，芒硝、天然气、硫铁矿、稀土氧化物等储量均居全国第一。除此之外，新疆、青海、西藏、甘肃等草原均含有多种、大量的矿产资源，对保障国家能源和矿产资源安全具有巨大贡献。草原还是国家重要的国防安全战略基地。中国陆地边防线长达2.28万千米，其中，分布在草原牧区的部分多达1.4万千米，占陆地边防线的60％以上，草原牧区是最为重要的边防地区。另外，我国在草原区还设有很多军事基地、重要的航天航空设施等，可见草原的国防安全战略地位十分重要。

第二节　世界主要国家和地区草原的利用及管理

世界草原分布广泛，各国草原的类型、利用和管理差别很大，草原生态保护的成效也不尽相同。了解世界主要国家和地区的草原保护利用历史和现状，将有助于我们汲取经验，为完善和优化我国草原保护建设政策措施提供有益借鉴。

一、澳大利亚

（一）概况

澳大利亚属热带亚热带地区，大部分地区为草地，草原面积319.46万平方千米，天然草场占国土面积的41.58％，牧场面积占世界牧场总面积的 9.76%；澳大利亚农牧业很发达，农牧业产品的生产和出口在国民经济中占重要位置，是世界上最大的羊毛和牛肉出口国。农业生产总值的 40% 来自草原畜牧业，从事农业行业的土地面积占澳大利亚土地面积的 52%，约 400 万平方千米，其中仅有 6.5%（26 万平方千米）种植农作物（澳大利亚统计局，2012）。Moore（1970）根据气候特征、主要禾草（高禾草＞90 厘米，中等禾草 45～90 厘米，矮禾草＜45 厘米）的高度和特征以及重要物种将澳大利亚的天然放牧地分成 13 类，分别为热带高禾草草原、镰叶相思树林地、干燥地带的中禾草草原、温带高草草原、温带矮草草原、亚高山草甸、旱生滨藜中草草原、金合欢树灌木—矮草草原、旱生草丛禾草草地、旱生沙丘状草地等类型。澳大利亚重视人工草地和草地改良，拥有人工草地占全国草原总面积的 58%，在全世界处于领先地位。种植的牧草主要品种有紫花苜蓿（*Medicago sativa*）、豌豆（*Pisum sativum*）、三叶草（*Trifolium*）、细叶冰草（*Agropyron cristatum*）、猫尾草（*Phleum pratense*）等，其中，紫花苜蓿、豌豆、猫尾草主要用于调制青干草和饲料，每公顷产量在 1.5 吨以上；三叶草和细叶冰草混播草地用作放牧场，草质细嫩，适口性好，耐践踏，耐牧，具有良好的再生能力。在草原改良方面，澳大利亚主要采取补播、施肥、灌溉等措施。

（二）草原的利用与管理

放牧是澳大利亚最广泛的土地利用方式，放牧场约占澳洲大陆土地面积的 70%。澳大利亚放牧地的使用权是自由保有和向政府租赁的结合形式。自由保有在雨量充沛的地区非常普遍，租赁制是澳大利亚热带和内陆干旱区广阔放牧地上的最主要使用形式。总体上，仅有约 10% 的土地是私有的。草地畜牧业是澳大利亚农业结构的主体，99.6% 的大规模农业生产和奶牛场是家庭所有。澳大利亚 14.5 万户农户中大约有 9 万户农户依靠人工草地和天然草地进行动物生产。

澳大利亚牧场普遍实行围栏放牧和划区轮牧，春、秋季在人工草地上放牧，夏季在天然草地上放牧；打草场实行轮刈制，以最大限度地提高草地产出。牧场主通过控制草场放牧强度，合理安排放牧时间，确定载畜量和配置畜群结构。澳大利亚大部分牧场是专业牧场，畜群规模不大，另外，通过建立人工草场和回收储备干草等方式来解决牧草季节性供给不足问题，并结合不同季节的生长状况确定家畜养殖，草场基本上可以得到充分的休养和利用。澳大利亚质量较好的草地资源大部分归私人农场所有，政府拥有（联邦政府和州政府）的草地大多比较贫瘠，并以较低租金租给私人农场。政府管理机构的职能主要在于监督和支持私人农场的草地保护。澳大利亚强调土地租赁必须用于农业或放牧，并且土地用途不可随意变更，除非经过牧养委员会批准。牧场租赁通常由政府和牧户签订合同，规定使用年限及放牧的具体区域。司法部门在其中发挥着重要作用。运营牧场企业的租赁者要遵循以下要求：防止土地恶化，在财政允许的条件下努力改善土地状况等。澳大利亚鼓励社区化管理模式，牧民、基层组织及相关技术推广部门共同参与草原管理，社区和牧民共同协商草场管理方式，共同承担草场利用后果，强调保护牧民的利益，提高牧民环保意识，促进当地经济发展，实现草原有效保护。

澳大利亚高度重视生物多样性的保护。1996年制定的《为保护澳大利亚生物多样性的国家战略》和《国家杂草治理战略》，强调资源管理与生态系统管理的协作与统一，在国家治理项目计划中有效分配资源，并在生态敏感地区实行自然保护区制度。澳大利亚正致力于建立覆盖整个澳洲大陆所有草地类型的保护网络，其环境和能源部已经实现国家生态状况评估的规范化。

澳大利亚推行可持续放牧战略，实施休牧或者削减载畜率，以提高草地生态状况。生态保护政策会影响牧场主短期经济利益，因此，政府通过推行减税以及经济补贴来激励牧场主执行这项战略。政府对适用先进技术的牧场给予免税补贴，对遭受自然灾害的牧场给予经济补贴，对牲畜买卖实行5年的给予缓税政策。政府重视草原科技服务。政府管理部门组织科研院所、农业技术推广机构、农业咨询公司等，为草场管理提供技术和咨询服务，具体形式包括以报纸、电视和网络等媒体，宣传相关先进技术及草场病虫害防治知识，帮助农户制定草场保护决议；通过农技人员和推广专家介绍草场耕作方法的使用范围和优缺点，帮助农户选择合理的耕作方法（王建浩等，2019）。

二、美　　国

（一）概况

美国目前拥有约248.5万平方千米的草地和放牧地，占其国土面积的27％。草原类型可分为高草草原、低草草原、荒漠草原和灌木草原4个主要类型。①高草草原，在历史上是美国最好的草原，分布范围较广，但后来因大面积开垦，目前只剩下不宜农作的一些地区，面积不到 1 亿亩[①]。20 世纪以来，高草草原主要作为阉牛夏季的临时放牧地，近年来主要放牧带犊的母牛。②低草草原，低草草原是美国最重要的草原类型，面积约 12 亿亩，优势植物为格兰马草（*Bouteloua gracilis*），伴生种为野牛草（*Buchloe dactyloides*）等。低草是牧场上保存养分较好的优质牧草，在南部和中部地区，全年经营带犊母牛，在北部地区主要进行夏季放牧。③荒漠草原，主要以禾草为主，包括格兰马草、三芒草（*Aristida adscensionis*）以及野牛草，同时，也生长一定数量的灌木，如牧豆树属（*Prosopis*）、拉瑞阿属（*Larrea*）、栎属（*Quercus*）等。这类草原是家畜很好的放牧地，大多禾草适口性好，营养价值高，保存性好，适于全年利用，目前以放牧牛为主。④灌木草原，分布区的降水量一般为 50～250 毫米，北部降雨较多，南部干燥炎热。主要生长的灌木有蒿属（*Artemisia* Linn）、三齿拉瑞阿（*Larrea tridentata*）等灌木，一般用作绵羊的冬春放牧场，载畜量低，一般每个家畜单位占 300 亩草地。美国草地不但承载了美国畜牧、矿采、渔猎和旅游等经济产业，还在物种保育、水土保持等方面发挥了巨大作用。

（二）草原的利用及管理

美国的草原包括国家（联邦政府和州政府）所有和私人所有两种所有权形式，管理形式也不相同。美国永久性草地为 2.4 亿公顷，其中 153.8 万平方千米（总面积的 62%）的草地是私有的，主要分布在东部；剩下 38% 的草地主要分布在中西部，其中，58.7 万平方千米的草地属于联邦政府，16.2 万平方千米的草地属于中西部各州，19.8 万平方千米的草地属于印第安人。中部大盆地地区的天然草原以国有为主，租赁给私人使用。美国超过一半的草地为休闲用地，主要功能在于生物多样性保护、生态调节等。国家所有的天然草原主要实行许可证管理制度，土地管理局和林务局根据牧民申请发放放牧许可证，租赁给私人承包使用，并根据草原植被的区域差异分别确定放牧数量。私人所有的草原主要通过政策指引和技术推广等方式，加强私人牧户对草原的保护。保护好草原生态并可持续利用草原符合相关主体效益最大化选择，美国通过明确产权形成了以私人保护为主的草原保护格局。

---

① 亩为非法定计量单位，1 亩≈667 平方米，下同。

美国的草原也经历过因人类活动而极度退化的时期。目前，96％的高草草原被开垦为农田，大平原东部的稀树高草植被区域也几乎都被开垦为农田。分布在洛基山区东部和西经100°以西的矮草草原和灌木区域，仍然保留20％～80％的自然植被。过度放牧曾使中西部的草原变成寸草不生的荒漠。为了解决放牧地环境退化问题，美国政府终止了联邦放牧的私有化，坚持了公共放牧地的联邦所有制，确立了草原放牧多重管理目标的科学原则。自1934年颁布《泰勒放牧法》以来，美国政府通过立法、行政以及司法诉讼等方式，对行政当局和牧场主的经营行为进行调控，执行了放牧费和禁牧等一系列管制政策，终于在1960年左右遏制了草原退化趋势，随后保障了退化草原的长时间恢复。美国经历了草原退化、治理和管理政策调整三个时期。1862年《宅地法》将中西部州公共放牧地的私有化面积限制为160英亩①（约64公顷），保留了大量公共放牧地。随着中西部畜牧业的快速发展，联邦公共放牧地上的牧民发现只有先把草原植被利用完，才能避免外来牧民的竞争。因此，美国草地的超载过牧极为普遍，放牧地退化和荒漠化达到非常严重的地步。在罗斯福新政背景下，国会于1934年颁布《泰勒放牧法》，对联邦放牧法案进行分类管理，要求在公共土地上放牧的牧民申请放牧许可证，并交纳放牧费用，还设立了行政机构对联邦公共土地进行管理。国会于1944—1962年组建了土地管理局，上调放牧费，土地管理局开展季节性休牧和禁牧，合理规划放牧地，普及可持续的经营方式，并实施了补播和围封等措施，初步遏制了草地退化的势头。1960—1980年，国会通过了《土地分类和多重利用法案》《联邦土地政策和管理法案》《公共放牧地改良法案》等一系列放牧地管理法案，确立了放牧地多功能管理原则，稳定了联邦对公共土地的所有权，将公共土地上的放牧权定义为许可证而非产权，具体规定了土地管理局的职责，建立了多部门协调机制，建立了美国放牧地管理政策体系。1980年前后，美国中西部牧民发起"山艾树叛乱"，反对美国放牧地管理政策。随着秉持新自由主义和新保守主义的里根总统上台，美国放牧地管理政策开始回调，草地的放牧用途在草地管理的中心地位回升。草原生态恢复和草原畜牧业生产方式转变是一个长期过程，美国联邦政府出台了一系列长期稳定的草原保护建设支持政策。通过对草原经营者提供资金补偿和技术支持的方式，推进草原生态恢复和农牧民收入同步增长。据介绍，仅由美国农业

---

① 英亩为非法定计量单位，1英亩≈4.047平方米，下同。

部自然资源保护署实施的重大政策项目就有 3 项，包括退耕（牧）还草项目（Conservation Reserve Program）、放牧地保护计划（Grazingland Conservation Initiative）、环境质量激励项目（Environmental Quality Incentives Program）。①退耕（牧）还草项目始于 1985 年，目的是通过退耕（牧）还草减少水土流失和农业面源污染，主要措施是在退耕（牧）还草期间实行严格的土地禁用制度并对农牧户进行补贴（在特别干旱的年份，为减少损失允许农牧民在限定范围内进行适度利用）。补贴标准根据农田或草地的生产水平具体决定，但每户一年的补贴最多不超过 3 万美元。该项目执行周期为 10～25 年。2009—2012 年，项目实施面积分别为 75.71 万公顷、57.71 万公顷、88.83 万公顷和 91.45 万公顷。②放牧地保护计划开始于 1991 年，主要是依托联邦和州政府的技术推广部门和科研院校等机构，针对私有牧场开展免费的技术指导和培训，普及先进的牧场管理技术，提升牧场主生产管理能力，使草原等自然资源得到更好的保护和利用，推进草原和草原畜牧业可持续发展。③环境质量激励项目从 1996 年开始实施，主要是通过资金和技术支持帮助农牧民规划和实施农田改良，通过草田轮作等措施加强农田和草原资源保护，减少水土流失，提升环境质量。该项目执行周期一般为 6 年，最长不超过 10 年。每个参与者 6 年内获得的直接和间接支付不超过 30 万美元，环境质量改善显著的不超过 45 万美元。这些政策在实施过程中每年都根据农牧民反映的意见、建议进行改进和调整，经过长期实施取得了良好成效，获得了广大农牧民的认可和赞同，草原和草原畜牧业可持续发展能力也不断增强（李昂，2018）。

三、俄　罗　斯

（一）概况

俄罗斯拥有大片草地。俄罗斯草原跨越了整个俄罗斯平原，从泰加林带的南部一直延伸到西伯利亚深处，从北向南呈东西向带状分布着 4 个主要地带性草原，包括草甸草原（Meadow steppes）、典型草原 [包括真禾草草原（Genuine forbs-bunchgrass steppes）] 和干草原 [Genuine (dry) bunchgrass steppes]、荒漠草原（Desertified and desert steppes）以及山地草原（Special mountain steppes），沿河流及下游形成了 2 个非地带性草地类型（洪泛地、河漫滩草地），其中斯太普（Steppe）是俄罗斯分布面积最大、多样性也最为丰富的温带草原类型。2007 年俄罗斯草原分布的 35 个省区放牧地面积为 565 823 平方千米，占省区面积的 11.8%。

（二）草原的利用及管理

俄罗斯草原在利用方面主要是放牧和刈割储草，火烧作为有效的草原可持续方法被广泛应用，退化草地改良和自然恢复是其生态修复的主要手段。

1. 放牧

20 世纪 50—60 年代，俄罗斯在适耕区大规模开垦，近 1 700 万公顷的草地被开垦。到 20 世纪 70—80 年代，俄罗斯草原直接放牧仍很罕见，主要是大规模的畜舍饲养和零散放牧，以玉米、燕麦等为饲草料，主要集中在混合经营农场的边缘区。2007 年饲养牲畜构成比例及牲畜数量的变化见图 1-1 和图 1-2。20 世纪 80 年代之后，从牲畜全年舍饲转向以家庭为基础的农牧混合经营的小牧场放牧，主要依靠自家经营的草地、饲草料地以及农副产品。目前，俄罗斯的牧场属于社区集体所有，但牲畜属于个体家庭所有，围栏放牧和"大型牧场"非常罕见。

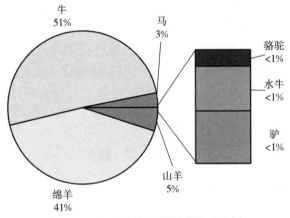

图 1-1 2007 年俄罗斯牲畜构成比例

资料来源：Smelansky and Tishkov（2012）。

2. 制作干草

刈割干草是俄罗斯人的优良传统，存储牧草是冬季或干旱季节家畜食物的主要来源。割草对鲜草供应的调控来说是一种便利的管理措施，同时可以防止牧草在适宜生长的季节里生长过快。俄罗斯制作干草的季节相对较晚，一般在酷夏中期（7 月）。俄罗斯北部斯拉夫人调制干草的历史可

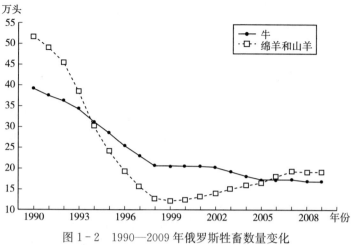

图 1-2　1990—2009 年俄罗斯牲畜数量变化

注：引自 Smelansky and Tishkov（2012）。

追溯到其文明诞生的 1 000 年左右，整个乡村都参与刈割和调制干草，被称为"乡村干草节"。

3. 火烧管理

火烧是草原和半荒漠地区的一种管理方式，是处理死亡植被或积存多年立枯物必不可少的手段。在羊茅（*Festuca ovina*）＋针茅（*Stipa* sp.）＋冷蒿草原（*Artemisia frigida*），火烧管理可以抑制蒿属植物生长，刺激沟叶羊茅和针茅属植物生长，优化群落结构，提升草原质量。

4. 典型草原改良与保护

俄罗斯典型草原上的大部分牧场都处于超负荷状态。他们主要通过早播、使用肥料、培育新品种以及改变放牧方式和利用方式，提高草原生态系统的稳定性，提高草产量。如选用施肥措施促使草地早熟禾（*poa pratensis*）取代沟叶羊茅（*Festuca sulcata*），使干草产量每公顷增加 1 900 千克，莎草等减少而优质饲草冰草增加。对于全年可利用牧草较少的情况，采用轮牧，借助放牧家畜控制可利用牧草—豆科或禾本科牧草的比例。刈割也是草原生态系统调控的一种有效手段，除了为冬季提供储备饲草，还可控制灌木生长。物理改良可以防止劣质或有害的物质、物种入侵以造成草原退化。针对森林典型草原、典型草原和半荒漠典型草原，通过防风林和现存植被来增加雪的保持量以增加牧草产量；在洪泛地和河漫滩草甸，主要的物理改良措施多选用移除草丛、灌木和枯枝残茬，清理洪水过后的枯枝落叶和低矮灌丛，调节河漫滩草甸上沉积的淤泥。

5. 撂荒地的自然恢复

随着撂荒时间的不断延长，多年生根茎型植物在第 4～5 年开始占据优势地位，如冰草属植物、柞木属（*Xylosma*）植物、无芒雀麦（*Bromus inermis leyss*）和拂子茅属（*Calamagrostis*）植物等。在撂荒地向原生典型草原过渡的最后阶段，根茎型禾草和蒿属植物逐渐被沟叶羊茅和针茅属植物取代。10～15 年的撂荒地，针茅属植物和沟叶羊茅逐渐占优势，自然景观类似于原生的典型草原，可以获得更好的牧草产量，鲜草产量可达到每公顷 4 000～8 000 千克，干物质产量可达每公顷 1 000～2 000 千克，比典型草原干草产量高很多。

从俄罗斯草原的利用历史来看，放牧利用对维持天然草原生态生产功能，保障产业的持续发展有重要的作用。俄罗斯的主要牲畜为牛（占比51%）、绵羊和山羊（占比 46%）。过去俄罗斯草原畜牧业生产主要依赖于广阔的草原面积，而非生产力。到了 20 世纪 50 年代，大面积草原被翻耕用于生产谷物和饲料作物，以青贮玉米和谷物为基础的大规模舍饲育肥成为畜牧业发展的主体经营方式，但时间表明，这种方式缺乏可持续性。20 世纪 90 年代初，俄罗斯牲畜数量急剧下降，1999 年牛的数量下降到1990 年的一半，而 2006—2009 年绵羊和山羊的数量是 1990 年的三分之一。之后，天然草原的放牧利用又有所恢复。俄罗斯草原地区农作物面积和草原地区粮食产量占全国粮食总产量的比例的变化见图 1-3 和图 1-4。

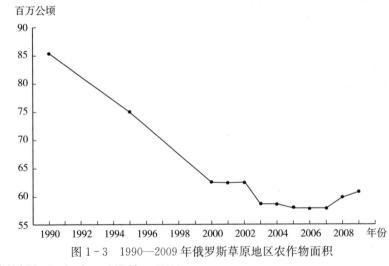

图 1-3　1990—2009 年俄罗斯草原地区农作物面积

资料来源：Smelansky and Tishkov（2012）。

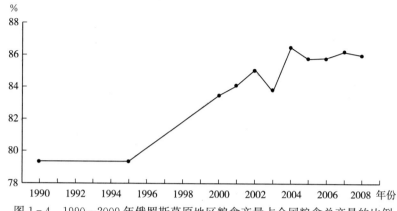

图 1-4　1990—2009 年俄罗斯草原地区粮食产量占全国粮食总产量的比例

资料来源：Smelansky and Tishkov（2012）。

四、蒙　古

（一）概况

蒙古国是以蒙古族为主体的国家，人口 290 万左右，国土面积 156 万平方千米。其中，草地和干旱草场面积为 121 万平方千米（占国土面积的近 80%），是斯太普大草原的一部分，是中亚森林和荒漠的一个过渡地带。主要的草原类型有草甸草原、典型草原、荒漠草原。气候特征为夏季炎热，冬季寒冷，年降水量 224 毫米，主要集中在夏季。干旱和雪灾是蒙古最严重的自然灾害。南部地区地表水稀少，地下水是主要的水分来源。蒙古国是纯畜牧业国家，经济来源主要依靠畜牧业。2002—2009 年，牲畜数量从 2 400 万头增加到 4 400 万头。游牧是蒙古国在干旱、寒冷、低肥力的草原环境中收获牧草资源的一种有效方式。

（二）草原的利用与管理

蒙古国干旱寒冷的气候只适合粗放型放牧管理，一些耐寒的当地畜种为季节性放牧。粗放的牲畜生产是蒙古国土地利用和产业发展的主要方式，这种粗放式放牧管理方式，技能要求不高，投入也不大。20 世纪 90 年代初，蒙古国在国内外特殊因素制约下发生了翻天覆地的变化，放弃了蒙古人民革命党的社会主义制度，实行多党执政制度，进入了向市场经济体制转轨的转型国家行列。在 1990 年以前，即转轨前放牧制度（1921—

1990年）时期，蒙古国牲畜数量为2 586万头（1990年），畜种结构主要为绵羊（58.4%），山羊（20.0%），牛（9.52%），马（9.29）和骆驼（2.81%）。采用的经营方式为放牧场和割草场分开，冬春季的饲草缺口主要由割草场补充放牧制度主要采用季节性放牧制度。该放牧制度是将苏木境内的草场分为四季季节性营地。在冬季营地或冬春营地，一般情况下除少数贫困牧户没有畜棚圈，大多数牧户都有固定牲畜棚圈。牧民在自然灾害或牧草不足时多选择长距离游牧。1990年之后，即转轨时放牧制度（1990—2013年）时期，蒙古国牲畜数量稳步增长，由1991年的2 550万头增加到2013年的4 507万头，增加了76.7%。牲畜结构发生明显变化，牛、马、骆驼和绵羊的比例均呈下降的趋势，而山羊的比例呈上升趋势，主要是因为饲养山羊和饲养绵羊的收益差距所导致，城镇附近人口压力和放牧压力显著增加。蒙古国政府在转轨时期宣布国民可自由选择居住地，牧民多选择在水源条件较好和牧民交通便利的地方，造成交通干线、河流、湖泊及城镇附近的草场压力增加，而水源条件和交通不好的地方草场的畜牧压力减小。1990—2000年，向乌兰巴托、额尔登特和达尔汗方向迁移的人口数量为29.17万。以季节性放牧制度为主，根据每个草场不同特点，把草场划分成四个不同的季节营地，每个营地只能在特定的季节中利用。没有特殊情况下，牧民随着季节变化循环利用每个草场，放牧营地分块，以便有计划利用草场。在采用季节性轮牧方式条件下，根据放牧营地产草量，把放牧营地四周草场分成几个均匀地段，每天按一定顺序放牧，当在一个放牧场放牧两至三次以后就转入下一个。在较好的自然条件下，牧民会选择近距离放牧，而在恶劣的自然条件下，远距离放牧会成为牧民的选择。蒙古国草牧场管理粗放，致使畜群放牧布点不合理。蒙古国多数牧民采取"瞭牧放牧模式"，即牧人不跟随畜群移动觅食的游牧方式。许多牧民仅仅管理畜群的出牧方向，只在牲畜饮水时采取跟群管理，或者自己的畜群与他人的畜群发生混群时，才跟随自己的畜群移动。不少牧户的畜群点过度集中，且终年在畜群点周围或水井周围采食，无牧道设施，导致局部严重退化。在蒙古国少数无力游牧（指缺乏劳动力、财力、交通工具）的牧户，特别是贫困牧户，一年四季都固定在牧场的特定区段，实施连续高密度的放牧，致使这样的区段，土壤被践踏而板结，无法再长出优良的牧草，导致草场退化。

现阶段，蒙古国的放牧制度大多以季节游牧、倒场轮牧和营地分段放牧为主，三种放牧模式之间可以并行延续，也可以根据需要相互转换。突出有三个优点：①能较多地保留传统四季轮牧制度，提供给草牧场休养生息的条件，能确保草原生态系统的健康和稳定，有利于加快受损草场的恢复，也能防止草原退化，同时，还能较好地体现"草原五畜"（马、牛、绵羊、山羊、骆驼）与草原生物多样性并存之间的耦合关系，确保畜种结构的多样并存。②倒场轮牧和营地分段放牧模式相结合，可以使季节轮牧、草场利用更精细化，能够充分、高效率利用草场资源，有利于草场的维护和更新。③游牧模式是避灾的有效策略，当遇到自然灾害，或产草量低下时，牧民采取"敖特尔"（走场）游牧方式作远距离放牧，是应对草原灾害的最佳选择。除了上述的三点优势，蒙古国现行放牧制度也存在着一些不容忽视的问题。蒙古国对草牧场产权制度多年来并未做过较大调整，草牧场所有权与使用权，从法律上均属国家所有，这就导致了草牧场公共所有和牲畜私有之间的矛盾，很容易引发"公地悲剧"。牧户可以自由地选择放牧场，许多牧户经常密集于高质量的草场放牧，湖泊、河流周围及城镇近郊区的草牧场常处于过度放牧状况，导致草场严重退化。虽然蒙古国全局性的"公地悲剧"并未出现，但优质牧场上"公地悲剧"现象十分明显。

为了保护草原生态环境，维护草原可持续利用，蒙古国也采取了多项切实可行的措施。①实施"蒙古国绿色长城计划"，该计划是在联合国、世界银行等机构的资助下于 2005 年启动，在蒙古国南部修建一道贯通蒙古国南部东西长 3 000 千米的绿化带工程，加上北水南调工程，以治理沙尘暴发源地的沙漠化问题。②采取共同管理模式，即由牧户组成的共同管理团体，并以社区名义与政府就牧场利用签署一份共同管理协议。在这一模式中，将草原保护和使用的所有管理措施和责任移交给了社区，明确了牧户在生产活动中的权利和责任，而不同以往的只有使用草场的权利而不用为自己行为担负责任。③制定实施《国家防治荒漠化规划》，将规划的任务、方针及资金列入国家和地方财政预算，在政府起主导作用的同时，鼓励企业和个人参与到防治荒漠化的任务中来，以应对愈加严峻的生态环境问题（白乌云等，2015）。

五、非洲东部

(一) 概况

整个非洲东部，包括苏丹、埃塞俄比亚、厄立特里亚、索马里、肯尼亚、布隆迪、乌干达和塔桑尼亚包括等，都处于热带，分布有广阔的干旱半干旱草原、稀树草原、灌丛和林地。非洲东部各地生产潜力差异很大，整个地区约37%的面积只适合野生动物和家畜放牧（干旱半干旱地区），其他63%的面积可用于农作物耕作、造林或其他用途。非洲东部的植被主要为荒漠和半荒漠（占整个地区的26%）、矮灌丛（33%）和林地（21%），纯草地植被非常少（7%），但半荒漠、矮生灌木和林地草本层的优势植物都是禾草，故非洲东部75%面积是被禾本科草所占据。非洲东部因拥有数量庞大且种类多样的食草和采食灌木的野生动物而闻名，其中大型哺乳动物密度最高的区域为肯尼亚中南部的裂谷、坦桑尼亚中部、乌干达西南部、卢旺达鲁文佐里山及其东部和卢旺达北部，这也是世界哺乳动物丰富度最高的地区。非洲东部多数人居住在较湿润的地区和高地上，人口密集地区为埃塞俄比亚高地、维多利亚湖盆地和坦桑尼亚高地南部。牲畜分布模式与人口大致相似，许多家畜分布在非牧区，70%在农田和城市，30%在放牧地。

（二）草原的利用及管理

非洲东部大部分广阔的草原由政府管理并设为国家公园、野生动植物保护区或者开放性公共资源。草原资源的获取和利用要依据国家法律，但传统土地使用权常由当地的社区授予，靠公认的管理条例来确保牧场的长期可持续性。随着土地私有化、种植作物农牧地向放牧地迁移，以及人类需求的增长，这些管理条例越来越多地被打破。政府对牧民的支持不断减少，牧民为赚取收入，粗放经营草地。他们不承担草原管理并维护草原可持续性的责任，导致了草地被过度利用和退化。草原畜牧业利用方式主要从传统的游牧利用逐步走向种养畜牧业。

1. 游牧利用

传统的利用方式是季节性游牧，是多年来为了充分利用放牧地的生态异质性，全年优化利用稀缺草原资源和水资源而形成的生产经营方式。传统的管理实践包括轮牧策略和建立贮草地以备旱季放牧利用。20世纪，这些传统的放牧管理制度被该地区人口、政治及社会的变迁所弱化。过去20年间，随着迅速增长的人口以及社区公共草原向开放性国有资产、私有土地的转变，越来越多的草地被用于小农户的种养畜牧业。政府发布政令限制牧民迁移，鼓励定居，还在草原上划定许多永久性的定居点，许多牧民选择种养生产方式。如今，农业耕作已经延伸到河流和沼泽周围草原边缘的湿润地带，可供放牧的土地越来越少，家畜和野生动物的用水变得更加紧张。为了获得和维持对关键土地及水资源的控制权，土地管理者之间建立起了政治联盟，土地私有制正在造成"私有制悲剧"，其结果是牧民非常贫穷，他们所拥有的土地很少以致难以维持生计。

2. 种养畜牧业

绝大部分非洲东部的草原经常发生干旱，给牧民生产带来高风险。牧民们处理危机的传统方式是根据放牧地质量与数量的变化，每天或季节性的转移家畜以降低风险。牛、羊、骆驼、山羊和驴是主要畜种，作为一种适应环境变化的手段，绝大多数畜群混合饲养。畜产品销售是牧民收入的主要来源，随着畜牧生产系统的演变，牧民为增加收入，正通过多种经营、风险管理、定居或游牧等方法来避免干旱或其他灾害带来的影响。宜农地区作物种植规模不断扩大，牧民可以更好地应对管理风险和干旱。定居下来的种养农场使用栽培饲草支撑家畜生产，以减少对天然草原的放牧压力，这对于他们来说是一个切实可行的选择。将草纳入种养系统还可以获得积极的环境效应，通过家畜促进种子传播、放牧踩踏穿破土壤硬皮和累积粪便增加肥力等方式，有效地促进了植被覆盖度的提高。在非洲东部人口稠密的高原，大多数奶农采用刈割—舍饲的零放牧制度，其中象草和虎尾草是最重要的饲料作物并用于调制干草，构成了小农户奶牛场 $40\%\sim80\%$ 的饲料供给。虎尾草在适应环境条件下干物质产量高达每公顷18 吨。

3. 草原管理制度

大致可分为三类：一是由国家经营的旅游业和牧场，二是商业牲畜生产或作物生产，三是牧民的传统管理。放牧地主要用于养牛，非洲东部的放牧地上有超过 100 万头家畜，但随着市场对野生动物肉类需求的不断增长，获取商业利益的开发利用与传统的草原可持续管理之间常会发生冲突，加之近年来土地私有化及家畜的不断增加，改变了人与野生动植物之间的关系，草原退化严重。政府推动的草原管理项目主要致力于改善放牧地的生产力，并从公共资源中获取更多的畜产品。早期的项目侧重于为满足家畜生产而提高放牧地的生产力，为此成立了放牧协会等，由于半国营的组织形式，以及使用的技术不合适等原因，项目没有取得令人满意的结果。直到最近，政府才开始重视自然资源综合管理，重视利益相关者的高度参与。从传统的牧民管理草原的经验中认识到使用权的重要性，控制好草原使用权有利于保护生物多样性并使草原得到恢复。传统的放牧利用能维持草原的良好状态，并有效地保证资源的可持续利用，但是传统的放牧利用受到了来自不断增长的家畜数量和正在减少的草原资源的威胁，导致放牧压力增大，草原快速退化，畜产品产量降低。有分析显示，非洲草原的退化比亚洲或南美洲高出 50％以上。

六、巴塔哥尼亚

（一）概况

巴塔哥尼亚草原地处南纬 40°～55°，从大西洋一直延伸到安第斯山脉的边缘地带，面积约 78 万平方千米。气候属于干旱半干旱、凉爽到寒冷的过渡区，从北到南气温逐渐下降，巴塔哥尼亚牧场的年降水量只有100～200 毫米，海洋海岸的边界，年降水量不到 300 毫米。巴塔哥尼亚植被主要为无树灌丛和斯太普草原，而较干旱的中部平原地区为半干旱小灌木。

具体草原类型为：①半荒漠草原，面积 17.16 平方千米（占比22％），分布区年平均降水量大多低于 150 毫米，群落物种多样性较低，生产力低下，地上净初级生产力为每年每公顷 390～500 千克，典型植物是具叶枕的灌丛。②灌丛草原，面积 15.6 平方千米（占比 20％），分布区年均降水量在 200 毫米以下，植被盖度在 30％～50％，地上净初级生产力为每年每公顷 490 千克左右，主要分布于禾草草原和半荒漠草原的过渡地带，通常由两层灌木组成。③灌丛—禾草草原和禾草—灌丛草原，该类型草原几乎跨越了巴塔哥尼亚的所有纬度范围，覆盖了干旱地区大约20％的面积。地上净初级生产力为每年每公顷 650 千克左右，植被覆盖度达 47％。④禾草草原，沿安第斯山脉呈带状分布，包括亚安第斯禾草草原和麦哲伦草原。该区域年平均降水量约 250～350 毫米，地上净初级生产力为每年每公顷 900 千克左右。植被覆盖度为 60％～80％，主要物种为丛生禾草羊茅。⑤蒙特灌丛地和蒙特群落交错区，巴塔哥尼亚有 1/3 的半干旱地区被蒙特植被覆盖，地上净初级生产力为每年每公顷 650～730千克。年降水量不足 200 毫米，一年四季降水分布较均匀，常见植物为拉瑞阿属（*Larrea divaricata*）。

（二）草原的利用与管理

19 世纪末欧洲移民开始商业养羊，草原区几乎只有养羊单种经营。

绵羊牧场一般为放牧型经营，平均每个牧民有 3～4 个 5 000 公顷的围栏牧场，没有补饲，即使在寒冷的冬天，家畜都在草地自由放牧，在大雪期间，家畜死亡率很高。绵羊牧场一般划分为三类：大型商业化农场，拥有 6 000 只以上绵羊，通常来自于最早的居民，且占据了最肥沃的草地；中小型商业化农场，在较干旱地区，畜群数量在 1 000～6 000 只；维持生计的农场，畜群数量小于 1 000 只，主要集中于巴塔哥尼亚西北部，绝大部分属于本土居民，在没有围栏的公共草地放牧。过度放牧和较落后的放牧管理导致严重的草场退化，加上畜产品价格低廉，给草场拥有者带来严重的经济问题。巴塔哥尼亚超过半数的牧民都很贫困，他们总共拥有的绵羊头数还不到总数的 10％。绵羊生产是唯一的收入来源，畜群大小决定了牧民的收入。一些大型农场的运营在经济上是相当可观的，几乎拥有绵羊总数的 40％，从北到南农场规模呈现出递增的趋势，西北地区小型农场十分普遍，火地岛大型农场比其他任何省份都多。

农场主通常依靠个人主观判断和以往的经验制定放牧管理计划，除了高海拔地区仅在夏季放牧，其他围栏区都是常年放牧。传统管理方式在大部分区域造成了持续的过度放牧，从而导致了大范围的草地退化。1998 年约 65％的巴塔哥尼亚草原严重退化，17％的中度退化，仅 9％受影响较小。在巴塔哥尼亚的一些省份，例如纽昆，由于长期的过度放牧和石油开采导致的荒漠化土地占其领土面积的 92％。

七、经验启示

纵观世界主要草原分布国家和地区的草原利用和管理制度，发达国家如美国、澳大利亚，十分重视草原的生态保护和可持续利用，出台了一系列严苛的政策和稳定的制度，并以充足的经费作为保障，实现了退化草原的修复，维持了良好的生态环境和可持续的生产能力。发达国家草原管理的经验对我国草原管理有重要的借鉴价值。

（一）制定与完善草原生态保护政策，保障政策持续性

草原生态保护是一个长期性、系统性工程，需要持续与稳定的政策保障，让草原承包经营者得到稳定的政策预期，使其重视草原利用的长远收益，避免盲目追逐短期经济利益。结合我国实际，就是要制定和完善草原生态保护政策，实施季节性休牧和划区轮牧，促进禁牧封育、草畜平衡政

策落实，稳定财政投入，保障具体政策和工程项目落实，协调草原利用与保护，促进草原生态恢复。

（二）明晰产权，利用市场机制激励农牧民保护草原

稳定和完善草原承包经营制度，推进草原承包经营权确权到户，最大限度地明晰草原产权归属，提高草原拥有者的权力意识及保护意识。明晰产权，明确责权利，不仅有利于草原的监督管理，而且有利于草原的适度开发与合理使用。创新经营方式，可以采取租赁、联营、股份合作等多种草原利用方式，提高草原利用效率。

（三）加强草原科技推广，建立产学研紧密结合的产业技术体系

加强信息化建设，加强草地生态系统监测，建立各地草原详细扎实的基层数据库，促进草原科学管理。在此基础上，重视多部门合作，政府部门给予基础性研究资助，科研机构负责关键技术研发，推广机构负责先进技术与农牧民的衔接，加强与合作社等基层组织的密切合作，注重农业技术推广人员的组织与培训。实现产学研一体化，形成从实验室研发到实践应用的高效转化。重视人工草地建设，推广现代化草地管理技术，防控草原自然灾害，提高草地产量与质量。

（四）创新草原管理模式，推进草原精细化管理

完善草原基础数据，建立最小"生态单元"进行精细管理；合理布局家庭牧场，完善棚舍、围栏、牧道及饮水源等基础设施建设。鼓励参与式管理。重视农牧民的本土化知识，吸引社会力量参与草原利用与保护，发挥农牧民在草原生态保护中的主体作用。强化草原生态环境管理，开展草原健康状况监测，及时提供预警服务。

第三节　中国草地资源及其利用与保护

一、中国草地资源概况

中国是草地资源大国，被誉为世界上草地资源最为丰富的国家之一。据 20 世纪 80 年代有关调查资料显示，中国的草原总面积近 39 283 亿公顷，可利用草地面积 33 099 万公顷，草原总面积占国土面积的 41.7%，

是全国耕地面积的 3.12 倍，林地面积的 2.28 倍。我国草原面积仅次于澳大利亚的 42 232 万公顷和俄罗斯的 41 570 万公顷，列居第三位。另外，世界上超过 1 亿公顷的草原大国还包括美国、哈萨克斯坦、巴西、阿根廷以及蒙古国等。草原是我国重要的自然资源，在国家粮食安全和生态安全中有不可替代的战略地位。但是，多年来由于草原资源的不合理利用，90% 以上草原发生不同程度退化，草原生态生产功能衰竭，生物与非生物灾害频发，严重影响了牧区的可持续发展。因此，了解我国草原资源状况，解析我国草原牧区近几十年来的社会经济与生态变化，探析我国草原牧区的传统生态文化与管理制度，对全面系统认知草原、科学决策保护草原意义重大。

（一）中国草原的分布

中国草原分布具有明显的区域空间格局和特征。从草原的空间布局来看，我国天然草原的空间划分主要有三种。一是"三区分法"，即从东北西部的大兴安岭起，向西沿着阴山山脉、秦陇山地直至青藏高原东麓，将我国大陆分成西北和东南两大部分，西北部以山地和高原为主，位于中亚干旱地区，是我国天然草原的集中分布区，以草原类草地和荒漠类草地为主；东南部以平原和丘陵为主，草原多分布于山地和丘陵上，分布生境相对破碎，多称之为南方"草山草坡"；青藏高原的隆起形成了特殊的气候环境，在植被上也形成了有明显高寒特色的草原和荒漠。二是"四区分法"，《全国草原保护建设利用总体规划》中将我国草原划分为四大生态功能区，即北方干旱半干旱草原区、青藏高寒草原区、东北华北湿润半湿润草原区以及南方草地区。北方干旱半干旱草原区位于我国西北、华北北部和东北西部区，是我国北方重要的生态安全屏障；青藏高寒草原区位于我国青藏高原，包括西藏、青海、四川、甘肃和云南部分地区，是黄河、长江、雅鲁藏布江等河川的发源地，这些地区是水源涵养、水土保持的核心区；东北华北湿润半湿润草原区主要分布于东北和华北地区，在所有草原区中是畜牧业相对发达的地区；南方草山草坡区主要位于南方的 15 个省区。三是传统的"五区分法"，根据自然地理及行政区划，将我国草原划分为 5 个大区，即东北草原区、蒙宁甘草原区、新疆草原区、青藏草原区和南方草山草坡区。

不同区域自然地理和草原植被及畜牧业特色明显。按照传统的分区方法，5 大草原区各具不同的生态环境条件和畜牧业发展优势。

1. 东北草原区

主要包括黑龙江、吉林、辽宁和内蒙古的东北部地区，其草原面积约占全国草原面积的 2%，覆盖东北平原的中、北部及其周围的丘陵，以及大小兴安岭和长白山脉的山前台地，海拔 130～1 000 米。东北草原区地处大陆性气候和海洋季风的交错地带，受东亚季风影响，属于半干旱半湿润地区，夏季短暂湿润，冬季寒冷漫长。该地区降水量相对充沛，降水多集中在夏季，东部地区年降水量可达到 750 毫米，中部为 600 毫米左右，西部大兴安岭东麓为 400 毫米左右。土壤为黑土、栗钙土等，土壤肥沃，地势平坦。植物种类丰富，野生牧草达到 400 余种，优良牧草近百种，主要有羊草（*Leymus chinensis*）、无芒雀麦（*Bromus inermis*）、披碱草（*Elymus dahuricus*）、鹅观草（*Roegneria kamoji*）、冰草（*Agropyron mongolicum*）、草木樨（*Melilotus officinalis*）、花苜蓿（*Medicago ruthenica*）、胡枝子（*Lespedeza bicolor*）等。天然草原鲜草亩产 300～400 千克，是我国最好的草原之一，其特色家畜是东北马、三河牛，绵羊多分布在平原草原区。

2. 蒙宁甘草原区

主要包括内蒙古、甘肃两省区的大部分和宁夏的全部及冀北、晋北、陕北草原区，面积约占全国草原面积的 30% 左右。高平原是构成该区域草原区的主要地貌特征，如阴山以北的内蒙古高原，贺兰山以东的鄂尔多斯高原以及陕北北部、甘肃东南部的黄土高原，海拔均在 1 000～1 500 米，另外，在这一区域内还分布有山地、低山丘陵、平原和沙地等，均分布着不同的草原植被类型。该区域内的山地多为中、低山，主要有大兴安岭和阴山山地，高度大都在 2 000 米以下。由于两条山脉纵横叠置，阻挡了东来的湿润气流西进，冬季盛行大陆极地气团，寒冷干燥，夏季被热带海洋气团控制，温湿多雨。年降水量由东部地区的 300 毫米降至西部地区的 100 毫米左右，内陆中心甚至降至 50 毫米以下，而蒸发量在 1 500～3 000 毫米。因此，东部草原河流密布，牧草繁茂，水草丰美；西部地区干热，蒸发强烈，草原多生长为耐盐、耐旱的半灌木和灌木等。地带性土壤为栗钙土、棕钙土、灰棕荒漠土等。牧草种类丰富，饲用植物达到 900 多种，其中，优良牧草达到 200 多种，如羊草、披碱草、无芒雀麦、针茅、糙隐子草（*Cleistogenes squarrosa*）、冰草、早熟禾、草木樨、冷蒿（*Artemisia frigida*）、锦鸡儿（*Caragana*）等。本草原区的主要牲畜有牛、马、山羊、绵羊、骆驼等，地方优良品种有滩羊、苏尼特羊、乌珠穆沁羊、察哈尔羊、阿尔巴斯山羊、阿拉善骆驼等。

3. 新疆草原区

位于祖国西北边陲，北起阿尔泰山和准格尔界山，南至昆仑山与阿尔金山之间，面积约占全国草原面积的22%以上。新疆草原四面多山，在炎热夏季，高山上和山谷中，气候凉爽，牧草丰盛，适宜于畜牧业发展，从史前时期，这里就是各游牧部落喜欢居留之地。新疆草原地处大陆中心，距离海洋遥远，周边高山耸立，湿润的海洋气候无法达到这里，干燥少雨，是典型的大陆性气候。山地草原占主体，主要分布有狐茅（*Festuca* spp.）、鸭茅（*Dectylis glomerata*）、苔草（*carex* spp.）、车轴草（*Trifolium odoratum* Linn）、胡枝子等，主要牲畜有全国著名的新疆细毛羊、三北羔皮羊、伊犁马等。

4. 青藏草原区

以"世界屋脊"和中华民族"水塔"著称的青藏高原区位于中国西南部，北至昆仑山、祁连山，南至喜马拉雅山，西接帕米尔高原，为世界上独一无二的高原草原区，是长江、黄河、雅鲁藏布江等大江大河的发源地，是我国水源涵养、水土保持的核心区，也是我国生物多样性最丰富的地区之一。本区包括青海和西藏两个省区的全部和甘肃的西南部，以及四川的西北部、云南的西北部等，面积约占全国草原面积的32%以上。全区四面大山环绕，中间山岭重叠，地势高峻，海拔多在3 000米以上，最高的贡嘎山主峰海拔7 556米，植被呈明显的垂直带分布规律：山谷地区为低热高草区，森林的上限为高山草原和高山冻原。高山草原牧草高度可达40～110厘米，覆盖度达到80%～95%。

5. 南方草山草坡区

主要分布在长江流域以南的地区，包括四川（西部阿坝、甘孜和小凉山部分地区除外）、云南（迪庆地区除外）、贵州、湖南、湖北、皖南、苏南、浙江、福建、台湾、广东、海南、广西等在内的各类山丘草场，海拔大都1 000米以下。在低地、河谷和山间平原地带，多属农业用地，低、中山顶部多有森林分布，在坡度较大、土壤较薄的地段，森林破坏以后，多沦为次生草地。由于草山、森林和农田之间多处于插花状态，草山资源比较分散。

全国草地面积约3.93亿公顷，分布在30个省份，草地面积的分布状况见表1-1。

表 1-1　全国各省份草地面积

地区	土地面积 （平方千米）	天然草原面积 （公顷）	天然草原占 各省面积比重 （%）	天然草原可 利用面积 （公顷）	人工 草地面积 （公顷）	占全国人工 草地面积比重 （%）
北京	1.64	394 816	24.07	336 310	6 633	0.11
天津	1.13	146 604	12.97	135 402	1 867	0.03
河北	18.80	4 712 140	25.06	4 085 324	233 667	3.84
山西	15.68	4 552 000	29.03	4 552 000	205 767	3.38
内蒙古	114.53	78 804 483	68.81	63 591 092	2 414 040	39.66
辽宁	14.59	3 388 848	23.23	3 239 293	149 667	2.46
吉林	19.09	5 842 182	30.60	4 378 993	109 867	1.80
黑龙江	45.46	7 531 767	16.57	6 081 653	235 667	3.87
上海	0.63	73 333	11.64	37 333	0.00	0.00
江苏	10.12	412 709	4.08	325 673	33 867	0.55
浙江	10.37	1 369 853	30.57	2 075 176	24 513	0.40
安徽	13.99	1 663 179	11.89	1 485 176	1 333	0.02
福建	12.38	2 047 957	16.54	1 957 060	12 667	0.20
江西	16.71	4 442 334	26.58	3 847 562	10 567	0.17
山东	15.67	1 637 974	10.45	1 329 157	29 227	0.48
河南	16.57	4 433 788	26.76	4 043 253	48 860	0.80
湖北	18.56	6 352 215	34.23	5 071 537	26 967	0.44
湖南	21.19	6 372 668	30.07	5 666 309	15 133	0.25
广东	17.81	3 266 241	18.34	2 677 239	28 740	0.47
广西	23.67	8 698 342	36.75	6 500 346	7 333	0.12
海南	3.40	949 773	27.93	843 273	3 813	0.06
四川	56.26	22 538 826	40.06	19 620 302	272 747	4.48
贵州	17.57	4 287 257	24.40	3 759 735	17 193	0.28
云南	38.17	15 308 433	40.11	11 925 587	86 000	1.42
西藏	120.48	82 051 942	68.10	70 846 781	16 000	0.27
陕西	20.56	5 206 183	25.32	4 349 218	477 333	7.84
甘肃	42.56	17 904 206	42.07	16 071 608	762 300	12.53
青海	70.82	36 369 746	51.36	31 530 670	219 420	3.61
宁夏	5.18	3 014 067	58.19	2 625 556	136 400	2.24
新疆	165.09	57 258 767	34.68	48 006 840	500 000	8.22
全国合计	948.68	392 832 633	41.41	330 995 458	6 087 588	100.00

（二）中国草原的特征

1. 草原地带性分布规律明显

我国天然草原类型丰富多样。因气候、地形不同，各主要草原分布区域内景观各异,各类型草原的地带性分布非常明显。青藏高原高寒区空气稀薄、日照充足、草层低矮,冬季寒冷、漫长,为半干旱、干旱地区,不宜农、林,适宜放牧。该区域从东南向西北干旱递增,草地类型依次为高寒草甸类—高寒草甸草原类—高寒草原类—高寒荒漠草原类—高寒荒漠类。温带草原和荒漠草原区域多干旱或超干旱,冬季寒冷、漫长,不宜农、林,适宜草地畜牧业。该区域从东向西随降水递减、干旱递增,依次出现的草地类型为温性草甸草原类—温性草原类—温性荒漠草原类—温性草原化荒漠类—温性荒漠类。南方、华北山地和沿海滩涂区域地形陡、土壤贫瘠、多砾质,有积水或地下水位高,土壤含盐量高,不宜耕种、植树,宜草宜牧。该区域自北向南随着热量递增、降水量递增,依次出现的草地类型为暖性草丛类、暖性灌木丛类、热性草丛类、热性灌草丛类。

2. 草原生态系统脆弱性显著

草原生态系统的脆弱性表现在下述几个方面:①稳定性差,敏感性强。草地植被组成要素贫乏,结构简单,植被覆盖度相对比较低,土壤质地不稳定,土质结构疏松,土壤贫瘠,盐渍化和沙化草地、沙地、裸露的土地等极易遭受风蚀和水蚀破坏。抗外界干扰能力弱,易受破坏,易受外界因子的干扰,自我恢复与调节能力差,向非期望状态演变趋势明显。②水的制约性。在草原生态系统的环境制约因子中,水分即年降水量是第一位的,其次是热量因子。水的多少直接影响着草地植被、牧草和动物、牲畜的种群数量变化。草原地区草原植被破坏后又改变了气候,气候环境的改变反过来又影响草原植被的有效发展,因而极易导致草原生态环境的恶性循环。③草地生态系统的波动性大,变化幅度大。表现出波动性和人类需求的不平衡性。草场植物生长呈波动性,分生长期和枯黄期,年际间丰、歉年的波动也较大;牧草生长及所含营养呈现季节性波动,夏季质好量大、冬季质次量少。草地的空间分布、植物的组成、自然生产力、牧草对牲畜的适宜性(可采食性)由自然因素决定,人为干预的可能性和幅度都很小,而牲畜对牧草的要求一般都是人为决定的,可调节性很强。因此,对牲畜种类、数量的增减和管理方式的不同或不当,都将造成草和畜的矛盾和不平衡。在1999—2000年《中国可持续发展战略报告》中,通过综合考虑地质、地貌、水文、气象、植被、土壤等要素对区域进行评价,我国内蒙古被列为中等脆弱性地区,而其半农半牧区(农牧交错带)则为脆弱性地区,其中浑善达克、阴山南北麓和黄河中上游(内蒙古区段)为极脆弱性,属中国生态环境最差的地区。我国半农半牧区(农牧交错带）90％以上的草地出现不同程度的退化，因过度开垦和过度放牧造成荒漠化的土地面积占全国总荒漠化土地的45％，已成为我国自然植被破坏最为严重的区域，其中退化严重的许多天然草地已经成为次生裸地。

3. 草原生产力空间差异明显

据20世纪80年代全国草地资源调查，我国草原平均产草量为911千克/公顷，最低为高寒荒漠类草地，产量117千克/公顷，最高为热带性草丛类，产量2 643千克/公顷。北方温带草原区的产草量由东向西逐渐降低，主要制约因素是草地水分条件，每100毫米降水量形成400～500千克/公顷干草产量。东部草甸草原地带年降水量350～550毫米，年干草产量由东部松嫩草原的1 600～2 200千克/公顷，往西降至1 200千克/公顷。在黑龙江三江平原和大、小兴安岭山地沟谷低地草甸和沼泽草地，牧草生长高大、茂密，产草量高达2 700～3 300千克/公顷，是我国温带天然草地中产草量最高的。中部温性典型草原地带年降水量300～400毫米，以中型禾草为主，年干草产量从东部和东南部的1 200～1 600千克/公顷，向西降至400～900千克/公顷。西部温性荒漠草原地带年降水量150～300毫米，以小禾草为主，年干草产量由东部的600千克/公顷，向西降至400～500千克/公顷。北方温带荒漠区产草量低于温带草原区，区内草地产草量差异较大。黄土高原和鄂尔多斯高原西北部，伊犁谷地、北疆绿洲边缘等温带草原化荒漠分布区，草原的年干草产量为300～500千克/公顷。阿拉善高原中西部、河西走廊西段、吐鲁番盆地、南疆塔里木盆地典型荒漠分布区，最干旱年干草产量仅200～400千克/公顷，是我国产草量最低的草地之一。温带荒漠区东南部的贺兰山、祁连山和西北部的天山、阿尔泰山、准格尔界山的山地草原，年干草产量上升为500～1 200千克/公顷；北疆的山地草甸年干草产量增加至1 600～2 200千克/公顷；伊犁地区的山地草甸是全国的高产草地之一；最高可达3 000千克/公顷；南疆的山地草甸年干草产量较低为500～700千克/公顷。青藏高原高寒草原由于地势高，热量不足，牧草生长期短，草层低矮、产草量低。产草量东西部差异显著，每100毫米降水量能形成250～300千克/公顷干草产量。等量降水可形成的产草量低海拔区高于高海拔区，南部高于北部。青藏高原东部高寒草甸地带，海拔相对较低，年降水量500～700毫米，产草量较高，其中四川阿坝草地大多位于海拔3 200～3 800米的亚高山地带，年干产草量1 500～1 800千克/公顷，是我国草地产草量较高的地区之一；

四川省甘孜草地、云南省西北横断山草地、甘肃省甘南草地年产草量为1 200～1 600千克/公顷,祁连山东段、青海省东部和西部高原东部为1 000～1 400千克/公顷。青藏高原中部地区,包括祁连山中段,青海省中部、青藏公路线以东的藏东高原、藏南高原,年产干草量500～1 000千克/公顷。青藏高原西北部,包括青海省西部、羌塘高原、阿里高原,平均海拔4 500米以上,年降水量小于200毫米,草地植被稀疏,总覆盖度小于20%,草地年产甘草200～400千克/公顷,其中羌塘高原西北部,昆仑山西段和可可西里高原等高寒荒漠地带,年干草产量小于150千克/公顷,是全国产草量最低的草地。西藏东南部,低海拔河谷区和喜马拉雅山南坡的山地草甸带,年降水大于1 000毫米,年产草量为1 200～2 500千克/公顷,东段高、西段低。南方和东部湿润区草地水热条件最好,牧草再生力强,草层高大,产草量最好。单位面积年平均干草产量1 500～3 500千克/公顷,大多数草地产草量为2 000～2 500千克/公顷。部分于鄱阳湖、洞庭湖、长江沿岸等湖滨的亚热带低地草甸草地产草量最高,一般年产干草大于3 000千克/公顷,高的可达4 000千克/公顷以上。秦岭,淮河一线以南,年降水大于1 000毫米的山地热性草丛类和热性灌草丛类草地产草量次之,年干草产量为2 000～3 000千克/公顷,从南向北逐渐降低。秦岭、淮河一线以北至辽宁南部的暖温带次生草地,年降水量650～1 000毫米,年干草产量为1 500～1 000千克/公顷。西南部金沙江、元江等干热河谷,热量丰富,≥0℃年积温6 000～8 000℃或以上,但年降水量小于900毫米,且蒸发量高,夏湿冬干,年干草产量相对较低,为1 000～2 000千克/公顷。

我国天然草地的生物量与产草量(第一性生产力)与世界上其他国家同类型草地相比差异不大,但是相对低产并低于全国平均产草量水平的草地面积为1 842.1万公顷,占全部草地面积的46.89%,占成片草地面积的61.61%。其主要类型有温性草原类、温性荒漠草原类、高寒草甸草原类、高寒草原类、高寒荒漠草原类、温性草原化荒漠类、温性荒漠类、高寒荒漠类和高寒草甸类。

二、重点区域草原资源利用及畜牧业发展

我国北方天然草地区以温性、暖性类草地资源为主,是我国的传统牧区,以草原畜牧业生产为主。据首次草地资源调查,河北、山西、内蒙

古、辽宁、吉林、黑龙江、四川、云南、西藏、甘肃、青海、宁夏、新疆13省区成片草地理论载畜量为 2.60 亿个羊单位，占全国成片草地理论载畜量的 81.63%。其中，内蒙古、四川、西藏、甘肃、青海、新疆六大牧区天然草地面积 2.95 亿公顷，占北方天然草地总面积的 87.02%，成片草地理论载畜量为 1.85 亿个羊单位，占北方天然草地区成片草地理论载畜量的 71.15%。六大牧区是我国草原畜牧业的主体，在北方天然草地区生态与生产协调发展中具有举足轻重的作用。

（一）内蒙古

1. 人口和民族

内蒙古总人口从 1945 年的 493.3 万逐渐增加到 2018 年的 2 534 万，其中牧区人口从 1945 年至 2005 年呈逐渐增加的趋势，1995—2005 年人口相对稳定，牧区人口总数约为 1 362.3 万人口左右，随后 2006—2018 年牧区人口逐渐下降。内蒙古自治区由蒙、汉、满、回、达斡尔、鄂温克、鄂伦春、朝鲜等 55 个民族组成，其中汉族人口最多，占 77.10%，其次分别为蒙古族（19.02%）、满族（2.27%）、回族（0.89%）、达斡尔族（0.36%）、鄂温克族（0.13%）（图 1-5，表 1-2）。

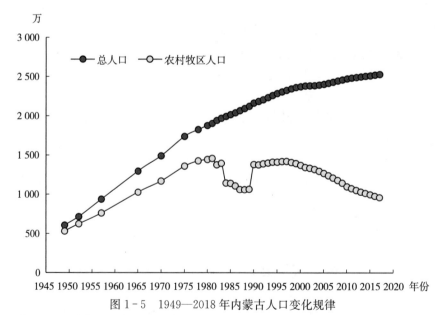

图 1-5　1949—2018 年内蒙古人口变化规律

数据来源：《内蒙古统计年鉴》历年。

表 1-2 内蒙古各民族人口数及构成比例

项 目	人口（人）		构成（％）	
	2016 年	2017 年	2016 年	2017 年
汉族	18 890 601	18 800 965	77.25	77.10
蒙古族	4 623 940	4 638 797	18.91	19.02
回族	216 953	217 704	0.89	0.89
满族	549 532	553 023	2.25	2.27
朝鲜族	22 990	22 883	0.09	0.09
达斡尔族	86 428	86 607	0.35	0.36
鄂温克族	32 484	32 696	0.13	0.13
鄂伦春族	4 571	4 604	0.02	0.02
壮族	2 337	2 407	0.01	0.01
藏族	1 820	1 886	0.01	0.01
锡伯族	3 709	3 734	0.02	0.02
苗族	2 156	2 207	0.01	0.01
土家族	2 062	2 140	0.01	0.01
彝族	1 831	1 956	0.01	0.01
维吾尔族	196	230		
其他少数民族	12 934	13 343	0.05	0.05

2. 草地资源现状

内蒙古草原是欧亚大陆草原的重要组成部分，拥有各类草地 7 880 万公顷（可利用面积 6 353 万公顷），占全区总土地面积的 67.49％，其中典型草原类分布范围最广，面积最大，总面积 2 767 万公顷（可利用面积 2 420 万公顷），占全区草原总面积的 35.1％，是内蒙古草原的主体。内蒙古各类型草原面积及草产量见表 1-3。

表 1-3 内蒙古各类型草原面积及草产量

项 目	总面积（万公顷）	可利用面积（万公顷）	单位面积产草量（千克/亩）	可食牧草总贮量（亿千克）	占全区（％）	质 量
温性草甸草原类	862.87	760.47	78.4	89.43	21.9	优质低产和优质中产
温性典型草原类	2 767.33	2 422.53	38.65	140.45	34.3	优质低产和优质中产
温性荒漠草原类	842.00	765.27	18.66	21.42	5.2	优质低产
温性草原化荒漠类	538.67	479.27	16.99	12.21	3.0	中质低产
温性荒漠类	1 692.33	941.73	8.46	11.95	3.0	低质低产
山地草甸类	148.60	130.53	—	23.47	5.7	中质中产型和中质高产

（续）

项　目	总面积 （万公顷）	可利用 面积 （万公顷）	单位面积 产草量 （千克/亩）	可食牧草 总贮量 （亿千克）	占全区 （%）	质　　量
低平地草甸类	926.40	776.73		101.62	24.9	中质中产型和中质高产
沼泽类	82.07	64.93		6.65	1.6	低质高产
附带草地	20.13	17.60		1.79	0.4	
合计				408.99	100	

全区草地以中优质低产草地为主。据内蒙古第 3 次草地资源普查结果，全区优质高产草地占 0.5%，优质中产草地占 11.2%，优质低产草地占 32.0%；中质高产草地占 3.4%，中质中产草地占 11.4%，中质低产地占 18.3%；低质高产草地占 2.9%，低质中产草地占 4.3%，低质低产草地占 16.3%。草甸草原以中质中产型和优质中产型草地为主，典型草原以优质低产型和优质中产型为主，荒漠草原类以优质低产型草地为主，草原化荒漠以中质低产型为主，荒漠类以低质低产型为主。山地草甸类和低平地草甸类均以中质中产型和中质高产型为主，沼泽类草地的质量低劣而产量较高，以低质高产型为主（表 1-3，表 1-4）。

表 1-4　内蒙古草地质量和产量评价

项目	总面积 （万公顷）	可利用面积 （万公顷）	草地质量等级比例 （%）	草地产量等级比例 （%）
呼伦贝尔草原	786.67	720.00	二等 52.4%，三等 29.1%	六级 38.1%，五级 23.5%
科尔沁草原	1 240.00	1 040.00	三等 57.1%，四等 22.5%	五级 41.1%，六级 30.4%
锡林郭勒草原	1 953.33	1 766.67	一等 22.0%，二等 49.3%	六级 37.4%，七级 22.1%
乌兰察布草原	840.00		二等 40.6%，三等 39.6%	六级 26.5%，七级 52.6%
鄂尔多斯草原	553.33	480.00	四等 53.8%，三等 5.2%	六级 60.2%，七级 19.6%
阿拉善荒漠	1 753.33	980.00	四等 52.5%，三等 43.1%	八级 59.8%，七级 20.0%

3. 畜牧业发展情况

依托天然草地资源禀赋优势，内蒙古草原畜牧业快速发展，全区牲畜出栏、存栏数量和草食畜产品都呈明显的增加趋势。内蒙古主要牲畜的出栏量从 2004 年开始呈快速增长，牲畜总头数、羊和大牲畜的出栏增长速率分别为 144.79%、515.37% 和 110.77%。2016 年，牲畜出栏总头数 6 245.9 万头（只），较 1978 年的 575.8 万头（只）增长了 9.85 倍。其中，羊出栏量由 482.4 万只增加到 4 628.9 万只，增长了 8.60 倍；大牲畜出栏量由 38.2 万只增加到 592.6 万只，增长了 14.51 倍。2017 年牲畜存栏总头数 7 441.9 万头（只），较 1947 年的 851.8 万头只增长了 7.7 倍。其中，羊存栏量由 510.8 万只增加到 6 111.9 万只，增长了 11.0 倍；大牲畜存栏量由 262.9 万只增加到 824.4 万只，增长了 2.1 倍。2017 年肉类总产量 265.2 万吨，较 1980 年的 23.8 万吨增长了 1 014.29%。其中，牛肉由 4.55 万吨增加到 59.5 万吨，增幅达到 1 207.69%；羊肉由 7.69 万吨增加到 104.1 万吨，增幅达到 1 253.71%。牛奶产量 552.9 万吨，较 1980 年的 6.69 万吨增长了 81.65 倍。山羊毛、绵羊毛从 1980 年到 2017 年分别增长了 3.40 倍和 2.28 倍；羊绒增加了 3.44 倍（图 1-6，图 1-7，表 1-5）。

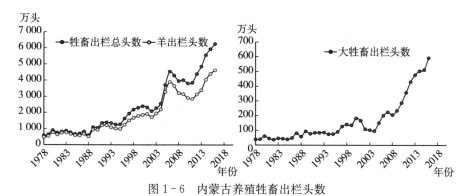

图 1-6 内蒙古养殖牲畜出栏头数

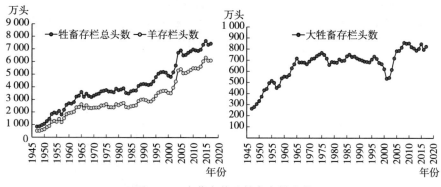

图 1-7 内蒙古养殖牲畜存栏头数

表 1-5 内蒙古不同时期畜产品产量

单位：万吨

项目	1980 年	1990 年	2000 年	2010 年	2015 年	2017 年
肉类	23.8	53.6	143.4	238.7	245.7	265.2
牛肉	4.55	8.6	21.8	49.7	52.9	59.5

（续）

项目	1980 年	1990 年	2000 年	2010 年	2015 年	2017 年
羊肉	7.69	12.7	31.80	89.20	92.60	104.10
牛奶	6.69	37.0	79.80	905.20	803.20	552.90
山羊毛	0.20	0.23	0.34	1.26	1.03	0.88
绵羊毛	3.86	5.92	6.51	0.71	12.72	12.67
细羊毛	1.29	3.24	3.70	0.08	7.08	7.07
半细羊毛	1.08	1.23	1.36	0.10	2.28	2.50
羊绒	0.18	0.21	0.38	0.81	0.84	0.80

4. 草原生产利用情况

放牧和刈割是当前内蒙古草原的主要利用方式。随着经济社会的不断发展，内蒙古草原承载压力逐年增加，理论载畜量不断降低。近70年来，内蒙古草原理论载畜数量和实际家畜数量呈负相关变化关系。有数据表明，内蒙古草原理论载畜数量从20世纪50年代的5 800万羊单位下降至2012年的4 420万羊单位，实际载畜量则从近3 000万羊单位增加至7 800万羊单位。目前，草甸草原、典型草原、荒漠草原、草原化荒漠和荒漠承载能力平均分别为1.36羊单位/公顷、0.41羊单位/公顷、0.33羊单位/公顷和0.25羊单位/公顷。而内蒙古全区实际草地载畜率从1945年的0.1羊单位/公顷增加到了2018年的1.2羊单位/公顷。除草甸草原外，实际载畜率均超过其他类型草原的理论载畜率，超载过牧严重，虽有一定数量的饲草料作补充，但草畜矛盾越来越激化是不争的事实，尤其是季节性的超载过牧导致草地退化进一步加剧（图1-8）。

图1-8 内蒙古草原草地载畜率逐年变化规律

数据来源：内蒙古统计年鉴。

草原退化导致的直接结果就是生产力的衰减。草原生产力是决定草原生态、生产功能的关键指标。内蒙古草原生产力在 20 世纪 80 年代全国第一次草原调查为 1 035 千克/公顷，到 2011 年内蒙古草情监测生产力为 600 千克/公顷，下降 40%左右，严重地区下降 60%～80%。以内蒙古锡林郭勒草原为例，与 20 世纪 80 年代相比较植被盖度下降，牧草产量降低。其中，草甸草原的平均盖度降低 15%，牧草鲜重降低 1 460.2 千克/公顷；温性典型草原的平均盖度降低 6%，牧草鲜重降低 786.7 千克/公顷；温性荒漠草原的平均盖度降低 1.9%，牧草鲜重降低 109.4 千克/公顷。

（二）新疆

1. 人口和民族

新疆总人口从 1949 年中华人民共和国成立时的 433.34 万人增加到 1978 年改革开放初期的 1 233.01 万人，2017 年增加到 2 445 万人。农村牧区人口从 1978 年 911.61 万人逐渐增加到 2017 年的 1 237.49 万人，占总人口的 50.6%。新疆维吾尔自治区由维吾尔族、汉族、哈萨克族、回族、柯尔克孜族、蒙古族、塔吉克族、锡伯族等 47 个民族组成，其中维吾尔族人口最多，占 47.68%，其次分别为汉族（32.32%）、哈萨克族（6.48%）、回族（4.17%）、柯尔克孜族（0.85%）、蒙古族（0.73%）、塔吉克族（0.21%）、锡伯族（0.18%）（图 1-9，表 1-6）。

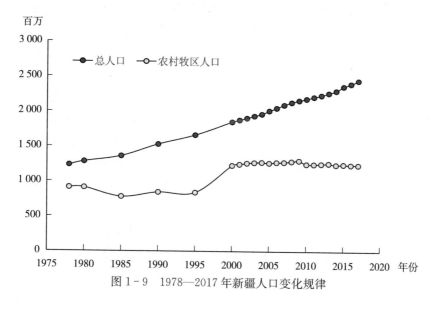

图 1-9 1978—2017 年新疆人口变化规律

表 1-6　新疆各民族人口数及构成比例

项目	人数（万人）		构成（％）	
	2016 年	2017 年	2016 年	2017 年
维吾尔族	1 144.90	1 165.50	47.74	47.68
汉族	826.95	790.18	34.48	32.32
哈萨克族	158.67	158.36	6.62	6.48
回族	102.01	101.99	4.25	4.17
柯尔克孜族	20.42	20.72	0.85	0.85
蒙古族	17.92	17.92	0.75	0.73
锡伯族	4.31	4.31	0.18	0.18
俄罗斯族	1.18	1.18	0.05	0.05
塔吉克族	5.05	5.12	0.21	0.21
乌孜别克族	1.88	1.93	0.08	0.08
塔塔尔族	0.51	0.50	0.02	0.02
满族	2.77	2.78	0.12	0.11
达斡尔族	0.69	0.69	0.03	0.03
其他民族	15.06	15.54	0.63	0.64

2. 草地资源及利用

新疆是我国重要牧区之一，天然草原辽阔，面积 5 725.88 万公顷，可利用面积 4 800.68 万公顷，仅次于西藏和内蒙古，居全国第三。新疆草地类型多，在全国 18 个草地类中就有 11 个，不仅有水平分布的平原草地，还有垂直分布的山地草地。根据大地形、土壤基质和植被的分异，新疆草地划分了 25 个亚类，131 个组合 687 个草地型。除荒漠类型外，草地牧草产量一般都比较高，尤其是山地草甸和平原的低草甸草地，平均每公顷鲜草产量在 3 000～4 500 千克。新疆草地牧草种类丰富、优良牧草多。据统计，新疆可食的饲用植物 2 930 种，其中常见的优良牧草植物 382 种。世界上公认的优良牧草新疆均有较大面积的分布，如羊茅、苇状羊茅、梯牧草、无芒雀麦、鸭茅、草地早熟禾、鹅观草、紫花苜蓿、黄花苜蓿、红花车轴草等。由于优良牧草的种类较多，新疆草场的质量好，等级也比较高，中等以上的草地面积占新疆草地总面积的 65.86％，载畜量占 83.07％，优良草地占 36.14％，载畜量占 47.14％。

新疆的草地资源利用以适应性季节放牧为主。由于全疆各地有山地与平原、戈壁与沙漠，自然条件差异很大，因此在草地利用上形成了适应自然规律的季节轮换放牧利用特点。适合不同季节利用，各具特色的季节牧场组成了一个轮换放牧的利用体系，不同季节均有放牧利用的草场。其中，夏牧场是新疆草地的精华，它具有草质优良，生产力高，载畜量高的特点。虽然只占草地总面积的 12.1%，但载畜能力在各季节牧场中是最高的，超过冷季一倍以上，在一定意义上它标志着新疆草原畜牧业发展的指标和潜力。

3. 草食畜牧业发展情况

依托天然草原从事放牧畜牧业经营是新疆传统畜牧业生产的主要形式之一。20 世纪 70 年代以来，新疆草食畜牧业发展迅速，草食牲畜出栏和存栏数量增加明显，畜产品供给能力显著提升。据统计，2017 年，全疆牲畜出栏由 1978 年 460.41 万头只增加到 4 447.37 万头（只），增幅达到 865.96%。其中，羊出栏量由 382.8 万只增加到 3 605.6 万只，增幅达 841.9%；牛出栏量由 18.8 万头增加到 259.27 万头，增幅为 1 279.1%。牲畜存栏由 1978 年 2 476.8 万头（只）增加到 4 946.5 万头（只），增幅达 99.7%。其中，羊存栏量由 1 927.3 万只增加到 4 030.5 万只，增幅达 109.13%；牛存栏量由 222.4 万头增加到 433 万头，增幅为 94.69%（图 1-10，图 1-11）。肉类总产量由 1980 年 9.7 万吨增加到 2017 年 162.84 万吨，增长了 15.79 倍。其中，牛肉由 2.15 万吨增加到 43 万吨，增长了 19 倍；羊肉由 6.48 万吨增加到 58.2 万吨，增长了 8 倍。牛奶产量由 1978 年 4.5 万吨增加到 2017 年的 160.36 万吨，增幅达 34.64 倍。山羊毛、绵羊毛从 1980 年到 2017 年分别增长了 2.1 倍和 2.3 倍；羊绒增加了 2.67 倍（表 1-7）。

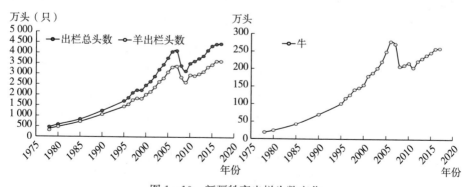

图 1-10　新疆牲畜出栏头数变化

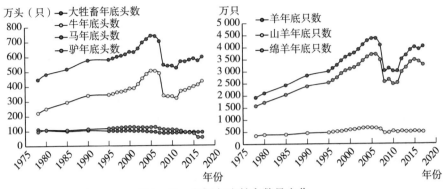

图 1-11 新疆年末牲畜数量变化

表 1-7 新疆不同时期畜产品产量

单位：万吨

年份	1980	1990	2000	2010	2015	2017
肉类	11.90	30.50	83.60	121.70	153.20	159.90
牛肉	2.15	7.10	22.20	35.50	40.40	43.00
羊肉	6.48	15.80	37.50	47.00	55.40	58.20
牛奶	5.84	30.80	72.50	128.60	155.80	191.90
山羊毛	0.10	0.16	0.31	0.29	0.30	0.31
绵羊毛	3.21	4.93	6.67	8.40	9.69	10.59
细羊毛	2.63	3.94	2.89	2.91	1.49	1.56
半细羊毛	—	—	0.84	1.24	1.68	1.73
羊绒	0.03	0.06	0.09	0.13	0.12	0.11

4. 生态状况

受气候干旱、过度放牧利用等因素影响，新疆草地退化、沙化严重，草原生产力下降。据统计，全疆 85% 的天然草地已处于退化之中，其中严重退化的草地面积已达 37.5%（杰恩斯·马坦等，2007）。草地产草量和植被覆盖度不断下降，2005 年全区草地产草量比 20 世纪 60 年代下降30%～60%，严重区下降 60%～80%。优良牧草减少，杂类草、不可食草、毒害草增多，牧草品质变劣，草层变矮，草地严重退化区域几乎变成了稀疏植被或一年生草本层片。每个羊单位需要的草地面积比过去增大了23%～43%，草地上牲畜的个体也在逐年变小，产肉量随之下降，平均个体体重 20 世纪 60 年代为 19.5 千克，20 世纪 70 年代末为 13.9 千克，目前仅为 12.5 千克。由于草地生态恶化导致新疆生态环境劣变的主要表现是：土地沙漠化严重，沙漠侵袭绿洲趋势加快，沙尘暴频繁，且强度不断增加，直接波及我国部分地区，影响巨大。据统计，全疆沙漠化面积达

80 万平方千米以上，占新疆总面积的 47.7％，且仍以年平均 400 平方千米的速度扩展（杰恩斯·马坦等，2007）。据不完全统计，位于准噶尔盆地内的古尔班通古特沙漠过去流沙面积仅占 3％，2005 年已高达 21％，固定沙丘年均活化面积达 220 平方千米，对全疆生态环境造成严重影响。

（三）西藏

1. 人口和民族

西藏总人口从 1949 年 100.0 万逐渐增加到 1995 年的 239.84 万，到 2017 年人口达到 337.15 万，其中，牧区人口 1995 年为 199.79 万，至 2017 年约为 233.0 万（图 1-12）。"六普"数据显示，西藏已成为拥有 50 个民族（含僜人和夏尔巴人两个未识别民族）成分的大家庭。藏族人口 271.64 万，占 90.48％，汉族 24.53 万人，占 8.17％，其他少数民族 4.05 万人，占 1.35％。藏族是西藏自治区的主体民族，人口占九成以上；其他少数民族中，以世居西藏的回族、门巴族、珞巴族、纳西族等人口所占比重较大。

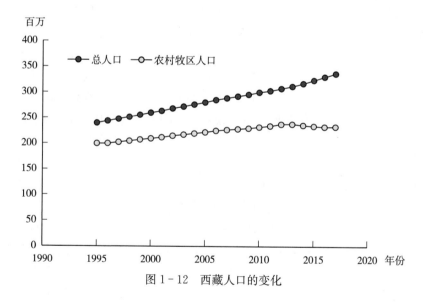

图 1-12　西藏人口的变化

2. 草地资源及利用

西藏草地总面积达 8 267 万公顷，占西藏总土地面积的 69.1％。草地面积以那曲最大，占总草地面积的 34.3％，其次是阿里地区为 25.9％。在广阔的西藏草地上，有着各种不同的类型，从植被性质看，有干旱草原和荒漠，也有湿润草甸、湿润森林草地和灌丛草地；从气候特点而言，有温带山地灌丛草原，也有热带、亚热带草地。但以高寒草地为主，占西藏草地的80%，其中高山草甸占40.6%。受生态环境限制，西藏草原载畜能力十分有限，牧草生长期仅6个月左右，加上传统的游牧为主的经营方式，草地生产力低于全国水平，每公顷草地的畜产品分别比内蒙古、新疆低1/2、1/3。一般每亩产鲜草仅25～50千克，这样的草场占总面积的44.9%。另外还有18.6%的草场，每亩产鲜草不到25千克。虽然产量低，但是由于西藏海拔高、空气密度小、太阳辐射强、日照时数长、昼夜温差大等特征，白天牧草光合作用强，夜间呼吸作用弱，所以营养成分积累好。西藏草地季节性利用特点显著。高山地区冬春严寒，风多雪大，不能放牧，夏秋凉爽多雨，是理想的牧场；河谷山坡地冬春背风较温暖，宜于放牧。存在的主要矛盾是季节草场不平衡。冬春营地放牧时间长，夏秋营地放牧时间短，可适宜冬春营地的河谷滩地草地少，便造成冷季草场紧张，暖季草场有余。草地资源总量地区间分布不平衡，发展潜力差异很大。在资源总量中以那曲最大，昌都次之，前者是面积大，后者是单位面积产量高。发展潜力以阿里、昌都为最大。阿里地区冬春草地发展潜力可达34.6%，夏秋达258.2%。昌都由于单位面积产量高，每只绵羊占草地1.39公顷，虽然草地面积仅占总草地面积的13.3%，但载畜能力可达23.9%。而那曲和拉萨发展潜力最小，目前牲畜头数已超载畜能力。西藏牧草低矮、地形起伏不平，普遍缺乏可作割草用的草地，能配套机具的草场更为缺乏。西藏有近1 613万公顷未利用草地，由于缺水、交通不便等原因，人畜难以进入，目前尚未利用，是西藏重要的后备草地资源，主要分布在那曲、阿里地区。

3. 畜牧业发展情况

据统计，西藏羊出栏量由1978年213.72万只增加到2017年397.19万只，增幅达85.85%，其中出栏数量最多的是2011年，出栏547.81万只。牛出栏量由22.87万头增加到163.32万头，增幅614.12%。西藏牲畜存栏总头数和养存栏头数在1951—1978年表现为增长期，分别从955万头和710万头增加至2 349万头和1 815万头；1978—2004年为稳定期，牲畜存栏总头数和养存栏头数分别维持在2 200万～2 500万头和1 600万～1 800万头左右；2004～2017年为减少期，牲畜存栏总头数和养存栏头数分别降低到1 756万头和1 087万头。大牲畜和牛存栏头数由1951年的242万头和221万头增加到2017年的627万头和593万头，增幅分别1 590.9%和1 683.3%（图1-13，图1-14）；肉类总产量由1980年4.8万吨增加到2017年32.1万吨，增幅达到568.8%。其中，牛肉由2.09万

吨增加到 22.5 万吨,增幅达到 976.6%;羊肉由 2.42 万吨增加到 6.4 万
吨,增幅达到 164.5%;牛奶产量由 1980 年 7.02 万吨增加到 2017 年
37.1 万吨,增长 428.5%。山羊毛产量变化不稳定,绵羊毛产量从 1980
年到 2017 年呈下降趋势;羊绒增长了 8.3 倍(表 1-8)。

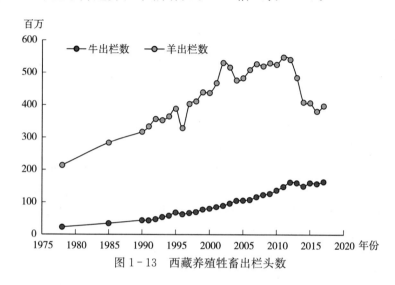

图 1-13 西藏养殖牲畜出栏头数

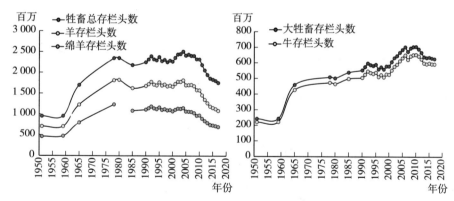

图 1-14 西藏养殖牲畜存栏头数

表 1-8 西藏不同时期畜产品产量

年份	1980	1990	2000	2010	2015	2017
肉类(万吨)	4.8	8.8	14.1	25.0	28.0	32.1
牛肉(万吨)	2.1	4.4	8.5	14.8	16.5	22.5
羊肉(万吨)	2.4	3.9	5.7	8.7	8.2	6.4

（续）

年份	1980	1990	2000	2010	2015	2017
牛奶（万吨）	7.0	12.6	16.2	23.3	30.0	37.1
山羊毛（吨）	1 102.0	893.0	1 834.0	1 306.0	826.0	1 029.6
绵羊毛（吨）	9 540.0	8 264.0	7 947.0	8 172.0	7 686.8	7 857.0
细羊毛（吨）	98.0	4.0	103.0	997.0	780.5	914.8
半细羊毛（吨）	202.0	823.0	5 418.0	1 682.0	2 586.3	2 937.7
羊绒（吨）	383.0	448.0	682.0	1 117.0	962.4	834.2

4. 生态退化

2010 年以前，一方面由于生活在草原上的牧民超载放牧、滥挖药材等破坏草原的行为；另一方面由于政府对草原生态价值的认识不足、重视不够，西藏大量草地已经或正在发生退化、沙化、荒漠化，导致的结果是草地生产力水平下降、抗灾能力减弱，草原畜牧业可持续发展受到严重的威胁。在西藏，5 333 万公顷可利用草地中，35%已经退化，333 万公顷沙化。20 世纪 60 年代，那曲地区草甸草场每公顷产草 2 760 千克，20 世纪 90 年代减少到 1 107 千克。

（四）青海

1. 人口和民族

青海省总人口从 1982 年 392.79 万逐渐增加到 2017 年的 598.38 万，其中牧区人口从 1982 年 312.97 万逐渐降低至 2017 年的 280.84 万。2017 年青海省少数民族人口为 285.49 万，占总人口的 47.71%。其中主要由藏族（25.23%）、回族（14.78%）、土族（3.55%）、撒拉族（1.93%）、蒙古族（1.8%）等组成（图 1-15，表 1-9）。

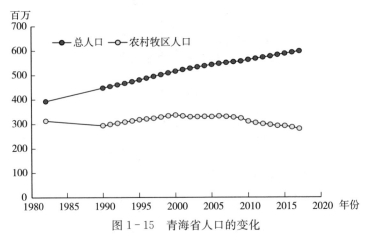

图 1-15 青海省人口的变化

表 1-9　青海各民族人口数及构成比例

项　目	人口（万）		构成（％）	
	2016 年	2017 年	2016 年	2017 年
少数民族人口总计	283.14	285.49	47.71	47.71
藏族	149.73	150.97	25.23	25.23
回族	87.71	88.44	14.78	14.78
土族	21.05	21.24	3.55	3.55
撒拉族	11.46	11.55	1.93	1.93
蒙古族	10.70	10.77	1.80	1.80
其他民族	2.49	2.51	0.42	0.42

2. 草地资源及利用

青海省天然草地面积 4 200 万公顷，占全省土地总面积的 60.17％。主要有温性草原、温性荒漠草原、高寒草甸草原、高寒草原等 9 个草地类，93 个草地型。高寒草地类组主要有高寒草甸草原类、高寒草原类、高寒荒漠类、高寒草甸类，面积为 3 600 万公顷，可利用面积为 3 400 万公顷，占全省天然草原面积 85.83％，构成青海天然草地的主体。由于自然条件差异较大，各类型草地产草量空间差异显著。按草地型比较，马蔺性草地每公顷产草量为 7 658 千克，垂穗披碱草为 6 718 千克，青藏薹草、杂类草型草地产草量最低，仅为 635 千克。按分布区来讲，同一草地型在不同分布区的产量也有较大差异，如高山嵩草在泽库县为每公顷 4 785 千克，在循化县为 857 千克。青海的天然草地大部分分布于海拔 3 000～4 700 米的高原和山地，海拔高、气温低、太阳辐射强烈，独特的地理位置和生态条件，使得各类牧草生长普遍低矮，不宜形成天然割草地。如牧草高度在 2～5 厘米的高山嵩草和矮生嵩草草地面积约占全省天然草地总面积的 40％左右。而牧草生长高度为中禾草的草地，如芨芨草、西北针茅等草地，仅占 6.38％。青海草地植物种类相对贫乏，豆科牧草少。据《青海省植物名录》记载，青海省有维管束植物 120 科，659 属，2 836 种（其中天然草地上常见的为 76 科，373 属，1 091 种），约占全国维管束植物的 1/10。在天然草地的众多植物中，豆科植物仅占全省植物总数的 3.67％，常见的豆科植物仅 13 属，77 种。除去有毒、有害、有怪味的不可食草外，仅有扁蓿豆、天蓝苜蓿、高山豆等天然野生豆科牧草零星分布。天然草地中以莎草科植物占优势，草地耐牧性强。在全省 93 个草地型中，以莎草科牧草为优势种的草地型有 37 个，占总数的 39.78%；从草地面积来讲，以莎草科为优势种的草地面积 2 733 万公顷，占全省草地面积的 65.06%。莎草科牧草根系发达，在草层中盘根错节，形成 10～15 厘米厚的草皮层，该草皮层虽然不利通气透水，但却富有弹性、耐践踏，具有很强的耐牧性。天然草地牧草营养丰富，具有"三高一低"的特点。由于高海拔、高辐射等因素的影响，青海天然草地的牧草营养也较为丰富，牧草粗蛋白含量平均为 12.93%，高于全国平均水平的 2.61%，粗脂肪含量为 3.34%，高于全国 0.4%，粗纤维为 21.51%，较全国水平低了 20.42%，无氮浸出物含量为 46.85%，高于全国平均水平 4.92%，表现出粗蛋白质、粗脂肪、无氮浸出物含量高、粗纤维含量低的"三高一低"的特点。

3. 畜牧业发展情况

近年来，青海畜牧业生产走势良好、发展呈现稳中有增态势。据统计，青海大牲畜和羊出栏数量显著增加，其中大牲畜出栏数量由 1978 年 33.12 万只增加到 2017 年 136.04 万只，增幅达 310.75%；羊出栏量由 1978 年 184.94 万只增加到 2017 年 726.06 万只，增幅达 292.59。不同畜种年末存栏数量变化较大。大牲畜在上世纪 80 年代存栏数量约 600 万头，90 年代末下降到 430 万头，之后稳定在 450 万头左右，2016—2017 年增加到 565 万头左右。羊存栏数量的变化与大牲畜相反，即从 1978 年的 1 645 万头下降到 1985 年的 1 328.2 万头，随后增加到 2005 年的 1 765.7 万头，之后稳定在 1 400 万～1 500 万头（图 1-16，图 1-17）。肉类总产

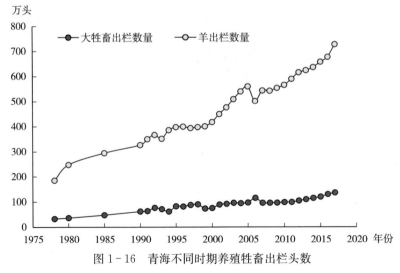

图 1-16　青海不同时期养殖牲畜出栏头数

量由 1980 年 8.4 万吨增加到 2017 年 35.3 万吨，增幅达到 320.24％。其中，牛肉由 2.49 万吨增加到 12.9 万吨，增幅达到 418.07％；羊肉由 3.92 万吨增加到 12.7 万吨，增幅达到 219.90％；牛奶产量由 1980 年 11.56 万吨增加到 2017 年 32.4 万吨，增长 180.28％。山羊毛产量在 2010 年产量达到最高为 1 083 吨，到 2017 年下降为 844 吨，绵羊毛产量在 2010 年为低值 15 588 吨，到 2017 年增加到 17 834 吨；羊绒从 1980 年的 113 吨增加到 2010 年的 310 吨，至 2017 年维持稳定（表 1-10）。

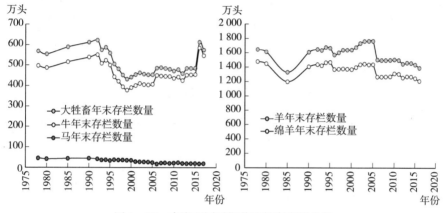

图 1-17　青海不同时期养殖牲畜存栏头数

表 1-10　青海不同时期养畜产品产量

项目	1980 年	1990 年	2000 年	2010 年	2015 年	2017 年
肉类（万吨）	8.4	15.3	20.8	28.3	34.7	35.3
牛肉（万吨）	2.5	5.2	6.4	8.5	11.5	12.9
羊肉（万吨）	4.0	5.6	7.0	9.8	11.6	12.7
牛奶（万吨）	11.6	20.1	20.6	26.2	31.5	32.4
山羊毛（吨）	378.0	420.0	745.0	1 083.0	888.0	844.0
绵羊毛（吨）	16 662.0	17 155.0	15 588.0	16 894.0	17 365.0	17 834.0
细羊毛（吨）	183.0	272.0	308.0	873.0	2 094.0	2 070.0
半细羊毛（吨）	5 078.0	5 583.0	4 447.0	4 796.0	5 525.0	6 146.0
羊绒（吨）	113.0	157.0	310.0	417.0	422.0	411.0

4. 生态退化

2010 年以前，由于草场资源长期重复过度使用，青海草原畜牧业生产陷入了超载过牧—草场退化—牲畜无草可食—牧民无法养畜的困境，致使草地大面积退化，草原涵养水源和保持水土能力降低，水土流失面积不断扩大，湿地萎缩，区域水源涵养功能下降。1980—2000 年间草地退化十分明显，草原退化面积增长了 5.29 倍；2000—2008 年草地退化面积有所下降，退化趋势减缓（表 1-11）。随着牲畜数量无序增加，草场超负荷承载，牧草得不到休养生息，导致草原生态恶化，草地生态系统趋于超载—退化—再超载—再退化的恶性循环演替状态，草场承载力大大降低，人、草、畜矛盾越来越突出。牧区 6 州有牧业人口 75 万，牧民人均占有草原面积 48.6 公顷，从 1980 年到 2009 年的近三十年间，全省牧区牧业人口增加了 18.99 万人，增长了 35%，而牧民人均占有草场却减少 22.33 公顷，降低了 32%，人均饲养牲畜由 35 个羊单位锐减至 22 个羊单位。而青海省天然草场合理载畜量 2 000 万个羊单位，目前实际承载 3 500 多万个羊单位，超载 1 500 多万个羊单位。

表 1-11　青海省草地退化面积变化

单位：万公顷

项目	1980 年	2000 年	2008 年
全省牧区草原面积	386.00	364.66	364.66
退化草地面积	61.91	327.65	288.40
轻度退化	15.48	160.19	158.86
中度退化	37.15	123.89	78.32
重度退化	9.29	43.56	47.22

（五）甘肃

1. 人口和民族

甘肃总人口从 1978 年 1 780.05 万逐渐增加到 2017 年的 2 625.71 万（图 1-18），其中牧区人口从 1978 年的 1 600.61 万增加至 1999 年的 1 936.40 万，随后 2000—2017 年牧区人口逐渐下降至 1 407.61 万。据 2010 年第六次人口普查显示甘肃省汉族人口为 2 316.48 万，占 90.57%；各少数民族人口为 241.05 万人，占 9.43%。在少数民族中，人口在千人以上的有回族、藏族、东乡族、土族、裕固族、保安族、蒙古族、撒拉族、哈萨克族、满族等 16 个民族，此外还有 38 个少数民族。东乡族、裕固族、保安族为 3 个特有少数民族。从分布情况来看，回族主要聚居在临夏回族自治州和张家川回族自治县，散居在兰州、平凉、定西等地市；藏族主要聚居在甘南藏族自治州和河西走廊祁连山的东、中段地区；东乡族、保安族、撒拉族主要分布在临夏回族自治州境内；裕固族、蒙古族、哈萨克族主要分布在河西走廊祁连山的中、西段地区。

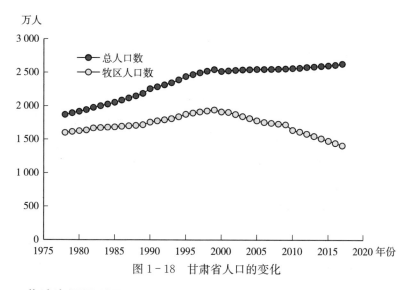

图 1-18　甘肃省人口的变化

2. 草地资源及利用

甘肃的天然草地归为 14 个草地类、19 个草地亚类、41 个草地组、88 个草地型，占全国草地类数的 83%。甘肃的天然草地可谓是全国草地类型的缩影，形成甘肃草地类型多样的主导因素，除总体上受地理景观区的控制和影响而形成各具特点的草丛、草原、草甸和荒漠四大块外，在西—西北、东—东南水平方向上随着经纬度的递增和递减依次分布着荒漠、半荒漠、草原、森林草原、温性草丛、暖性草丛几个草地带和亚带，到西南部青藏高原东北部边缘地带，由荒漠、草原和森林向高寒草原和高寒草甸过渡的多种类型。甘肃天然草地有 154 科、716 属、2 129 种草地植物资源，其中分布最广、数量最多的在草地牧草群落组成中作用最大的有禾本科的 80 属 254 种，菊科的 76 属 306 种，蔷薇科的 29 属 102 种，豆科的 32 属 127 种，莎草科的 7 属 71 种，蓼科 7 属 34 种，藜科 19 属 57 种，共 7 科 250 属 951 种。其中以禾本科牧草的经济价值和作用最为突出，在 88 个草地型中，以禾本科为建群种组成的草地型 32 个，占草地可利用面积的 38.4%，占草地地上部分总生物量的 47.49%。兰州作为泛北极植物区四个亚区（北部亚洲荒漠植物亚区、西部青藏高原植物亚区、东部中国—日本森林植物亚区、南部中国—喜马拉雅森林植物亚区）的区系结，具有植物种类丰富、起源古老、地理成分复杂、地理成分联系广泛、分布交错混杂、特有植物繁多的属性。甘肃的天然草地地域差异显著，生态脆弱。部分草原由于受热量、水分、地形和土壤等限制而成为不具备从事大规模农林业生产活动的地方。甘肃天然草地可利用面积中有 45.3％，约 773 万公顷的面积受热量不足的影响，限制了草地总生物量的提高、再生草的生长和放牧利用次数，牧草旺长期短（仅 1—5 月）、牲畜的饱青期只有 5 个月，枯草期长，营养匮乏。就水分而言，甘肃天然草地可利用面积中约 47.88％的面积年均降水量小于 400 毫米，37.3％的面积小于 250 毫米。这一地区仅有的放牧畜牧业除了牧养数量有限的骆驼和羊只外，其他高产畜种无法养育。年降水量大于 400 毫米的草原、草甸草原和高寒灌丛草甸，受降水年变率大和季节分配不均匀影响，产草量极不稳定。除以上热量和供水不足外，其余 17.2％的天然草地受地形破碎、地面陡峭、土层薄厚差异大、分布零星、人口密度大、经济活动频繁、自然植被破坏严重等诸多自然和社会因素的综合影响，成为严重的水土流失区。

放牧是天然草地的主要利用方式。甘肃省放牧利用草地 1 513 万公顷，占天然草地面积的 94.08％。在放牧利用草地中，又因利用季节不同，分冷暖季利用场和全年放牧利用场。分冷暖季利用的地区主要有甘南藏族自治州和河西地区的部分县，季节放牧场为 733 万公顷，其中冷季 362 万公顷，暖季 371 万公顷。全年放牧场面积为 873 万公顷，零星分布在低山丘陵沟壑区和平原草原区的农区，面积小，但放牧强度大、超载过牧，草被退化明显。据调查，甘肃省约有天然打草场 67 万公顷，占草地面积的 4％。面积最大的分布在河西荒漠区的地平地草甸，占天然打草场的 70％。其次分布在陇南、陇东南的暖性稀树灌草丛、暖性灌草丛和温性草甸草原草地中的部分高草草地。年打青贮干草约 100 万吨。刈牧兼用草地的分布基本与打草场雷同，面积为 28.43 万公顷。只是由于改良培育的人工半人工多年生草地在培育初期，为了草层有效繁衍发育，一般只供打草，禁止放牧，后期多数为刈牧兼用。放牧利用技术在甘肃省主要是农牧民群众长期积累的传统技术的延续，真正推行划区轮牧技术的不多。传统技术具有继承推广价值的主要是以季节转场为核心的四季轮牧技术；甘南牧区禁牧"二搓草"防止寄生虫感染等。分区轮牧技术在甘肃推广始于1958 年，兴盛于 1960 年，后因多种原因只在局部试验示范区推行，未能大面积推广。

3. 畜牧业发展情况

据统计，甘肃省羊出栏量由 1978 年 91.6 万只增加到 2017 年的

1 414.7 万只，增长了 14.44 倍；牛出栏量由 6.0 万头增加到 198.3 万头，
增长了 32.05 倍。羊存栏量由 1949 年 431.9 万只增加到 2017 年 1 839.9
万只，增幅达 3.26 倍；牛出栏量由 132.3 万头增加到 424.3 万头，增幅
2.21 倍。肉类总产量由 1980 年 14 万吨增加到 2017 年 99.1 万吨，增幅达
到 320.24%。其中，牛肉由 0.47 万吨增加到 21 万吨，增长了 43.69 倍；
羊肉由 1.22 万吨增加到 22.8 万吨，增长了 17.69 倍；牛奶产量由 1980
年 2.47 万吨增加到 2017 年 40.4 万吨，增长 15.36 倍。山羊毛产量在
2015 年产量达到最高为 1 988 吨，到 2017 年下降到 1 898 吨，绵羊毛产量
在 2015 年达到最高为 32 152 吨，到 2017 年增加到 27 530 吨；羊绒从
1980 年的 184 吨增加到 2000 年的 503 吨，随后下降到 2017 年的 455.5 吨
（表 1 - 12、表 1 - 13、表 1 - 14）。

表 1 - 12　甘肃不同时期养殖牲畜出栏头数

单位：万头（只）

年份	出栏数量	
	牛	羊
1978	6.0	91.6
1980	7.3	94.1
2000	79.9	478.5
2010	152.47	991.90
2015	166.76	1 255.65
2016	189.45	1 351.59
2017	198.3	1 414.7

表 1 - 13　甘肃不同时期养殖牲畜存栏头数

单位：万头（只）

年份	存栏数量	
	牛	羊
1949	132.3	431.9
1980	222.5	1 187.5
2000	343.4	1 163.3
2010	421.06	1 771.23
2015	418.95	1 994.70
2016	411.83	1 936.90
2017	424.3	1 839.9

表 1-14　甘肃不同时期畜产品产量

项目	1980 年	1990 年	2000 年	2010 年	2015 年	2017 年
肉类（万吨）	14.0	39.5	58.9	84.4	96.3	99.1
牛肉（万吨）	0.5	3.5	7.9	16.1	18.8	21.0
羊肉（万吨）	1.2	3.8	7.5	15.6	19.6	22.8
牛奶（万吨）	2.5	7.9	13.3	36.3	39.3	40.4
山羊毛（吨）	874.0	1 132.0	1 559.0	1 696.0	1 988.0	1 898.3
绵羊毛（吨）	9 327.0	15 543.0	14 145.0	27 546.0	32 152.0	27 529.6
细羊毛（吨）	1 364.0	5 251.0	5 274.0	8 099.0	9 974.0	8 095.1
半细羊毛（吨）	1 144.0	1 591.0	3 044.0	5 229.0	6 712.0	5 667.7
羊绒（吨）	184.0	259.0	503.0		398.0	455.5

4. 生态退化

甘肃省草地生态退化严重。以河西走廊草地为例，河西走廊 1985 年草地退化面积为 866.54 万公顷，2005 年增加至 871.45 万公顷。在各类草原中，中度退化草地面积增加 17.78 万公顷，重度退化草地面积增加 117.43 万公顷，重度退化草地面积占可利用草地面积的比例由 31％上升为 40％。产草量下降明显。据调查，河西走廊的各类草原的牧草产量普遍比 20 世纪 80 年代下降 17％～45％。如山丹县 1985 年草场平均产草量 1 725 千克/公顷，到 2005 年已降至 1 273 千克/公顷。可食性牧草减少，毒草和杂草增加。随着养畜数量的增加，草原资源的过度利用，导致生态恶化，可食牧草和优质牧草变的低矮稀疏，使黄花棘豆、狼毒、醉马草、马先蒿等毒草和不食草所占比例越来越高。肃南高寒草原 1985 年毒、杂草占产草量的 21％，2005 年增加到 34％，优质牧草则由 42％下降到 29％，优良牧草和可食牧草比例下降 5％～7％。2005 年退化草原不仅牧草平均高度较 1985 年降低 5～15 厘米，而且高寒草甸类草地中的毒、杂草由 5％上升到 11％。在景观类型的转化过程中，荒漠草原景观类型转化为明沙或盐碱斑景观的面积增大。

（六）四川

1. 人口和民族

四川省总人口从 1952 年 4 628.5 万逐渐增加到 2017 年的 9 113.4 万，其中牧区人口 1957—1990 年呈逐渐增加的趋势，1990—2002 年人口相对稳定，农村牧区人口总数约为 6 827.5 万左右，随后 2002—2017 年牧区

人口逐渐下降（图 1-19）。全省常住人口中，汉民族人口 7 801.6 万，占
93.53%；少数民族人口 539.4 万，占 6.47%。全省少数民族人口中，藏
族人口 159.7 万，占全省少数民族人口总量的比重为 29.61%；彝族人口
297.9 万，占全省少数民族人口总量的比重为 55.23%；羌族人口 31.6
万，占全省少数民族人口总量的比重为 5.86%。

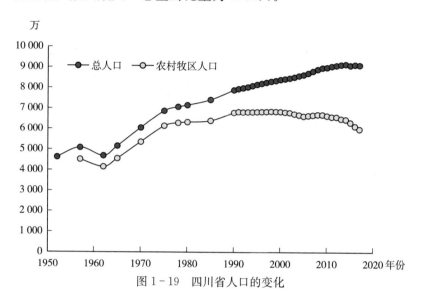

图 1-19　四川省人口的变化

2. 草地资源及利用

四川省位于中国大陆西南腹地，东部为川东平行岭谷和川中丘陵，中
部为成都平原，西部为川西高原。草地广泛分布于四川全境，类型多，分
布广，规模各异。四川草地具有重要的经济、生态功能，饲用和药用植物
资源十分丰富，优良牲畜品种多。但资源利用率低，开发不合理等原因造
成了草地退化加快，药材分布量剧减。根据四川农牧业分区管理，通常划
分为三大自然经济区：川西北地区、攀西地区和四川盆地（表 1-15，
表 1-16，表 1-17）。

表 1-15　四川省农牧业分布

地域分区	地理位置	海拔（米）	草地面积（万公顷）	主要草地类型
川西北地区	青藏高原的东南缘，地跨甘孜、阿坝两个自治州，以及凉山彝族自治州的木里、盐源的大部分地区	3 000~4 500	1 413.19	高寒草甸草地，高寒灌丛草甸草地和高寒沼泽草地等

（续）

地域分区	地理位置	海拔（米）	草地面积（万公顷）	主要草地类型
攀西地区	四川省西南部，有时称之为川西南山地，包括凉山彝族自治州和攀枝花市	1 800～3 000	318.65	亚高山草甸草地、山地草甸草地、干旱河谷灌丛草地等
四川盆地	盆周山地和盆地	650～2 000	579	山地草丛草地、山地灌丛草地、农隙草地等

表 1-16　四川省草地资源特征

草地利用	草地资源区域分布		
	川西北地区	攀西地区	四川盆地
优良家畜品种	河曲马、藏马、麦洼牦牛、九龙牦牛等	牦牛、黄牛、藏绵羊、藏山羊、藏猪等	川南黄牛、宣汉黄牛、峨边花黄牛、古蔺马头羊等
草地饲用植物	禾本科牧草如垂穗披碱草、老麦芒、羊茅、紫羊茅；豆科牧草如直立黄芪，莎草科如四川蒿草、甘肃蒿草、线叶蒿草等	禾本科如马唐、大花看麦娘、茨草；豆科牧草如紫花苜蓿、白三叶、葛藤、紫云英；莎草科如丝叶球柱草、十字苔草、香附子、球穗扁莎等	白茅、茨草、茅叶茨草、白羊草、鸭茅、紫云英等
人工草地利用	建立连片的、大面积的人工草地（包括飞播牧草）	利用不适宜种植作物的农耕地建设永久性的人工草地	盆地地区水热条件良好，利用方式可采用刈青，刈制干草和干草粉、青贮料等

表 1-17　四川省不同草地类型生产力状况

草地类型	牧草产量（万千克）	牧草利用率（%）	单位面积载畜量（羊单位/公顷）	总载畜量（万羊单位）	生产力指数
高寒草甸草地	3 699 209.8	45	0.914 5	809.076 1	0.520 0
高寒灌丛草甸草地	996 177.4	45	0.810 8	204.382 5	0.131 4
高寒沼泽草地	366 386.0	45	0.800 2	74.578 9	0.047 9
亚高山草甸草地	101 993.4	50	0.926 0	23.823 9	0.015 3
山地草甸草地	98 869.2	50	1.203 2	24.959 2	0.016 0
干旱河谷灌丛草地	119 639.3	50	1.083 3	27.624 6	0.017 8
山地灌丛草地	1 062 169.5	50	1.234 6	200.990 6	0.129 2
山地草丛	300 600.6	50	0.626 1	30.720 0	0.019 7
农隙草地	918 307.0	50	1.154 5	159.772 8	0.102 7

3. 畜牧业发展情况

据统计，四川省羊出栏量由 1978 年 372 万只增加到 2005 年的 2 546.22 万头，2006 年骤降到 1 477.6 万头，之后至 2017 年保持稳定。牛出栏量由 1980 年的 48.7 万头增加到 2005 年的 366.6 万头，2006 年骤降到 248.9 万头，之后呈稳中有增的趋势，到 2017 年为 267.26 万头。大牲畜存栏由 1952 年 500.0 万头只增加到 2005 年 1 253.75 万头，随后开始下降，到 2017 年为 947.18 万头。羊存栏数量由 1952 年的 262 万头增加到 2005 年 2 140.25 万头，随后下降到 2017 年的 1 599.26 万头（图 1-20 和图 1-21）。肉类总产量由 1980 年 125.40 万吨增加到 2017 年 653.82 万吨，增幅达到 421.39%。其中，牛肉由 3.56 万吨增加到 33.31 万吨，增长了 8.36 倍；羊肉由 3.69 万吨增加到 27.24 万吨，增长了 6.38 倍；牛奶产量由 1980 年 11 万吨增加到 2017 年 63.79 万吨，增长 4.80 倍。绵羊

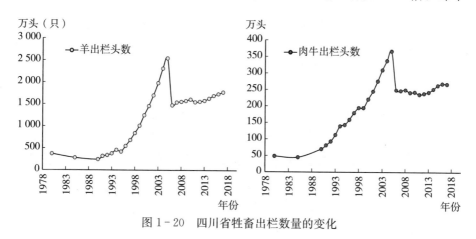

图 1-20 四川省牲畜出栏数量的变化

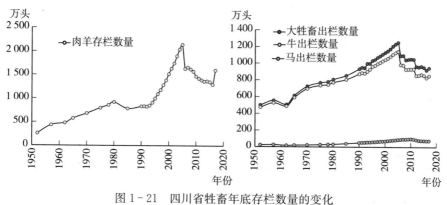

图 1-21 四川省牲畜年底存栏数量的变化

毛产量在 2015 年达到最高为 32 152 吨，到 2017 年增加到 27 530 吨；羊绒从 1980 年的 2 602 吨增加到 2010 年的 6 892 吨，随后下降到 2017 年的 5 840 吨（表 1-18）。

表 1-18　四川不同时期畜产品产量

年份	1980 年	1990 年	2000 年	2010 年	2015 年	2017 年
肉类（万吨）	125.40	301.00	641.25	651.53	694.33	653.82
牛肉（万吨）	3.56	6.86	25.27	27.94	31.53	33.31
羊肉（万吨）	3.69	3.74	19.19	24.80	26.32	27.24
牛奶（万吨）	11.00	22.00	28.92	70.31	67.49	63.79
绵羊毛（吨）	2 602.00	2 729.00	4 108.00	6 892.00	6 038.00	5 840.00

4. 生态状况

四川地处长江、黄河上游及源头，作为中下游地区的重要生态屏障，其生态状况的好坏对中下游地区的生态安全和全国水资源保护总体战略的实施起着决定性的作用。四川草原主要分布在川西北地区，草地退化面积较大。据统计，2005 年前后甘孜藏族自治州拥有天然草地 947 万公顷，各种退化草地达 652 万公顷，占天然草地面积的 68.85%；阿坝州拥有天然草地 452.13 公顷，严重退化的草地面积达 134 公顷，占天然草地面积的 29.63%。草地退化导致草地毒害植物大肆蔓延。川西北草原仅甘孜州受毒杂草影响的草地面积达 585 万公顷，占天然草地面积的 61.77%，其中有 252 万公顷草地受到毒杂草严重危害，占 43%。据 1989—1997 年川西北草地有毒有害植物调查表明，草地有毒有害植物从 1985 年草地资源调查时的 3%～5% 增加到 1997 年的 12%～25%。草地退化导致草原生产力显著降低。近 10 年来，甘孜州草地平均鲜草产量由 3 273 千克/公顷下降到 2 999 千克/公顷，从以前 0.56 公顷草地能养 1 只羊下降到 0.61 公顷才能养 1 只羊。草地退化还导致地下水位下降，湿地资源锐减。若尔盖地区是川西北湿地资源的主要分布区，该区湿地面积广阔，分布集中，主要的湿地类型为泥炭地、沼泽以及湖泊。20 世纪 70 年代，在大力发展畜牧业思想的指导下，大面积开沟排水，导致湿地迅速萎缩、地下水位下降、区域环境恶化的严重后果。统计显示，2005 年左右区内分布沼泽地（含沼泽化草地）29.8 万公顷，泥炭地 20.9 万公顷，比 70 年代分别下降了 24.4% 和 28.0%。

三、草原保护管理制度的沿革

（一）新中国成立前

在新中国成立之前，中国曾经历各朝各代的历史变迁，关于草原保护的专门立法的记载并不多见，但是由于草原是重要的自然资源，是畜牧业的基础，在畜牧业及环境保护的相关立法中也能找到一些与草原有关的内容。

1. 先秦时期

先秦时期已经形成了一些原始的管理草原畜牧业的思想。从夏启开始，中国就出现了管理家畜和草原的一些专门机构。夏朝有一些专门从事畜牧业的氏族部落，在《史记·匈奴列传》中记载："匈奴，其先祖夏后氏之苗裔……唐虞以上，有山戎、猃狁、荤粥居于北蛮，随畜牧而转移；其畜之所多则马、牛、羊，逐水草迁徙。"这种生活方式，可以说仅是当时人们无意识的习惯，但在客观上却起到了保护草原的积极作用。

周朝早期主要从事游牧，后来重视农耕，实行农牧并举，产生了依托于农业管理体系当中的环境保护职官体系。周朝时期拥有高级别的环境保护"政教""法""令"。如《礼记·月令》中记载："孟春之月……命祀山林川泽，牺牲毋用牝。禁止伐木，毋覆巢，毋杀孩虫，胎夭飞鸟，毋麛毋卵。""月令"在全国范围内实施的是依照生物自然规律以及生产生活的需要，对各季各月的相关事项所做出的详细规定，上述规定显示出了全局性的环境保护思想。周朝还颁布了《伐崇令》，明确提出保护自然资源的有关制度，并且规定"如不令，死无赦"。

到春秋战国时期，畜牧业发展迅速，因此家畜受到重视，《诗经》中有关于草原利用规划的记载。据《商君书·去强》篇记载："强国知十三数：竟内仓、口之数，壮男、壮女之数，老、弱之数，官、士之数，以言说取食者之数，利民之数，马、牛、刍藁之数。"可见，当时把草料资源的多少作为强盛国家的要素之一。战国中后期，商鞅变法是秦国对环境保护法制进行的重建，但这种重建是以土地国家所有与大规模农业垦荒为基本前提的，这一时期的环境保护法制具有对自然资源开发利用占主导地位的特征。商鞅提倡的大规模"垦草"，虽然是统一规划的开发，但也导致了草原等自然资源被农业生产大规模侵占。

2. 秦汉至宋辽西夏金时期

秦统一中原后，制定和颁布了《田律》，它是我国最早涉及保护土地等自然资源的法令。《田律》规定：春天二月不准进山林砍伐树木，不得堵塞水道；在夏季以前不准烧草木灰，不准采摘刚发芽的植物，不准捕捉幼兽、幼鸟、采集鸟蛋，不准在水中布毒捕杀鱼鳖，不准在山林中设置捕兽的陷阱网索。此外还有《厩苑律》《牛羊律》及有关饲养动物、供给饲料等内容的法令。

汉朝在设立西域都护府时期，为了保障军队供养，维护边防安全和解决灾民流动等问题，逐渐开始大规模开垦草原，导致了大面积传统牧区转变为农牧结合区。东汉后期开始，中国历史上出现了民族大迁徙和大融合，生活于长城以北的游牧民族逐渐跨越长城向南迁徙，牧养牲畜大量引入黄河流域，畜牧业经济在整个北方得到广泛发展。

三国时期，现在的甘肃、陕西、山西等省都呈现出半农半牧，农牧结合的景象。这种情况一直延续到了南北朝时期，这一时期由于前朝的大规模开垦以及当时畜牧业的扩张，优良草原逐渐消失，沙化严重，部分游牧民族生存环境恶化。由于战争等原因，国家法制相当滞后，完全没有保护草原的相关之法。

隋唐时期天然草原主要用来饲养军马，这一时期对官办牧场管理的组织制度又有了细化与加强。隋在西北边疆及内地设置了多个养马场、牧场，畜牧官职划分详细，甚至对马、牛、羊等不同畜种的管理人员都进行了命名和分级。

唐初，国家重新加强了生态保护责任，采取了土地国有制、授田制，而且对土地买卖进行了部分禁止，环境保护法制及其职官体系也再次重建了起来。《唐律》虽没有直接对草原保护的规定，但对于自然的保护有详细、具体的规定，如"其穿垣出秽者，杖六十，出水者勿论；主司不禁，与同罪""诸不修堤防及修而失时者，主司杖七十""诸弃毁官私器物及毁伐树木，稼穑者，准盗论"等。以"月令"为基础的"时令"，在唐代具有重要的法律地位，是指导国家农业生产、生态环境保护与资源合理利用的重要法律文件。唐朝边疆少数民族有吐蕃和突厥。吐蕃对于土地、牧场等收益物，牲畜及其他财产，法律一并加以保护。当时有《狩猎法》是关于保护野生动物的规定。突厥汗国的法律是不成文的习惯法，马匹和牧具等私有财产不可侵犯，通过严刑峻法获得法律保障。

宋朝时期，国有草原及大家畜的饲养主要由太仆寺、车架司管理。据

《宋朝大诏令集·政事·禁约》记载，北宋初期到中期的历代皇帝发布了大量实施生态环境保护的"诏令"。北宋初期随着土地兼并的压力不断增大，越来越多的农民失去了生产生活的基础——土地，导致他们大量"采捕"自然资源。由于实施环境法制的基础和国家环保责任的不足，到北宋后期环境保护法制已经形同虚设，南宋建国后几乎没有相关的环境保护制度。同期典型的依赖草原畜牧业的游牧民族主要有辽国的契丹族、西夏的党项族和金国的女真族。各自建国后，在广阔草原上仍以畜牧业为其经济的主要支柱。这一时间段内最典型畜牧业立法即草原生态保护有关立法是西夏的《天盛改旧定新律令》。《天盛律令》中有很多篇幅都涉及畜牧，各个方面都有较为详尽的规定。综合所有关于畜牧的规定，可以勾画出西夏畜牧立法的基本轮廓，形成一个独特的畜牧法律体系。《改旧定新律》第十九卷是法典中专门的畜牧管理的法律规定的集合，对畜牧管理（牧场保护方面）的规定主要有：要将官私牧场地界分离，避免官私交恶；一般不许在官牧场内安家；不许在牧场垦耕；牧人应当在牧场修造水井，但不得于妨害官畜处凿井等。该卷可以说系统全面地规范了西夏的畜牧管理制度。

3. 元明清及民国时期

蒙古族是北方著名的游牧部落，也是对草原和畜牧业最为重视的民族，还是最早形成草原保护法律意识和具体法律条文的民族之一。其中成吉思汗《大札撒》是蒙古族第一部成文法典，该法典对草原的保护、对草原法治的发展都产生了极其深远的影响。《大札撒》中关于草原管理规定的主要特点是继承了古代蒙古游牧民族的传统，依法保护草原资源、水资源和野生动物，即对整个生态平衡进行保护。元朝时期有关畜牧业和保护野生动物的法律规范有：和买牲畜制度，即国家定价买牲畜。和买的主要地区开始是腹里、中原和江南诸地，到元顺帝时，主要在蒙古地区。拘刷马制度，即国家强制、无代价地征收战马的制度。当然还有更多有益于牧民与草原保护的制度，例如：团槽牧养，即推行圈养牧畜制度，目的是缓解当时的农牧矛盾；禁偷盗牲畜，对偷盗牲畜者判罪的刑律，在元朝的刑法中越到后期越严厉，尤其对盗牛马者，判罪最重；禁私宰牛马，对私宰牛马者给予严厉的处罚，包括失察的官员及知情不报的百姓。更严格的是"其有老病不任鞍勒者，亦必与众验而后杀之"；禁杀母羊，以保护母畜，稳定发展畜牧业；禁杀孕兽，保护野生动物。这是蒙古族古来的法制传统，到元朝时期，法制更加完善。元朝是中国首个少数民族统治全国的朝代，作为中国历史的重要一页，它使蒙古民族的生产方式居于社会主导地位，促进了畜牧业的空前发展。

明朝时期，有代表性的草原立法多集中在北元蒙古各部立法。由于北元政府属于地方政权，其草原相关立法的制定颁布程序得不到明朝中央政府的承认，这一时期的草原保护立法属于地方法规。

清代对草原的保护可以总结为时而重视，时而忽视。由于人口过度增长与"重农抑工商"的经济政策，使得清朝中后期的环境保护再次解体，并且直接导致了中国西部地区大规模的生态环境破坏。清朝后期推行了"移民实边""借地养民"政策，大量汉民不断涌入草原垦荒。1902 年清朝正式废止了实施两百多年的"边禁"政策，彻底开放在蒙地开垦草原，标志着政府开垦行为的开始。这一时期内蒙古等边疆地区草原遭到大规模开垦、破坏严重。据统计，1902—1912 年 10 年间，内蒙古西部地区共开垦土地 58.54 万公顷，东部地区共开垦土地 316.27 万公顷。清朝有关草原立法几乎都承载于中央颁布的生态环境保护法律，以及少数民族颁布的地方自治法规中，尽管不乏少数民族习俗中的"迷信"因素，但作为一种环保意识，仍然起着积极的作用。然而，清朝后期草原政策的动荡，使草原保护法制未能有效执行，直接导致后期草原生态恶化的困境。

民国时期也有主管草原生产的行政部门，他们在艰难的环境下开展了一些草畜生产工作。1912 年，民国临时政府农林部设垦农司，主管垦殖和畜牧业。1930 年，南京国民政府成立农业部，自此有了省、县两级主管畜牧的业务行政部门。1940 年，民国政府成立农林部，为了给战争提供物资，民国政府在牧区、农区设立了种畜场，有计划地引进优良畜种，杂交改良土种绵羊。1914 年，制定了《禁止私放蒙荒通则》和《垦辟蒙荒奖励办法》。1915 年，又公布了《边荒条例》，加剧了对草原掠夺性的开垦。据记载，绥远地区共放垦土地 44 730 余顷，大量优良牧场被开垦，草原沙化，生态环境遭到严重破坏，过度的开荒给本来就很脆弱的草原生态环境带来了极为恶劣的影响。1946 年 11 月，国民大会制定了《中华民国宪法》（1947 年 1 月 1 日公布），其中规定，国家对于边疆地区"土地使用，应依其气候，土壤性质及人民生活习惯之所宜，予以保障及发展"。但这一宪法还没来得及真正发挥保护草原的作用，就在中国历史上草草收场了。

（二）新中国成立后

1. 新中国成立至改革开放

新中国成立以后，党和国家非常重视草原工作，强调了草原的国民经济基础地位，并从这一原则出发，及时制定、执行和调整草原政策。

新中国成立初期，农业发展主要是解决粮食增产的问题，基本没有对草原生态环境保护的具体政策，而通过开垦荒地（包括草原）扩大耕地面积是当时的一项主要政策。在中央政府主导的以开垦荒地、扩大粮食种植面积的政策影响下，一些草原牧区照搬套用农区做法，大面积开垦草原种粮。内蒙古一些草原牧区和半农半牧区开垦草原十分严重，直接影响到草原畜牧业的健康发展，并引发了蒙古族和汉族的矛盾对立。1953年，乌兰夫主持形成的《内蒙古及绥远、青海、新疆等地牧区牧业生产的基本总结》，由中央政府政务院批转各地，对指导全国畜牧业生产发挥了重要的作用。《总结》明确提出，要随时注意防止与克服工作中的放任自流、盲目冒进等有害于畜牧业生产发展的倾向，特别是防止忽视牧业区的生产特点和民族特点，把农业区的办法搬套到牧业区去的错误做法。但在1958—1960年"大跃进"的历史背景下，内蒙古对禁止开垦荒地的政策有所松动。到20世纪60年代，国家对草原的保护、利用和建设作过一些新的规定。1960年颁布的《一九五六年到一九六七年全国农业发展纲要》中指出："在牧区要保护草原，改良和培育牧草，特别注意开辟水源"。1962年中共中央、国务院发布的《关于发展大牲畜的几项规定》中指出："积极利用山区、草原区和牧区的丰富的天然草原，发展牲畜，建立牲畜的繁殖基地"。1963年中共中央批转国家民族事务委员会党组《关于少数民族牧业工作和牧业区人民公社若干政策的规定》中指出："必须保护草原，防沙、治沙，防治鼠虫害，保护水源，兴修水利，培养改良草原和合理利用草原。""有计划地进行牧业区和草原的基本建设。""文化大革命"期间，国家关于草原保护的政策措施很少。纵观新中国成立以来至改革开放前国家的农业政策，"以粮为纲"思想占据了主导地位，为解决粮食问题不惜破坏草原生态环境的问题比较突出，特别是在"文化大革命"期间，一些草原牧区提出"牧民不吃亏心粮"的极"左"口号，开垦草原种粮使大面积草原遭到严重破坏。

中共十一届三中全会召开后，国家对草原保护建设的政策逐渐增多，并且从开始把草原视为发展畜牧业的生产资料加以重视，逐步向草原经济功能和生态功能并重的方向发展。

改革开放初期，发展粮食生产、确保粮食安全，仍是农业生产的主线。但对草原资源的保护、开发和利用逐步得到重视。1978 年的政府工作报告在提出"组织国营农场和人民公社有计划地开垦荒地，使耕地面积逐年有较多的增加"时强调，要在"在不损害水土保持、森林、草原和水产资源的条件下"进行。1978 年中共中央原则通过的《农村人民公社工作条例（试行草案）》也规定："公社、大队、生产队所有的土地、山林、草原、滩涂、水面……任何单位和个人不得无偿调用或占有。""林区、牧区、渔区应当专营或主要经营林业、牧业、渔业。"1979 年中共中央《关于加快农业发展若干问题的决定》中再次提出："垦荒不准破坏森林、草原和水利设施"、"加强草原和农区草山草坡的建设，兴修水利，改良草种，合理利用草原，实行轮牧，提高载畜量"。1979 年的政府工作报告也提出，要"大力加强草原建设、积极改良畜种"。

2. 改革开放至世纪之交

进入 20 世纪 80 年代后，草原作为发展畜牧业的物质基础，得到了越来越多的重视。1982 年中共中央批转的《全国农村工作会议纪要》中提出，"集体所有的耕地、园地、林地、草地、水面、滩涂以及荒山、荒地等的使用，必须服从集体的统一规划和安排，任何单位和个人一律不准私自占有"。1983 年 1 月中共中央印发《当前农村经济政策的若干问题》提出，"林业、牧业、渔业、开发荒山、荒水以及其他多种经营方面，都要抓紧建立联产承包责任制，要建立和健全承包责任制。"1984 年 1 月中共中央印发《关于 1984 年农村工作的通知》再次提出，"要进一步放宽政策，加速对山区、水域、草原的开发。鼓励种草种树，改良草场，实行农林牧相辅发展。根据国家或集体的安排，在荒山、荒沙、荒滩种草种树，谁种谁有，长期不变，可以继承，可以低价转让。牧区在落实畜群责任制的同时，应确定草场使用权，实行草场使用管理责任制。鼓励牧民进行牧业基本建设，保护草场，改良草种，提高产草率，保持草畜平衡，提高畜产品商品率。"按照这些政策要求，牧区为适应生产力发展的要求，对畜牧业经营体制进行了一系列的改革和探索，普遍实行了牲畜作价归户、户有户养的牲畜承包制，有效地克服了长期存在的人吃牲畜"大锅饭"的弊端，调动了广大牧民的积极性，使生产得到迅速发展。但随着牲畜数量的不断增加，草畜矛盾逐渐突出。为了解决牲畜吃草原"大锅饭"的问题，一些地区又先后实行了以家庭承包经营为主的多种形式的草原承包制。

1987 年国家在北京召开了全国牧区工作会议。会议提出，牧区要稳定和完善"草场公有，承包经营；牲畜作价，户有户养"和"专业承包，包干分配"等多种形式的生产责任制。到了 20 世纪 90 年代，一些重点草原省、自治区又陆续开始了第二轮草原承包。特别是内蒙古自治区开始推行草原"双权一制"（草原所有权、使用权和承包经营制）的落实工作。

1995—2000 年国家实施牧区开发示范工程项目，建设内容主要包括草种基地、人工饲草料地、围栏、改良草地、棚圈建设、畜种改良、牧区水利、饲草料机械、疫病防治和技术服务体系建设。

3. 新世纪前十年

进入 21 世纪，生态环境问题得到了社会各界的广泛关注，国家把生态环境建设纳入重要议事日程。草原作为国家面积最大的绿色生态屏障，得到了高度重视，草原保护建设政策不断完善，国家对草原的投入大幅增加。2002 年《国务院关于加强草原保护与建设的若干意见》出台，文件围绕草原保护与建设工作，提出了九个方面的意见：一是充分认识加强草原保护与建设的重要性和紧迫性；二是建立和完善草原保护制度，包括建立基本草地保护制度，实行草畜平衡制度，推行划区轮牧、休牧和禁牧制度；三是稳定和提高草原生产能力，主要措施包括加强以围栏和牧区水利为重点的草原基础设施建设，加快退化草原治理，提高防灾减灾能力等；四是实施已垦草原退耕还草，提出要明确退耕还草范围和重点区域，完善和落实退耕还草的各项政策措施；五是转变草原畜牧业经营方式，提出要积极推行舍饲圈养方式，调整优化区域布局等；六是推进草原保护与建设科技进步，提出要加强草原科学技术研究和开发，加快引进草原新技术和牧草新品种，加大草原实用技术推广力度等；七是增加草原保护与建设投入，提出要科学制定规划并严格组织实施，广辟资金来源，增加草原投入，突出建设重点，提高投资效益等；八是强化草原监督管理和监测预警工作，提出要依法加强草原监督管理工作，加强草原监督管理队伍建设，认真做好草原生态监测预警工作；九是加强对草原保护与建设工作的领导。

从 2004 年起，中央连续七年针对"三农"问题出台 1 号文件，其中关于加强草原保护建设，促进牧区经济发展的内容更加丰富和全面。

2004 年，中共中央、国务院《关于促进农民增加收入若干政策的意见》，从九个方面提出了 22 条促进农民增收的具体意见和措施。在第十五条"进一步加强农业和农村基础设施建设"中，明确提出，"节水灌溉、人畜饮水、乡村道路、农村沼气、农村水电、草场围栏等六小工程'，对改善农民生产生活条件、带动农民就业、增加农民收入发挥着积极作用，要进一步增加投资规模，充实建设内容，扩大建设范围。"继续搞好生态建设，对天然林保护、退耕还林还草和湿地保护等生态工程，要统筹安排，因地制宜，巩固成果，注重实效。"

2005 年，中共中央、国务院《关于进一步加强农村工作 提高农业综合生产能力若干政策的意见》，从八个方面提出了 27 条具体意见和措施。在第九条"坚持不懈搞好生态重点工程建设"中，明确提出，"切实搞好京津风沙源治理等防沙治沙工程。继续推进山区综合开发。进一步加强草原建设和保护，加快实施退牧还草工程，搞好牧区水利建设，加强森林草原防火和草原鼠虫害防治工作。"在第十三条"加大农村小型基础设施建设力度"中，再次提出"要继续增加农村'六小工程'的投资规模，扩大建设范围，提高工程质量。"在第十八条"加快发展畜牧业"中提出，"增强农业综合生产能力必须培育发达的畜牧业。牧区要加快推行围栏放牧、轮牧休牧等生产方式，搞好饲草料地建设，改良牲畜品种，进一步减轻草场过牧的压力。"

2006 年，中共中央、国务院《关于推进社会主义新农村建设的若干意见》（第 3 个中央 1 号文件），从八个方面提出了 32 条具体意见和措施。在第十五条"大力加强农田水利、耕地质量和生态建设"中明确提出，继续推进退牧还草、山区综合开发。建立和完善生态补偿机制。

2007 年，中共中央、国务院《关于积极发展现代农业扎实推进社会主义新农村建设的若干意见》，从八个方面提出了 35 条具体意见和措施。在"提高农业可持续发展能力"部分，明确提出"启动石漠化综合治理工程，继续实施沿海防护林工程。完善森林生态效益补偿基金制度，探索建立草原生态补偿机制。加快实施退牧还草工程。加强森林草原防火工作。"

2008 年，中共中央、国务院《关于切实加强农业基础建设进一步促进农业发展农民增收的若干意见》，从八个方面提出了 43 条具体意见和措施。在"继续加强生态建设"部分，提出要"建立健全森林、草原和水土保持生态效益补偿制度，多渠道筹集补偿资金，增强生态功能。落实草畜平衡制度，推进退牧还草，发展牧区水利，兴建人工草场。加强森林草原火灾监测预警体系和防火基础设施建设。"在"坚持和完善以家庭承包经营为基础、统分结合的双层经营体制"部分，首次提出要"稳步推进草原家庭承包经营。"

2009 年，中共中央、国务院《关于 2009 年促进农业稳定发展农民持续增收的若干意见》，从五个方面提出了 28 条具体意见和措施。在"推进生态重点工程建设"部分，提出要"扩大退牧还草工程实施范围，加强人工饲草地和灌溉草场建设。加强森林草原火灾监测预警体系和防火基础设施建设。提高中央财政森林生态效益补偿标准，启动草原、湿地、水土保持等生态效益补偿试点。安排专门资金，实行以奖促治，支持农业农村污染治理。"在"稳定农村土地承包关系"部分，再次提出要"加快落实草原承包经营制度。"

2010 年，中共中央、国务院《关于加大统筹城乡发展力度进一步夯实农业农村发展基础的若干意见》，从五个方面提出了 27 条具体意见和措施。在第二条"完善农业补贴制度和市场调解机制"中，明确提出要"进一步增加农机具购置补贴，扩大补贴种类，把牧业、林业和抗旱、节水机械设备纳入补贴范围。""逐步完善适合牧区、林区、垦区特点的农业补贴政策。"在第十二条"构筑牢固的生态安全屏障"部分，提出要"加大力度筹集森林、草原、水土保持等生态效益补偿资金。""切实加强草原生态保护建设，加大退牧还草工程实施力度，延长实施年限，适当提高补贴标准。落实草畜平衡制度，继续推行禁牧休牧轮牧，发展舍饲圈养，搞好人工饲草地和牧区水利建设。推进西藏草原生态保护奖励机制试点工作。加大草原鼠虫害防治力度。"首次明确提出要"加强草原监理体系建设，强化草原执法监督。"在第十八条"稳定和完善农村基本经营制度"中，再次提出"按照权属明确、管理规范、承包到户的要求，继续推进草原基本经营制度改革。"

4. 2011 年至今

2011 年，国家出台了《国务院关于促进牧区又快又好发展的若干意见》（国发苛〔2011〕17 号，以下简称《意见》），提出了明确发展目标。到 2015 年基本完成草原确权承包和基本草原划定工作，初步实现草畜平衡，草原生态持续恶化势头得到遏制；草原牧业良种覆盖率、牲畜出栏率和防灾减灾能力明显提高；特色优势产业初具规模，牧区自我发展能力增强，基本实现游牧民定居，生产生活条件明显改善，基本公共服务供给能力和可及性明显提高，人畜共患病得到基本控制；贫困人口数量显著减少，牧民收入增幅不低于本省（区）农民收入增幅，牧区与农区发展差距明显缩小。到 2020 年，全面实现草畜平衡，草原生态步入良性循环轨道；草原畜牧业向质量效益型转变取得重大进展，牧区经济结构进一步优化；

牧民生产生活条件全面改善，基本公共服务能力达到本省（区）平均水平；基本消除绝对贫困现象，牧民收入与全国农民收入的差距明显缩小，基本实现全面建设小康社会目标。

2011年8月11—12日，国务院在内蒙古自治区呼伦贝尔市召开第二次全国牧区工作会议。会议要求加大工作力度，强化扶持政策，创新体制机制，努力推进牧区发展实现新跨越。一要切实加强草原保护建设。建立健全草原生态保护补助奖励机制，及时把政策实惠落实到草场、兑现到牧户，调动牧民保护建设草原的积极性。二要大力发展现代草原畜牧业。加强饲草基地建设，加快科技创新和技术推广，改善饲养条件，调整饲养方式，完善防灾减灾体系，推进标准化生产和适度规模经营，健全产业体系，全面推进草原畜牧业由粗放型向质量效益型转变。三要稳定和完善草原承包经营制度。按照权属明确、管理规范、承包到户的要求，力争用5年时间，基本完成草原确权和承包，保持草原承包关系稳定并长久不变。四要加强牧区基础设施建设。加快改善牧区水利、交通、电力、通信等条件，建立健全确保牧区基础设施长期发挥效益的有效机制。加大游牧民定居工程投入力度，力争到2015年基本完成游牧民定居任务。五要加快发展牧区经济。做大做强特色优势产业，促进牧民多渠道就业，全面加强牧区扶贫开发。六要提高牧区社会事业发展水平。加快发展牧区教育、医疗卫生和文化事业发展，完善牧区社会保障体系。

第四节　政策依据

新中国成立至世纪之交，我国草原牧区人口持续增加，草原面积因开垦、开矿等逐渐减少，牧区牲畜数量剧增，人地矛盾、草畜矛盾突出。这是大面积草原被过度利用的主要驱动力，也是气候变化背景下草原快速退化的主要原因。草原资源和草原畜牧业在我国经济社会发展与生态保护中具有特殊性。一是草原是生态与生产功能的矛盾统一体，草原生产功能发挥过度或不足都难以保障生态功能的持续充分发挥，均衡适度的利用是必要条件；二是草原畜牧业是牧民收入的主要依靠来源，均衡适度利用下的经济产出偏少对牧民的需求供给不足，这对草原资源的适度利用带来挑战；三是适度利用下草原所发挥出的生态功能受益主体不明确，外部性兑现难度大，需要从国家和地区层面设计合理的补偿机制。另外，长期以来，我们面临着牧区产业发展非常滞后的困境，产业发展有利于提高生产效率和经济效益，但也需要在国家层面给予支持和引导。因此，按照生态优先、绿色发展的要求，推进我国草原生态保护与草牧业产业发展亟待走出一条保生态促增收的新路子。另外，从 WTO《农业协议》的规则，到农业补贴的理论与实践等，都表明草原资源的保护与合理利用是国家战略，需要国家出台长期的惠牧政策作为保障，才能尽快实现人地草畜的均衡，促进产业发展，推进牧区振兴。

一、理论基础

（一）区域非均衡协调发展理论

区域经济差异是世界各国经济发展过程中的一个普遍性问题。其中，非均衡发展理论是大多发展中国家实现经济发展目标的一种理论选择。非均衡发展理论主要以循环累积因果论、不平衡增长论与产业关联论、增长极理论、中心—外围理论、梯度转移理论以及倒"U"形理论等为代表，不同理论主张的共同特点是二元经济条件下的区域经济发展轨迹必然是非均衡的，但随着发展水平的提高，二元经济必然会向更高层次的一元经济即区域经济一体化过渡。

改革开放以来，我国非常重视区域经济社会的发展与繁荣，先后提出了一系列有关区域经济发展的战略思想，大体上划分为两种发展战略，即1978—1992年间的区域经济非均衡发展战略和1992年至今的区域经济非均衡协调发展战略。非均衡协调发展战略的实质是要实现区域经济的非均衡发展与协调发展的有机结合。它既要求各区域处于协调发展状态，又要选择少数重点地区形成经济发展的增长极，以带动其他地区的发展。历经改革开放40多年来的发展，目前，我国经济社会发展的不均衡突出表现为东、中、西部三大地带间的差距较大，各自区域内的差距相对缓和。党的十八大之后，习近平总书记多次强调要继续实施区域发展总体战略，促进区域协调发展。党的十九大报告将区域协调发展战略首次提升为统领性的区域发展战略，以解决新时代社会主要矛盾中的"不平衡不充分"发展问题。报告中所提及的特殊区域的发展，就是要加大力度支持革命老区、民族地区、边疆地区、贫困地区加快发展。这些区域存在的问题突出，主要表现为基础设施缺乏和基本公共服务不完善，产业基础薄弱，缺乏特色，大多数地区以农业生产或畜牧养殖为主，发展能力很低等。对于特殊区域的发展战略，应采用对口援助，给予特殊的政策支持，对于本身发展能力弱的区域，要增加人力物力的支援。

我国草原区大都处于西部地区、边疆地区、少数民族和贫困地区，资源瘠薄，生态环境恶劣，产业基础差，本身发展能力弱，区域经济社会发展早已远远落后于中东部地区，是典型的"特殊区域"。因此，在新时期区域协调发展战略下，国家应该继续加大对草原牧区的多维度投入，以加快牧区的经济发展，促进牧民增收脱贫，加快生态文明建设，有效保护草原生态，缩小与发达地区的差距以巩固边疆政治稳定。

（二）草原生态系统平衡可持续发展理论

草原从其自然属性来讲，是地球上生态系统的一种。草原有多种类型，它是地球上分布最广的植被。同时，草原还具有经济和社会属性，因此，我们认为草原也是一种重要的资源。根据任继周对草原资源的解析，他认为，在人类发展的历史长河中，草原的社会生产属性逐步展现。如在原始渔猎社会，草原资源最原始的作用是狩猎地，随着驯养家畜畜牧业的发展，草原资源随之变为放牧地，而现代草原所赋予草原资源的属性则更为丰富，它具有前植物生产、植物生产、动物生产和非生物生产层在内的四个生产层的全部属性（任继周，1985）。草原资源的属性是发展中的草地生态系统与发展中的社会经济行为两者在一定时空运行轨迹上的际遇。草原不是独立于人的干预之外的"自然资源"或"自然体"，它是在人为干预下的生态系统，因此，草原资源的属性由社会因素、生物因素和非生物因素三者构成。草原资源的退化是构成草原资源的生物因素、非生物因素和社会因素在作为草原资源整体的耦合过程中系统相悖的结果。在资源的属性发挥过程中，不同阶段可能表现出不同的功能特征。当能量和元素输入与输出（产品）大体相同时，资源处于平衡的稳态阶段（Ⅰ）；当能量与元素输入大于输出时，资源处于正向发展的富集态阶段（Ⅱ）；当能量与元素输入小于输出时，资源处于负向发展的贫化态阶段（Ⅲ）。因此，只有处于Ⅰ时，草原资源才能够持续发展，状态Ⅱ和Ⅲ都会导致草原资源的改变，而在Ⅲ状态下，会逐步推进草原退化，当草原资源贫化到失去自我恢复能力时，将发生质变，草原资源亦将不复存在（任继周，1996）。

草地畜牧业可以从生产或生计两个维度来理解。在生产方式上，草地畜牧业是农业生产的主要组成部分之一，草地家畜生产，即放牧家畜的牧养、管理和利用；在生计方式上，草地畜牧业是以草地家畜牧养为主的自给自足的生计方式或在贫瘠土地上牧养家畜以维持生计的有效生活方式

（董世魁，2015）。牧养家畜，即放牧利用，是人的经济行为作用于草原自然资源的当前最为主要的形式和内容。它是把"双刃剑"，在利用适当时，它是我们管理草地、获得产品的"利器"。如果利用不当，例如，过轻或过度放牧，则损害草地，使生产力日趋低下（任继周，2012）。"土—草—畜"系统及其要素之间的关系基本涵盖了前植物生产、植物生产、动物生产，但是，"土—草—畜"系统的生产输出均以满足人的生计需求为目的。在人口稀少的过去，人类并不把自然资源当成是稀缺资源。但是，随着人口的增加和人类需求的增长，草原作为土地的一部分，作为自然资源的一部分逐渐变得稀缺。同一般的经济活动一样，在草原上发生的各种经济活动如畜牧业经济活动也是人类和自然之间的物质交换过程，草原是物质资源的提供者，而人是动植物资源的需求者。从供求方面看，当前的草原同其他一切资源一样有其稀少性特征，草原面积有限，优良草原更有限，在生产技术水平一定的条件下，草原自然生产力也是有限的；从需求方面看，人的需求的无限性与资源的有限性的矛盾在草原畜牧业中体现得非常突出。因此，在我国广大草原牧区，长久以来人们将引发草原退化沙化，致使草原生产、生态功能衰减的直接原因归咎于"草—畜"不平衡，而草畜矛盾背后隐含着的却是自然系统与经济系统的深刻矛盾，也就是"人—地"的不平衡。

从马克思主义政治经济学来看，草原畜牧业的再生产过程，包括牧草生产和牲畜生长两个方面，它们是互为条件相互依存的。牧草生产为牲畜生产提供生产资料，同时，又必须使本身能够进行再生产和扩大再生产。如果提供的牧草超过了维持生态系统的基本物质和能量积累，就会影响到草原本身的再生产，也就会破坏生态平衡，使草原出现严重退化、沙化。这便是马克思主义政治经济学对草原生态系统人畜草平衡的解释，它要求我们在开发利用草原这一生态系统时，必须做到人地草畜的平衡发展（张树安，2017）。

（三）草原资源的外部性理论

在西方经济学中，外部经济（External economy）也称溢出效应、毗邻影响、外部关系等，是指一个生产者或消费者的生产或消费活动对其他生产者或消费者所附带产生的成本或效益的情况。它有正的外部经济和负的外部经济之分。正的外部经济是指一个生产者或消费者的生产或活动使其他社会成员无需付出代价而得到好处。负的外部经济则指一个生产者或消费者的生产或活动使其他社会成员蒙受损失而未给予补偿。外部经济现象是一个十分普遍的问题（单胜道，1999）。资源经济学将自然资源分为产出物和非产出物两大类，相应的有使用价值和非使用价值。前者指自然资源可直接用于生产过程和消费的经济价值，如饲草或其转化物——肉、乳、毛、皮等，有的容易在市场上直接测量市场价格，有的则不易测量。市场收购价格可以作为一个参考值，但其实际使用值可能超出市场收购价。这部分价值还包括其他使用效能，但它并不直接用于生产过程或消费，不直接在市场上交换，其价值只能间接地表现出来。一般说来，这一价值对应于生态学家所说的生态功能。这些功能对于人类说来，都具有使用价值，但却不能在市场上得到体现。因此，草原资源的外部经济具有以下特点：一是存在的普遍性，草原资源经济效益外，总或多或少或正或负地存在着生态效益和社会效益；二是载体功能的多效性，草原资源往往同时具有经济效益、生态效益和社会效益，草原不仅可作牛羊饲料，产生经济收益，它也具有防止水土流失、改善生态环境等效用；三是完全收益权实现的困难性，草原资源可发挥生产、生态、社会等多种功能功效，但其所有者（或使用者）有时只能对其某一功能实现收益，而对其他的收益却无法实现；四是消费的非排他性，草原资源的生态效益和社会效益一旦产生出来，就不能阻止任何人去消费它。这个特征使计价收费成为不可能或不经济，因而使农业资源市场有时不起作用，导致市场失灵。认识草原的价值，从空间上要树立超越草原自身价值的整体观。草原生态的破坏超越了这一空间的局部利益，形成对邻区和更远地区的扩散和迁移。我国草原的破坏直接危及华北、东北、西北乃至整个中国，甚至对全球都有影响。从时间上，草原的生态效益的时间效应也比经济效益的时间效应更为持久。经济效益的表现一般伴随着一个经济运行周期的完成而结束，而生态效益必然要影响到下一轮甚至下几轮生态系统的运行过程。按照生态经济学的观点，生态效益是指生态系统及其影响所涉及的范围内对人类有益的全部价值，它包括生命系统提供的效益、环境系统提供的效益、生命系统与环境系统相统一的整体效益以及上述客体提供的物质和精神方面的效益；而经济效益则仅仅是生态系统全部效益中的被人们开发利用的、已表现为经济形式的那部分效益。草原生态经济系统的不可持续不仅表现在其自身上，而且它直接影响和危害到农田生态系统、水域生态系统、森林生态系统、城镇生态系统，甚至影响到人口生态系统（盖志毅，2005）。因此，国家应该下大力度保护草原，确保草原能够持续产生正的外部性，提高区域内和周边居民的福祉，利国利民，意义重大。

（四）生态补偿理论

生态补偿就是通过对环境和资源使用者和破坏者收费，对生态环境的保护者进行奖励，从而达到运用经济手段对生态环境进行保护和建设的目的。有学者将其概括为"通过对损害或保护资源环境的行为进行收费或补偿，提高该行为的成本或收益，从而激励损害（或保护）行为的主体减少（或增加）因其行为带来的外部不经济性或外部经济性，达到保护资源的目的"。生态补偿理论将生态环境视为具有经济价值的产品（环境价值论），保护与建设是生产行为，使用和破坏属于消费行为，按照经济理论和市场原则，在两种行为之间应该建立收益和支付的关系（科斯手段）。由于生态环境的受益者和受害者均不具有确定性（外部性理论），导致在现实中不能自然形成收益和支付关系，生态环境成为一种非排他性的公共物品（公共物品理论），因此，需要政府的积极介入和干预（庇古手段），从而形成实质上的收益与支付关系。生态补偿理论认为，通过政府和市场两种补偿手段能够很好地将生态环境保护实践中的各种原则、规定和具体手段熔为一炉，找到生态环境保护的根本出路（曹叶军，2013）。根据生态补偿主体，生态补偿的形式可以分为政府补偿和市场补偿两大类。政府补偿机制因其政策方向性强、目标明确、易实施等诸多优点，是目前生态补偿的主要形式，但是，也存在体制不灵活、标准难确定、运作成本高、财政压力大的特征；市场补偿机制具有补偿方式灵活、运作成本低、适应范围广的特点，可作为政府补偿机制的有效补充形式，但也存在信息不对称、交易成本高，存在一定盲目性、局限性和短期性的缺点。在补偿方式上，政府主要通过财政转移支付、生态友好型的税费政策、实施生态保护与建设项目和区域发展的倾斜政策等手段来实现，市场补偿的方式主要是一对一交易、市场贸易和生态标记等方式来兑现（刘俊威，2011）。

近年来，随着对生态环境的日益重视，中央和地方逐步开始探索生态补偿机制。2002年国务院出台了《退耕还林条例》，对退耕还林的资金和粮食补助等作了明确规定。2005年12月国务院颁布《国务院关于落实科学发展观加强环境保护的决定》，明确提出，要完善生态补偿政策，尽快建立生态补偿机制。中央和地方财政转移支付应考虑生态补偿因素，国家和地方可分别开展生态补偿试点。2006年颁布的《中华人民共和国国民经济和社会发展第十一个五年规划纲要》和第六次全国环境保护大会明确提出"按照谁开发谁保护、谁破坏谁治理、谁受益谁补偿的原则,加快建立生态补偿机制"。2007年国家环保总局印发了《关于开展生态补偿试点工作的指导意见》,进一步明确了"谁开发、谁保护,谁破坏、谁恢复,谁受益、谁补偿,谁污染、谁付费"的生态补偿原则,并将"落实补偿各利益相关方责任,探索多样化的生态补偿方法、模式,建立试点区域生态环境共建共享的长效机制,推动相关生态补偿政策法规的制定和完善,为全面建立生态补偿机制奠定基础"作为下一步工作的目标。2010年4月,国家发改委牵头启动了《生态补偿条例》的起草工作。2016年5月,国务院办公厅印发《关于健全生态保护补偿机制的意见》(以下简称《意见》)。《意见》指出,实施生态保护补偿是调动各方积极性、保护好生态环境的重要手段,是生态文明制度建设的重要内容。近年来,生态保护补偿机制建设取得了阶段性进展,但生态保护补偿的范围仍然偏小、标准偏低,保护者和受益者良性互动的体制机制尚不完善,一定程度上影响了生态环境保护措施行动的成效,需进一步健全生态保护补偿机制。《意见》强调,要牢固树立创新、协调、绿色、开放、共享的发展理念,不断完善转移支付制度,探索建立多元化生态保护补偿机制,逐步扩大补偿范围,合理提高补偿标准,有效调动全社会参与生态环境保护的积极性,促进生态文明建设迈上新台阶。《意见》提出,按照权责统一、合理补偿,政府主导、社会参与,统筹兼顾、转型发展,试点先行、稳步实施的原则,着力落实森林、草原、湿地、荒漠、海洋、水流、耕地等重点领域生态保护补偿任务。到2020年,实现上述重点领域和禁止开发区域、重点生态功能区等重要区域生态保护补偿全覆盖,补偿水平与经济社会发展状况相适应,跨地区、跨流域补偿试点示范取得明显进展,多元化补偿机制初步建立,基本建立符合我国国情的生态保护补偿制度体系,促进形成绿色生产方式和生活方式。《意见》明确,将推进七个方面的体制机制创新。一是建立稳定投入机制,多渠道筹措资金,加大保护补偿力度。二是完善重点生态区域补偿机制,划定并严守生态保护红线,研究制定相关生态保护补偿政策。三是推进横向生态保护补偿,研究制定以地方补偿为主、中央财政给予支持的横向生态保护补偿机制办法。四是健全配套制度体系,以生态产品产出能力为基础,完善测算方法,加快建立生态保护补偿标准体系。五是创新政策协同机制,研究建立生态环境损害赔偿、生态产品市场交易与生态保护补偿协同推进生态环境保护的新机制。六是结合生态保护补偿推进精准脱贫,创新资金使用方式,开展贫困地区生态综合补偿试点，探索生态脱贫新路子。七是加快推进法治建设，不断推进生态保护补偿制度化和法制化。2017年，党的十九大报告中明确指出要建立市场化、多元化的生态补偿机制。2019年伊始，自然资源部、国家发改委等9部门联合印发《建立市场化、多元化生态保护补偿机制行动计划》（以下简称《行动计划》），明确了推进时间表和路线图，生态保护补偿机制政策框架基本建立并不断完善。《行动计划》指出，到2020年，市场化、多元化生态保护补偿机制初步建立，全社会参与生态保护的积极性有效提升，受益者付费、保护者得到合理补偿的政策环境初步形成。《行动计划》明确，要健全资源开发补偿、污染物减排补偿、水资源节约补偿、碳排放权抵消补偿制度，合理界定和配置生态环境权利，健全交易平台，引导生态受益者对生态保护者的补偿。并提出健全资源开发补偿制度、优化排污权配置、完善水权配置、健全碳排放权抵消机制、发展生态产业、完善绿色标识、推广绿色采购、发展绿色金融、建立绿色利益分享机制9大任务。

当前，我国草原保护的直接主体是牧民，在资源紧缺的背景下，牧民要切实做到保护生态，必然会牺牲其经济利益，因此，急需建立完善草原生态补偿机制，使为保护生态而做出贡献和牺牲的牧民能够得到等价补偿。

（五）产业提升促进生态保护

发达国家十分重视发展草牧业，草牧业产值占畜牧业产值的60%以上。美国82%的羊和52%的牛依靠草业，欧洲50%的饲料来自草地，澳大利亚则高达80%～90%。欧洲许多国家的畜牧业产值占农业总产值的比重都较高，如英国和德国都在60%～70%，丹麦、瑞典则占到90%。我国草牧业发展虽然有相当长的历史，但是，无论在大农业中的比重还是和世界发达国家的生产效率相比，都处在相对落后的水平。

当前，我国草原畜牧业产业提升面临几个重要难点问题。

1. 草牧业自然资源丰富，但生产力水平低下

我国蕴藏丰富的草牧业资源，天然草原面积广大，是耕地面积的3.2倍、林地面积的2.3倍。草原是重要的生物多样性中心和基因资源库，饲用植物资源丰富，有6704种，分属246个科、1545属。我国草原每年生产干草3.17亿吨，2005年至2013年我国天然草地年平均实际载畜量为3.1亿羊单位。我国草原上繁衍的野生动物2000多种，放牧家畜品种250多个，草原区生产的牛羊肉、牛奶、毛绒占全国的比重已分别达到

45.4%、49.7%和75.2%。但与发达国家相比，我国单位面积天然草地畜产品生产水平只有新西兰的1/80，美国的1/20，澳大利亚的1/10。近年来，我国人工草地发展较快，现有面积近5 000万亩，但不足天然草地的1%，远低于发达国家平均水平。

2. 草地退化严重，草畜产品和生态产品的生产能力大幅度下降

当前，我国天然草原平均超载仍在20%～30%，90%以上草原发生不同程度退化，与20世纪80年代第一次草地普查资料相比，植被高度降低50%～60%，草地第一性生产力降低40%～75%。生态功能维持能力大幅降低，抵御自然灾害的能力下降。据估算，由于草原退化每年造成直接经济损失达2 157.5亿元，间接生态价值损失达6 130.7亿元。

3. 草畜耦合性差，系统转化效率低

天然草原管理粗放，超载过牧严重，即使国家实施了第一轮草原生态补奖政策，超载率仍达20%以上，草原退化造成每年饲草料缺口达6 000万吨，优质饲草料和养殖环境投入不足，家畜生产性能和繁殖能力低下，草畜转化效率为1%～2%，仅为世界发达国家的1/8。农区草食畜牧业仍以劣质的农作物秸秆和玉米、大豆等精料为主要饲草料来源，生产的2/3以上的粮食被用来饲养牲畜，不仅浪费大，而且违反家畜生理需求，家畜营养不良、消化系统紊乱，且大量的秸秆资源利用率低且易产生环境污染，难以形成规模和高效的生产模式，食品安全存在诸多隐患。

4. 产业链精准对接与延伸困难，价值链持续提升难

在以种植业为农业主体的发展时期，传统的草原畜牧业和农区养殖业大都分散经营，生产规模相对较小，难以实现草牧业全产业链中各主要生产环节的精准对接，种草、养畜、加工、销售等环节各自为政，延伸产业发展与价值链提升困难，使草牧业产业及其各主要环节在波动的国内市场和国际大环境中缺乏自身应对市场的产能调控能力和适应机制，很多涉足草业和畜牧业生产组织和企业，在激烈的市场竞争中难以生存和发展。

5. 农牧区经济滞后，草牧业发展投入严重不足

我国有268个牧区和半牧区县，主要分布在中西部地区。该区域社会经济发展缓慢，分布着我国70%以上的国家扶贫开发重点县，贫困人口超过1 100万，年人均收入不足2 000元，是我国攻坚克难、开展精准扶贫的重点地区。农业作为一种弱质产业，受自然条件影响较大，且生产方式的变革受一些客观因素干扰而迟滞，因此需要政府的扶持。虽然近年来中央和地方财政加大了对农业的投入，但是仍然投入严重不足，2014年中央财政投入农林水事务的支出为 539.67 亿元，占中央总财政支出的 2.39%，地方财政支出 13 634.16 亿元，占 10.55%，尤其是直接用于农业的投入，远远低于国际最低标准（国家基本建设投资用于农业的比例应在 10% 左右）。草牧业发展地区基础设施落后，多靠天吃饭，作为自然灾害的高风险产业，应对旱灾、雪灾的能力非常差。

因此，应以产业发展为抓手，重视加快发展草牧业，加大投入力度，优化配套相关政策和资金，通过产业发展提高牧区畜牧业的生产效率和效益，逐步改变传统的低效家庭畜牧业，减少经济需求对牲畜数量的依赖，实现减畜保收、增收，使退化草原得以休养生息，不断恢复与提高草原的生态和生产功能。

（六）WTO《农业协议》与"绿箱"补贴政策

WTO《农业协议》规定，农业补贴是一国政府通过国内支持和出口补贴等非关税措施，对农业生产、农产品流通和农产品贸易进行的转移支付和综合支持，其主要目的是促进农产品出口，实现国际贸易平衡，增强本国竞争力。WTO《农业协议》主要包括市场准入、出口补贴、国内支持三部分内容. 其中，国内支持条款又包括"绿箱"政策、"黄箱"政策和"蓝箱"政策。"绿箱"政策对生产和贸易不会造成扭曲或扭曲程度非常小，WTO 规定其成员可以免除减让。"绿箱"政策有两项标准：第一，由政府计划下的公共基金供资，而不是来自消费者转让；第二，不得对生产者提供价格支持，不得对农产品价格产生影响。

"绿箱"补贴理论。"绿箱"政策的主要内容：①一般政府服务。主要包括：支持研究，包括一般研究、对农业环境的研究、对特定农产品的研究；病虫害控制，包括一般病虫害防治措施和特定病虫害防治措施；培训服务，包括一般培训服务和专门培训服务；技术推广和咨询服务，包括向农业生产者和农产品加工者提供科学技术、信息和研究成果等方面的服务；检验服务，包括一般农产品检验服务和特定农产品检验服务，特定农产品检疫服务以安全、健康、标准化为目的；市场营销和促销服务，包括提供农产品的市场信息、营销方案和促销计划等；基础设施建设服务，包括提供基础的供电设施、供水设施、交通运输设施、电子通讯设施、市场设施、港口设施、蓄水和排水设施以及环保设施等服务。②以粮食安全为目的公共储备。此类支持的目的是保证国内粮食安全，政府可以用财政补贴建立粮食公共储备，也可以为私人的粮食储备提供一定数量的补贴，但是不能在收购储备粮食的时候高价购买，或者将储备粮食以低价售出。③国内粮食援助。政府有责任和义务为本国饥民提供粮食援助，为低收入群体提供满足基本生活需要的粮食供给，以此为目的财政支持以及对非政府援助进行减免税是正当补贴，可免除减让。④给予生产者的直接支付。直接支付包括以下八类内容：脱钩的收入支持、收入保险和收入安全网计划、自然灾害救济支付、生产者退休计划、资源轮休计划、投资援助、环境计划、区域援助计划（李天骄，2016）。

对于草原生态保护和促进草原畜牧业健康发展来讲，应该在 WTO《农业协议》的框架内积极探索草原补贴政策的内容和模式，不断提升我国草原牧区畜产品的国内和国际竞争力，为加快牧区草牧业发展增添新的动力。

（七）我国农业补贴政策的借鉴

农业直接补贴政策是一个国家或地区根据事先制定的标准，直接对农民或农业进行的转移支付。它是政府将资金直接发给农业生产者，让农民受益的一种农业补贴政策，按照其农业直接补贴性质主要分为综合直接补贴和专项直接补贴两类。它们都是政府贴补农民最有效的方式，是政府扶持农业发展最常见、也是最重要的政策工具（岳远贺，2017）。农业直接补贴分为固定补贴和差价补贴、挂钩补贴和不挂钩补贴。固定补贴和差价补贴系按照补贴的水平分类，农业直接补贴可以分为固定补贴和差价补贴。固定补贴是指对农民的补贴水平在基期的标准计算出来后，在若干年内被固定下来，与特定农产品的市场价格变动没有关系。差价补贴是指补贴水平按照特定农产品的市场价格与政府制定的保护价之间的差价来确定，补贴水平每年随着特定农产品的市场价格和政府制定的保护价的变动而变动。挂钩补贴和不挂钩补贴系按照发放的依据分类，农业直接补贴又可分为挂钩补贴和不挂钩补贴。所谓挂钩补贴，是根据农户当年特定农产品的生产或交售数量，向其发放补贴。按照挂钩的依据，挂钩补贴又可分为与农户特定农产品生产数量挂钩的补贴和与农户特定农产品交售数量挂钩的补贴。按照农产品实际生产数量发放补贴在我国几乎是不可能的，补贴发放多是依据农户的播种面积。不同补贴方式的政策目标不同。①不挂钩的固定补贴方式。首先，不挂钩的固定补贴是一种农民收入支持政策，具有普惠性，对农户的生产种植意向没有影响，属于"绿箱"政策的内容，在世贸组织农业协定中不受限制。其次，不挂钩的固定补贴有利于我国农业的战略性结构调整。实际上，这种不挂钩的固定补贴都是按照计税土地面积或者按照计税产量发放的，即有承包土地的农户，不论种植何种作物，均可享受补贴。和以往粮食价格支持政策相比，这种补贴方式促使农户按照比较效益进行种植业结构调整，从而有利于推动我国农业战略性结构调整目标的实现。第三，不挂钩的固定补贴实际上是对原有土地税费负担的抵减，减少了土地的负担，降低了农产品的间接生产成本，有利于增强我国农业的国际竞争力。②不挂钩的差价补贴。与不挂钩的固定补贴一样，不挂钩的差价补贴也是一种收入支持政策，具有普惠性，也是按照计税土地面积或者计税常产发放的，也属于绿箱政策内容，有利于我国农业结构调整和我国农产品国际竞争力的增强。由于与特定农产品市场价格变动相联系，不挂钩的差价补贴对农户的种植意向仍然有一定的影响。对于不种植该产品的农户来说，这种差价补贴与种植行为没有关系；但对于种植该产品的农户来说，补贴实际上弥补了市场价格变动对其收入的影响，即在市场价格水平较高的时候，补贴的水平较低，而在市场价格较低的时候，补贴水平相对较高。差价补贴具有反市场周期的收入支持作用，减小了农户种植特定农产品的市场风险，增强农户对该产品的种植意向。③挂钩的固定补贴。挂钩的固定补贴属于特定农产品生产支持政策。由于把补贴同特定农产品生产联系起来，对于该产品的生产有激励作用，影响农业的生产结构，属于黄箱政策内容。根据我国加入世贸组织所作的承诺，对特定农产品生产的支持水平不能超过该产品生产总值的 8.5%。这种标准固定的补贴，相当于在一个固定水平上抬高了特定农产品的价格水平，或者降低该产品的生产成本，增强了该产品的国际竞争力。由于补贴标准不随市场价格的变动而变动，这种补贴方式没有削弱市场供求变动对该产品生产的调节作用。④挂钩的差价补贴。挂钩的差价补贴同样属于特定农产品生产支持政策，影响农业的生产结构，属于黄箱政策内容。由于补贴的标准随特定农产品的市场价格变动而变动，具有较强的价格支持作用，实际上减小了市场波动对农民生产的影响，稳定了该产品的生产。另外，把补贴与交售数量挂钩，仍然是增强了国有粮食企业在市场竞争中的优势地位，减弱了补贴本身对农户生产的支持作用。

我国农业补贴制度历史变迁划分为粮食收购数量和价格调整时期（1978—1984 年）、粮食价格双轨制形成期（1985—1990 年）、粮食统销体制解体粮价全面开放时期（1991—1993 年）、实行"米袋子"省长负责制的粮食生产流通体制时期（1994—1997 年）、粮食流通体制的大变革时期

（1998—2003 年）、全面推进"粮食直补"时期（2004 年至今）六个时期。我国农业补贴政策从 2004 年正式制定并颁布实施，13 年来，每年出台中央 1 号文件持续聚焦"三农"问题，强调加强农业补贴，从颁布实施良种补贴到直接补贴继而扩大补贴范围到农机具购置补贴和综合补贴，现今形成四项补贴为主的农业补贴政策格局。2015 年，遵照党的十八届三中全会和近年来中央 1 号文件关于完善农业补贴政策、改革农业补贴制度的要求和党中央、国务院统一决策部署，由财政部、农业部提出经国务院同意，决定从 2015 年开始调整完善农作物良种补贴、种粮农民直接补贴和农资综合补贴等三项补贴政策，将三项补贴合并为农业支持补贴（冯媛，2017）。卞瑞鹤（2016）认为"三合一"补贴政策旨在调整农业补贴，由刺激生产变为保护耕地，促进农村适度规模经营，推动农村金融发展。

农业补贴政策的颁布和实施以特定理论基础作为支撑。我国草原牧区草原保护与草牧业产业发展与农业具有相似的特征，符合农业补贴政策的支持理论，如福利经济学理论、公共经济学理论和农业多功能性理论等。从福利经济学来看，过去经济社会落后时期，通过牺牲农业来促进工业的进步发展，福利总量实现正的增长，体现效率优先的原则，但是目前我国已经进入工业化中后期，对农业的剥夺已经不能实现社会总福利的增长，反而造成效率的巨大损失（包括经济损失、生态价值损失等），而此时就应该兼顾公平的原则，对农业进行补贴是理想出路。从公共经济学理论来看，农业补贴自身具有公共特征，农业市场兼具市场失灵特性，同时，农业产品又具有公共物品的一系列属性，政府对于农业进行补贴完全符合公共经济学理论。从土地资源价值全面实现论来看，土地价值的涵义应该包括土地经济价值、生态价值、社会价值、文化价值，农业补贴是农民获得的来自于所有价值方面上的经济性补贴，有利于土地的持续利用以及实现耕地保护；同时，由于农业的本身特性，不能通过市场竞争机制在物质和价值方面得到补偿。因此，政府应该发挥政府职能，进行转移支付支持农业发展（冯媛，2017；徐全红，2006；曾福生，2013）。

二、总体设计

草原是我国面积最大的陆地生态系统，是畜牧业发展的重要资源，是少数民族的主要聚居区。加强草原保护建设、发展草原畜牧业，事关畜产品供应和农牧民增收，事关生态环境保护与建设，事关民族团结和边疆稳定。在 2010 年以前，我国还没有系统的、科学的扶持草原全面发展的政策措施，不仅国家生态安全得不到保障，而且牧区经济社会持续健康发展也将受到严重制约。

在 2010 年以前，我国草原生态状况十分令人担忧。主要表现在草原退化严重，可利用面积减少，生态功能弱化。21 世纪头十年，全国约90％的可利用天然草原不同程度退化，中度和重度退化面积较大，产草量较 20 世纪 80 年代大幅下降，部分草场完全丧失生产能力。草群高度和盖度大幅下降，季节性和永久性裸地面积不断扩大，导致草原生态功能弱化，水蚀风蚀造成水土流失严重，加剧了泥石流等自然灾害的发生。另外，我国草原牧区牧民就业渠道比较窄，生产生活成本高，财富积累缓慢。由于语言、生活习惯等因素影响，牧民转移就业难度较大，收入主要来源于草原畜牧业。但牧业生产成本较高，牧民依靠畜牧业增收乏力。2008 年，全国牧区和半农半牧区县，牧民人均纯收入只有 3 714 元，不到同期全国农民平均收入的 80％。同时，牧区生活消费成本较高，牧民家庭消费支出大。29％的牧业县和 33％的半农半牧业县是国家扶贫开发工作重点县。

21 世纪前十年，我国用于草原保护建设的总投入仅占全国生态建设投入的 2.4％；2007 年国务院批准实施的《全国草原保护建设利用总体规划》中规划的九大工程，也仅有退牧还草和沙化草原治理等生态保护工程部分启动实施。长期以来，我国草原发展始终未能完满破题，与草原大国的地位极不相称，与建设生态文明、实现美丽中国的要求也不协调，迫切需要出台兼顾草原生态、畜牧业发展和牧民增收的政策措施。随着我国综合国力显著增强，财政收入连年较高速度增长，国家具备了大力支持草原生态保护建设的能力，草原生态保护补助奖励政策正是在这一大背景下应运而生的。2010 年 10 月 12 日，国务院第 128 次常务会议决定，从 2011 年起，在内蒙古等 8 个主要草原牧区省区全面建立草原生态保护补助奖励机制，保护草原生态环境，促进草原畜牧业转型发展和牧民持续稳定增收。

草原补奖政策设计和建立的基本思路是，贯彻"生产生态有机结合、生态优先""生态优先，绿色发展"的基本方针，坚持以人为本、统筹兼顾的原则，通过在全国可利用天然草原范围内，实施禁牧补助和草畜平衡奖励、对牧民给予生产性补贴等一整套支持政策，划定禁牧区和草畜平衡区，推进草原畜牧业转变发展方式，实现草原生态保护和牧民增收。在政策设计方面，补奖政策既考虑了草原生态保护，又兼顾了生产发展和牧区民生改善。在补奖标准方面，既考虑了补偿牧民损失的合理性，又兼顾了调动牧业生产的必要性。政策的各项内容和各个环节实现了相互补充和相互衔接，取向明确，既反映了牧区与牧民的意愿，符合各地的探索与实践，又抓住了草原保护与建设的关键。可以说，草原补奖政策不仅是牧区政策的重大突破，也是强农惠农政策的丰富和完善。

第二章　内容与实施

第一节　政策概况

一、政策提出

我国高度重视草原生态保护和牧业、牧区、牧民"三牧"工作。为保护草原生态环境，转变畜牧业发展方式，促进牧民增收，2009 年 8 月 22 日，在国家财政部、农业部的大力支持下，西藏自治区正式启动了草原生态保护奖励机制试点，成为全国首个建立草原生态保护奖励机制的省区。西藏那曲地区聂荣县、安多县、班戈县，阿里地区措勤县、日喀则地区促巴县成为建立以草定畜奖励、薪柴替代补贴、牲畜配装电子耳标和草原生态监测制度为主要内容的草原生态保护奖励机制试点县。启动的试点县大多为西藏畜牧业核心区，也是农牧民对草原资源依赖程度较高的地区。试点区群众草原生态保护意识明显加强，有效促进了实施县的草原生态保护、畜牧业生产方式转型升级和牧民脱贫增收，迈出了西藏草原生态系统良性循环的关键一步，为在全国范围内实施草原生态保护补助奖励政策提供了宝贵经验。

2010 年 10 月 12 日，国务院总理温家宝主持召开国务院常务会议，决定建立草原生态保护补助奖励机制促进牧民增收。会议指出，由于超载放牧和草原保护投入不足等原因，我国草原退化严重，可利用面积减少，生态功能弱化。同时，牧民就业渠道窄，收入增长缓慢。必须坚持以人为本、统筹兼顾，加强草原生态保护，转变畜牧业发展方式，促进牧民持续增收，推动城乡和区域协调发展，维护国家生态安全、民族团结和边疆稳定。会议决定，从 2011 年起，中央财政每年安排 134 亿元，在内蒙古、新疆（含新疆生产建设兵团）、西藏、青海、四川、甘肃、宁夏和云南 8 个主要草原牧区省（区），全面建立草原生态保护补助奖励机制，实施禁牧补助和草畜平衡奖励，落实对牧民的生产性补贴政策。2012 年，草原生态保护补助奖励机制实施范围扩大到河北、山西、辽宁、吉林、黑龙江

5 省和黑龙江省农垦总局,政策共涉及 13 省(区)的 657 个县(旗、区、团场),覆盖了全国所有的 268 个牧区半牧区县。2016—2020 年,继续在 13 省(区)实施新一轮草原生态保护补助奖励政策。新一轮政策取消了畜牧品种改良补贴、牧草良种补贴和农牧民生产资料综合补贴等,保留了禁牧补助、草畜平衡奖励和绩效考核奖励,政策内容由 2011 年的 6 项变为 3 项,同时将河北省兴隆、滦平、怀来、涿鹿、赤城 5 个县纳入实施范围,构建和强化京津冀一体化发展的生态安全屏障。2019 年机构改革后,国务院明确 187.6 亿元草原生态补奖资金中,用于草原禁牧补助和草畜平衡奖励的 155.6 亿元继续由农业农村部组织实施,用于对农牧民的补助奖励,据此,"草原生态保护补助奖励政策"也称为"农牧民补助奖励政策"。截至 2018 年底,中央财政共投入补奖资金 1 335.4 亿元,惠及 1 200 多万户农牧民。草原生态补奖政策是新中国成立以来在草原牧区投入规模最大、覆盖范围最广、受益群众最多的一项惠民政策,是国家对强农富农惠农政策的丰富完善和对牧区政策的重大突破。政策实施八年来,草原生态得到明显改善,草原畜牧业生产方式加快转变,促进了农牧民脱贫增收。

二、总体内容

补奖政策设计之初主要有 3 个方面的目标:一是通过实施草原生态补奖政策,全面推行草原禁牧休牧轮牧和草畜平衡制度,遏制全国草原生态总体恶化趋势,促进草原生态环境稳步恢复;二是加快转变牧区畜牧业发展方式,稳步增强牧区经济可持续发展能力;三是不断拓宽牧民增收渠道,稳步提高牧民收入水平。通过政策实施,初步建立草原生态安全屏障,基本形成牧区人与自然和谐发展的局面。补奖政策在不同时期的实施内容、实施标准、实施范围有所调整,政策实施以来可以总结为三个阶段:草原生态保护补助奖励机制阶段,新一轮草原生态保护补助奖励政策阶段,农牧民保护补助奖励政策阶段,三个阶段实施内容有所不同。

(一)草原生态保护补助奖励机制阶段

草原生态保护补助奖励机制阶段,即 2011—2015 年,是补奖政策实施的第一阶段。具体内容如下:

1. 草原禁牧补助

对生存环境非常恶劣、退化严重、不宜放牧以及位于大江大河水源涵养区的草原实行禁牧封育，中央财政按照每年每亩 6 元的测算标准给予禁牧补助。5 年为一个补助周期，禁牧期满后，根据草场生态功能恢复情况，继续实施禁牧或者转入草畜平衡管理，开展合理利用。

2. 草畜平衡奖励

对禁牧区域以外的可利用草原根据草原载畜能力核定合理的载畜量，实施草畜平衡管理，中央财政对履行超载牲畜减畜计划的牧民按照每年每亩 1.5 元的测算标准给予草畜平衡奖励。牧民在草畜平衡的基础上实施季节性休牧和划区轮牧，形成草原合理利用的长效机制。

3. 畜牧品种改良补贴

增加牧区畜牧良种补贴，在中央财政对肉牛和绵羊进行良种补贴的基础上，进一步扩大覆盖范围，将牦牛和山羊纳入补贴范围。财农两部单独立项。

4. 牧草良种补贴

鼓励牧区有条件的地方开展人工种草，增强饲草补充供应能力，中央财政按照每年每亩 10 元的标准给予牧草良种补贴。

5. 牧民生产资料综合补贴

中央财政按照每年每户 500 元的标准，对牧民给予生产资料综合补助。

6. 绩效考核奖励

中央财政每年安排绩效考核奖励资金，对工作突出、成效显著的省区给予资金奖励，由地方政府统筹用于草原生态保护工作。

（二）新一轮草原生态保护补助奖励政策阶段

新一轮草原生态保护补助奖励政策阶段，即 2016—2020 年，为补奖政策第二阶段。政策内容调整为：在内蒙古等 8 省区实施禁牧补助、草畜平衡奖励和绩效评价奖励；在河北等 5 省实施"一揽子"政策和绩效评价奖励，补奖资金可统筹用于国家牧区半牧区县草原生态保护建设，也可延续第一轮政策的好做法。其中，将河北省兴隆、滦平、怀来、涿鹿、赤城 5 个县纳入实施范围，构建和强化京津冀一体化发展的生态安全屏障。具体内容如下：

1. 草原禁牧补助

对生存环境恶劣、退化严重、不宜放牧以及位于大江大河水源涵养区的草原实行禁牧封育，中央财政按照每年每亩 7.5 元的测算标准给予禁牧补助。5年为一个补助周期，禁牧期满后，根据草原生态功能恢复情况，继续实施禁牧或者转入草畜平衡管理。

2. 草畜平衡奖励

对禁牧区域以外的草原根据承载能力核定合理载畜量，实施草畜平衡管理，中央财政对履行草畜平衡义务的牧民按照每年每亩2.5元的测算标准给予草畜平衡奖励。引导鼓励牧民在草畜平衡的基础上实施季节性休牧和划区轮牧，形成草原合理利用的长效机制。

3. 绩效考核奖励

中央财政每年安排绩效评价奖励资金，对工作突出、成效显著的省区给予资金奖励，由地方政府统筹用于草原生态保护建设和草牧业发展。

(三) 农牧民补助奖励政策阶段

2019年，国家新一轮机构改革后，由农业农村部门落实的草原生态保护补助奖励政策部分更名为农牧民补助奖励政策，是补奖政策第三阶段，即2019—2020年。政策内容调整为：中央财政每年安排的187.6亿元草原生态补奖资金中，用于草原禁牧补助和草畜平衡奖励的155.6亿元继续由农业农村部组织实施，用于农牧民的补助奖励。农牧民补助奖励政策的补助标准、对象、范围及要求与第二阶段相同。绩效考核奖励资金由林草部门管理使用。

实施补奖政策遵循四个基本原则：一是保护生态，绿色发展。遵循"创新、协调、绿色、开放、共享"发展理念，始终以生态保护为前提优先发展，全面推行各项草原管护制度，保护和恢复草原生态环境。同时稳步提高牧民收入，保障和改善牧区民生，实现草原科学利用，转变畜牧业发展方式，增强畜牧产品生产和供给能力，促进牧区经济社会又好又快发展，建设生态良好、生活富裕、经济发展、民族团结、社会稳定的新牧区。二是权责到省，分级落实。坚持草原补奖资金、任务、目标、责任"四到省"，逐级建立目标责任制，分解任务指标。完善政策落实工作机制，建立健全绩效评价制度，加强资金管理和监督检查，确保资金任务落实到位。三是公开透明，补奖到户。坚持政策实施全程透明，实现任务落实、资金发放、建档立卡、服务指导、监督管理"五到户（项目单位）"，保证政策落实公平、公正、公开，切实使政策成为社会认同、群众满意的德政项目和民心项目。四是因地制宜，稳步实施。尊重客观实际，坚持分类指导，因地制宜制定政策实施方案。科学合理确定补奖标准以及封顶、保底标准。如实施禁牧的草原植被恢复达到解禁标准的可转为草畜平衡区，可由省级行业主管部门重新核定。

三、保障措施

（一）落实组织保障

为深入推进补奖政策有效落实，农财两部针对组织领导作了具体要求。要求各级财政、农牧部门及时向同级政府汇报，成立领导小组，强化组织领导，落实责任制度。财政、农牧部门相互协调，密切配合，全力做好补奖政策落实的各项工作。各级农牧业部门不断完善草原载畜量标准和草畜平衡管理办法，健全禁牧管护和草畜平衡核查机制，加强对草畜平衡工作的指导和监督检查。加大政策宣传力度，引导广大牧民在自愿的基础上积极参加草原保护建设事业。财政部、农业部组织指导各地补奖政策的实施，安排补奖资金预算，各级财政和农牧部门配合，共同制定资金分配方案，拨付和发放资金，监督检查资金使用管理情况，组织开展绩效考评等。农牧部门负责组织实施管理，会同财政部门编制实施方案，完善草原承包，划定禁牧和草畜平衡区域，核定补助奖励面积和受益牧户，落实禁牧和草畜平衡责任，开展草原生态监测和监督管理，监管实施过程，提出绩效考核意见等。要求地方各级财政部门特别是省级财政部门安排必要的工作经费，支持基层加强草原生态保护管理工作。

1. 加强组织领导

为贯彻落实好补奖政策，将中央的战略决策不折不扣落到实处，在农业农村部、财政部的指导下，各省、市、县三级分别成立补奖政策工作领导小组，领导小组组长由各级政府主要领导担任，领导小组成员由财政、农牧、国土、民政、环保、统计、审计、监察、林业、公安和金融等部门和单位的主要领导担任，按照职能分工，明确各自职责，在领导小组的统一安排下开展工作。例如，甘肃省部分县（区）将草原补奖政策落实工作列为"一把手"工程来落实，对按期完不成任务的部门负责人和乡镇"一把手"就地免职，县上分管领导要在全县大会上做检查，包乡领导在全县范围内通报批评。新疆维吾尔自治区2010年成立了自治区草原生态保护补助奖励机制及定居兴牧工程建设领导小组，编委专门增加了7名编制，畜牧厅内部又组织成立了畜牧厅草原生态保护补助奖励机制领导小组。为推进补奖机制工作，各地（州）相继成立了以主要领导任组长，财政、畜牧、发改等部门主要领导为成员的补奖机制领导小组。各县（市）成立了相应的组织领导和办事机构，实行主要领导责任制，并建立了督查制度、责任追究制度和村规民约等制度。辽宁省各县政府专门成立由县长任组长，主管县长任副组长，畜牧、监察、财政、审计等多部门领导为成员的落实生态补奖工作领导小组，并下设办公室，具体负责指导、协调、监督和检查落实相关工作，为草原生态补奖工作提供了可靠的组织保障。青海省实行厅级领导联州、处、站领导联县的联点负责制，并组织工作组，分赴各地开展督促、检查、指导工作，协调解决有关问题，对政策落实不力、工作进度缓慢的地区，加大督办力度，责令限期整改，并进行跟踪检查，严格实行信息报送旬报制和工作进展月通报制。同时，各地也采取州领导包县、县领导包乡、乡领导包村的联点负责制，明确工作任务，落实责任到人。州、县人大、政协及政府督查室等部门经常性组成督查组深入基层开展调研，对每个阶段的工作采取随机抽查、进村入户、座谈访问、实地查验和查阅资料等方式进行督查，及时发布督查通报，确保了工作质量，有力地推动了补奖政策的顺利实施。

2. 签订目标责任书

省与市州（地区、盟）、市州（地区、盟）与县（市、区、旗）、县与乡、乡与村、村与牧户层层签订目标责任书，以乡镇或村组为基本单元，将禁牧任务分解落实到县市区、乡镇、村组、承包户，划定禁牧草原分布范围、明确四至界限和面积，编绘县、乡两级禁牧草原分布图，完成禁牧草原面积核定登记，设立禁牧草原保护标示牌。

以禁牧和草畜平衡责任书签订为重点，进一步强化政策落实要求。禁牧和草畜平衡责任书是落实草原生态补奖政策的重要依据，各县（市、区）要加大禁牧和草畜平衡制度落实的核查力度，指导所辖乡（镇）规范签订禁牧和草畜平衡责任书，责任书要明确以下内容。签订主体：按照政策落实要求，乡（镇）政府与村委会或村民小组签订禁牧、草畜平衡责任书，同时村委会或村民小组与草原承包户签订禁牧、草畜平衡责任书。责任书签订内容：责任书上要明确责任人、禁牧草原和草畜平衡草原面积、补奖标准及补奖资金、核定载畜量、应尽的责任或义务、违反后的处理措施等内容。

以核查责任书落实情况为重点，加强禁牧和草畜平衡管理。州（市）、县（市、区）草原行政主管部门和草原监理部要加强对签订责任书的核查力度，充分依靠乡（镇）党委政府及村委会力量，每年逐户核查草原生态补奖户签订责任书的落实情况，把核查后的结果作为是否发放补奖资金的依据。此外，还要充分发挥村级草管员作用，把巡查禁牧区牲畜放牧情况、核查草畜平衡区牲畜的放牧情况常态化，坚决制止违反禁牧和草畜平衡管理规定的行为。

以建立村规民约为重点，细化禁牧和草畜平衡管理措施。在各级出台禁牧和草畜平衡管理办法基础上，结合本地实际，广泛征求农牧民意见和建议，修改完善村规民约，将违约处罚等内容纳入村规民约，提高农牧民自我监督、自我约束、自我管理的积极性。

3. 强化信息管理

各省结合草原生态保护补助奖励机制政策落实，进一步完善牧户信息管理，搜集整理绩效管理档案资料，将承包草原、基本草原、禁牧及草畜平衡、人工饲草基地等草地地块上图，以及草原监测、载畜量核定等信息录入信息管理系统，全面建立电子档案，确保补奖资金严格按牧户信息管理系统兑现。2010 年以来，由全国畜牧总站牵头，组织 13 个项目省（区）开展信息录入和数据管理工作，实时了解补奖任务资金完成进度，实现全程跟踪管理，系统主要功能包括牧户信息采集、补助奖励补贴信息、牧草良种补贴信息、地块上图信息、草畜平衡分析、政策效益评价等。

各省区加大投入力度，明确专人管理，及时准确完成补奖信息填报工作。2 017 底统计，系统共采集、录入 13 省区 1 210.42 万牧户的人、草、畜、资金等多方面信息，覆盖 5 066.63 万人口，3 070.28 万劳动力；草原承包面积 2.69 亿公顷；上传草原承包证 1 077.38 户，占总户数的 89.01%。各地为加强信息系统管理，加快草原补奖牧户信息采集录入工作，保证信息管理系统中的补奖资金、草原承包面积、任务、户数与实际发放情况零误差，采取灵活多样的方式推进系统工作。如内蒙古自治区设立了省、盟（市）、旗县三级联动机制，以普及率最广的网络通讯软件 QQ 为平台，建立了内蒙古草原补奖工作群，专门解决信息采集录入过程中出现的问题。目前该群已有会员 300 余人，全部为各盟市、旗县负责信息管理录入的技术人员，已经成为内蒙古草原补奖信息管理系统技术交流平台。并以网络会议的崭新形式，召开了盟市信息录入问题通气会，集中解决了各盟市存在的突出问题。

（二）完善基础工作

补奖政策实施范围广，关系到千百万牧民的切身利益，为了确保政策顺利启动并落到实处，前期需要开展大量基础工作。前期工作主要包括：

1. 科学确定禁牧和草畜平衡区域

各地根据本地区草原生态实际状况，按照草原生态、牧业生产和社会发展实际，结合主体功能区划，以乡镇或村组为基本单元，将生态脆弱、生存环境恶劣、草场严重退化、不宜放牧以及位于大江大河水源涵养区的草原划为禁牧区，其余区域的可利用草原划为草畜平衡区。划定区域要求有明确的四至界限。禁牧区域实行禁牧封育，对禁牧区域以外的可利用草原，按照"稳步推进，三年到位"的原则实行超载减畜，落实草畜平衡制度。

2. 制定完善实施方案

各地结合每年中央财政资金下达情况，制定完成具体实施方案，明确草原禁牧及草畜平衡面积、享受政策的牧民牧户数量、补助奖励标准、资金规模、减畜数量及减畜计划等基本思路和工作安排，经省级政府批准后实施，并报农业农村部和财政部备案。

3. 合理确定补奖标准

各地根据中央财政禁牧补助和草畜平衡奖励测算标准，在与退牧还草饲料粮补助政策合理衔接的基础上，确定适合本省区实际情况的补助和奖励具体标准及发放方式。区域内草原生态资源状况、人口数量、牧民人均收入消费水平差别较大的省区，可以实行对牧民补助奖励额度的"封顶保底"措施，避免出现因补贴额度过高"垒大户"和因补贴太低影响牧民生产生活的现象。

4. 推进草原承包到户，落实基本草原制度

按照"权属明确、管理规范、承包到户"的要求，明确草原权属及用途，推进草原承包到户，加强承包合同管理，做到承包草原地块、面积、合同、证书"四到户"；加快推进基本草原划定工作，原补奖政策涉及的禁牧区和草畜平衡区草原，以及享受牧草良种补贴的人工草地，全部划为基本草原。划定基本草原应进行县级公告、村级公示，设立保护标志，实施最严格的保护。对划定的基本草原进行统一登记建档，按照县级1∶10万、乡级1∶5万比例尺全部转绘上图，并进行详细的标注和说明。推进基本草原划定和保护的立法进程，制定出台符合本地实际的地方性法律法规和规章制度。探索建立最严格的损害赔偿制度和责任追究制度，对破坏草原生态环境、造成严重后果的单位和个人，要求恢复、修复、赔偿，实行终身追究制。采取切实措施，确保基本草原用途不改变、数量不减少、质量不下降。

5. 核定草原载畜量，核实牧户数量

按照国家天然草地合理载畜量的计算标准，根据天然草原可食产草量、牧草利用率和再生率等指标，制定适合本地区的载畜量核定标准，确定天然草原合理载畜量并分解到户。各地根据核定的载畜量，制定减畜计划，将减畜数量分解到户。对已承包并实施禁牧和草畜平衡的牧户，进行逐户统计核实，切实把牧户基础情况统计完整。

6. 搜集整理本底资料，建立电子档案管理系统

做好草原资源与生态、气候、土壤、水文、经济社会、牧业生产、牧民收入等方面历史及现状资料的收集整理，为开展草原监测、执法监督、绩效评价提供依据。农业部以牧民草原承包、禁牧休牧和草畜平衡等信息资料为本底，统一开发补奖政策电子档案管理系统，做好数据录入工作，实现上下联网，加强动态管理。

（三）实施监督管理

1. 明确资金发放对象

草原禁牧补助和草畜平衡奖励的发放对象为承包草原并履行禁牧或草畜平衡义务的牧民，按照已承包到户的禁牧或草畜平衡草原面积发放。牧民生产资料综合补贴的发放对象为2009年底统计的已承包草原且目前仍在从事草原畜牧业生产的纯牧户。在有农村金融网点的地方，补助奖励资金采用"一卡通"发放，无网点的地方采取现金方式直接发放。牧草良种补贴可以直补种草牧民也可以实行项目管理，有关省区结合中央财政资金下达情况制定实施方案，报农业农村部、财政部备案。

2. 严格任务落实和资金管理

各省区按照目标、任务、责任、资金"四到省"的总体要求和任务落实、补助发放、服务指导、监督管理、建档立卡"五到户"的工作原则，把各年度任务资金落实到草场牧户，将任务资金落实情况纳入绩效考核指标体系，开展绩效评价，评价结果与绩效考核奖励资金安排相挂钩。财政部、农业部制定补助奖励资金管理办法，规范资金的使用管理。有关省区财政部门按照实施方案会同农牧部门制定资金分配方案，设立补奖资金专账，并下设各分项资金明细账户，分别核算，专款专用。政策实施中各项资金如有结余，上报中央财政后可结转下年同科目使用，不得自行跨科目调剂或挪作他用。补助奖励资金的发放实行村级公示制，接受群众监督。

资金发放到"一卡通"或"一折通"的,注明资金项目名称,强化农牧民对草原补奖政策的认知。牧草良种补贴实行项目管理的,加强项目资金的使用监管。加强对禁牧和草畜平衡工作的组织指导,完善草原载畜量标准和草畜平衡管理办法,健全禁牧管护和草畜平衡核查机制。

3. 强化监测监管

根据补奖工作要求,设立草原固定监测点,完善草原监测体系,定期开展监测工作,及时发布监测信息,为科学评估政策实施效果提供依据。加强草原管护,建立健全县、乡、村三级管护联动网络。组织有关草原科研教学、监理监测和技术推广单位,分区域、分类型开展补奖政策实施成效评估研究。评估研究既要有面上总体情况调度,又要有深入到基层一线的草场牧户调查研究,还要有一些典型案例,务求摸清现状、掌握实情。调研中发现的典型经验和做法,采取多种形式及时进行宣传报道。各省区组织开展专题研究,将研究成果报农业农村部。

为全面及时掌握补奖政策任务资金落实情况,农业部组织开发了补奖政策管理信息系统,建立了补奖信息定期报送制度,各地落实专人管理,严格按照时间节点要求报送补奖信息定期月报,及时采集录入当年完成的牧户信息、牧草良种补贴信息和草地地块信息。针对部分地区存在信息系统填报进度较慢、月报表格报送不及时、数据质量较差等问题,要开展技术培训和督导,确保及时准确完成补奖信息填报工作。财政部和农业农村部在对各省区的绩效考核评价指标体系中,增加补奖信息填报方面的指标赋分权重。

4. 加强监督检查

农业农村部、财政部制定政策实施情况检查考核办法,并会同有关部门对各地工作进展、草原生态保护效果等情况进行巡查监督,实行绩效考核。对工作突出、成效显著的省份,中央财政每年安排奖励资金给予奖励;对完不成目标任务的省份,不安排奖励资金,并予以通报批评。各地草原监理机构加大对草原禁牧休牧制度、草畜平衡制度落实情况的监督检查力度,巡查禁牧区、休牧期的牲畜放牧情况,核查草畜平衡实施区放牧牲畜数量。发现问题及时纠正,确保补助奖励政策平稳有效运行。发挥牧民自我管理、相互监督的作用,适当聘用牧民监督管护员,地方财政安排一定的管护补助,调动牧民参与监管的积极性。

5. 扶持草原畜牧业转型发展

各省区利用绩效考核奖励资金中扶持草原畜牧业发展的资金,不断推动牧区草原畜牧业转型升级。扶持的主体，既可以是纳入补奖政策的家庭牧场和专业大户，也可以是农牧民合作社和农牧业企业。合作社成员以纳入补奖政策的农牧户为主体，农牧业企业与补奖政策户签订生产购销合同，开展订单生产经营。通过补奖政策的实施，不断改善草原畜牧业基础设施和科技支撑条件，优化生产经营方式和产业体系，提高草原资源利用率和劳动生产率，逐步提升草原畜牧业综合生产能力，保障和促进牛羊肉生产供给与农牧民增收，最终实现"禁牧不禁养、减畜不减肉、减畜不减收"。

第二节 禁牧补助

一、主要内容

对生存环境恶劣、退化严重、不宜放牧以及位于大江大河水源涵养区的草原实行禁牧封育，促进严重退化区草原生态恢复，转变畜牧业发展方式，促进农牧民持续增收，推动城乡和区域协调发展，维护国家生态安全、民族团结和边疆稳定。中央财政按照一定的测算标准对履行禁牧的牧民给予禁牧补助。5 年为一个补助周期，禁牧期满后，根据草原生态功能恢复情况，继续实施禁牧或者转入草畜平衡管理。

（一）禁牧补助标准

由于我国草原类型多样，各地草场产草量和载畜能力存在差异，2011—2015 年草原生态保护补助奖励机制禁牧补助标准以全国平均水平估算，中央财政按每年每亩 6 元的标准给予补助。2016—2020 年，新一轮补奖政策和农牧民补奖政策按每年每亩 7.5 元的标准给予补助，比第一轮提高 1.5 元。各省区根据中央财政禁牧补助测算标准，在与退牧还草饲料粮补助政策合理衔接的基础上，确定适合本省区实际情况的补助和奖励的具体标准和发放方式。区域内草原生态资源状况、人口数量、牧民人均收入消费水平差别较大的省区，可以实行对牧民补助奖励额度的"封顶保底"措施，避免出现因补贴额度过高"垒大户"和因补贴太低影响牧民生产生活的现象。

（二）禁牧补助对象

禁牧补助的对象为禁牧区域内承包草原并实施禁牧的牧民。

（三）禁牧补助范围

第一轮禁牧补助范围为内蒙古自治区、四川省、云南省、西藏自治区、甘肃省、宁夏回族自治区、青海省、新疆维吾尔自治区等8省区和新疆生产建设兵团（以下统称"8省区"）。2012年新增河北、山西、辽宁、吉林、黑龙江5省和黑龙江农垦（以下统称"5省"），共在全国13个省区实施。其中，第一轮政策中5省实施范围为国家牧区半牧区县，新一轮政策增加了兴隆、滦平、怀来、涿鹿、赤城5个县。第一轮补奖政策主要对生存环境非常恶劣、退化严重、不宜放牧以及位于大江大河水源涵养区的草原实行禁牧封育。新一轮补奖政策和农牧民补奖政策主要是在第一轮政策的基础上，根据草原生态实际状况，将具有重要生态功能区的草原，严重沙化、退化并已经实施生态移民的区域以及国家、省区重点生态项目区划定为禁牧区。

（四）禁牧补助要求

（1）各省按照草原生态状况、草原畜牧业生产和经济社会发展实际情况，结合主体功能区规划，按照集中连片的原则确定禁牧区域，并逐级细化到乡镇、村组和承包户。禁牧补助直接发放到户，原则上通过"一卡通"或"一折通"发放，不具备"一卡通"和"一折通"发放条件的地方采取现金方式发放。补助发放实行村级公示制，公示的内容应包括牧户姓名、禁牧面积和补助资金数额等，公示时间不少于7天。

（2）强化组织宣传，广泛通过广播电视、报纸杂志、手机网络等载体，以及进村入户宣讲培训、发放政策明白纸等形式，做好政策宣传解读工作，让广大牧民群众充分知晓草原补奖政策内容，更好履行禁牧责任。

（3）8省区根据实际合理确定禁牧补助具体发放标准以及封顶、保底标准，应确保牧民享受草原补奖政策的收益不降低。5省为全省禁牧，要在落实好禁牧制度的同时，做好政策衔接，既可实施禁牧直补，也可实施"一揽子"政策，由地方统筹用于国家牧区半牧区县草原生态保护建设或发展草牧业。实施"一揽子"政策时，要围绕草原生态保护建设中存在的重点难点问题，有针对性的安排项目内容，要与中央财政安排的支持粮改饲、振兴奶业苜蓿发展行动等资金做好统筹衔接，避免重复投入。

（4）划定为禁牧区的草原严格执行禁牧制度，不得放牧利用，5年为一个禁牧周期。

二、组织实施

（一）政策目标

通过实施补奖政策，对生存环境恶劣、退化严重、不宜放牧以及位于大江大河水源涵养区的草原实行禁牧封育，中央财政按照一定的测算标准对履行禁牧的牧民给予禁牧补助。5 年为一个补助周期，禁牧期满后，根据草原生态功能恢复情况，继续实施禁牧或者转入草畜平衡管理。

（二）政策任务

草原生态保护补助奖励机制阶段（2011—2015）政策任务为中央财政对禁牧区域内承包并实施禁牧的草原按每年每亩 6 元的标准给予补助，新一轮草原生态保护补助奖励政策阶段（2016—2018）与农牧民补助奖励政策阶段（2019—2020）政策任务为中央财政对禁牧区域内承包并实施禁牧的草原按每年每亩 7.5 元的标准给予补助，促进禁牧区草原生态恢复。

（三）政策资金

财政部会同农业农村部根据各省上报的草原禁牧面积，结合中央财政预算安排金额，将草原禁牧资金拨付给省级财政部门。各省财政和农牧部门根据财政部下达的资金额度，编制本行政区域内年度补奖政策实施方案，报省级人民政府审核批准后实施，并抄报财政部和农业农村部。实施方案的内容包括基本情况、目标任务、实施内容、补助标准、实施区域等。

按照《中央财政草原生态保护补助奖励资金管理暂行办法》和《新一轮草原生态保护补助奖励政策实施指导意见》的要求，各地结合实际，严格资金发放要求，规范资金发放程序，经核查、公示和考核验收后，以"一卡通"或"一折通"、现金发放等方式将补奖资金及时兑现发放到户。同时，强化资金管理，不定时开展督促、检查、指导，及时发现整改存在问题。对政策落实不力、进度缓慢的地区，加大督办力度，责令限期整改，跟踪督查，确保政策落实不跑偏、不走样，实现补奖资金专账核算、专款专用，杜绝挤占、截留、克扣和挪用情况的发生，切实做到补奖资金不超发、不余留。

（四）政策责任

1. 科学划定禁牧区

按照国家禁牧封育的总体要求，各省因地制宜，依据植被的生长情况、土壤类型、载畜量的多少，科学划定禁牧区域，重点对重度退化的草场采取禁牧、综合治理措施，恢复植被。如新疆维吾尔自治区在编制补奖政策实施方案时，采取自下而上、自上而下，反复对接、多次论证的做法，科学合理地确定全区草原禁牧区域。以"七个结合"作为编制方案的主要原则，将落实草原生态保护补助奖励机制政策与牧民定居、牧区水利建设、转变畜牧业生产方式、推动牧区社会公共事业发展、实施牧区劳动力转移、建立畜牧业防灾减灾机制、完善草原承包和基本草原划定等工作有机结合。青海省为了体现补奖政策的公平、公正和普惠原则，根据国家实施指导意见，综合分析不同草地类型、生产力、户均承包草原面积、人口数量、收入差异及减畜减收等多种因素，实行差别化补助的禁牧补助方式。甘肃省将禁牧任务层层分解落实到县市区、乡镇、村组、承包户，完成禁牧草原面积核定登记，由县级人民政府发布禁牧令，设立禁牧草原标示牌，全省划定禁牧草原面积 667 万公顷，禁牧草原定位上图面积 654 万公顷，占禁牧面积的 98%。云南省把具有特殊生态功能和生态环境十分脆弱的金沙江、澜沧江、怒江、红河流域严重退化的草原划为禁牧区。禁牧区草原植被覆盖度 45% 以下、鲜草产量 180 千克以下，以村组为基本单元，划定 182 万公顷草原为禁牧区并实行禁牧。

2. 严格禁牧管理

为推进补奖政策实施，切实将政策落到实处，确保草原"禁得住"，牲畜"转的出"，监管"抓得实"，各省区积极完善政策措施、健全禁牧管护机制、提高管理水平，多措并举，狠抓禁牧减畜。针对禁牧管理工作，各省区的通用做法如下：

（1）建章立制，强化监管，确保禁牧任务落实。为了确保政策顺利实施，各省区先后制定和出台了了相关配套政策文件。如青海省在全国率先开展草原生态补奖绩效管理试点，探索总结了"四个挂钩"，即：补助资金与禁牧减畜挂钩、奖励资金与草畜平衡挂钩、管护员职责履行与绩效工资挂钩、生态保护效果与州县政府年度目标考核挂钩。2011 年，青海省政府颁布实施《关于保护生态环境实行禁牧的命令》。根据《青海省人民政府关于探索建立三江源生态补偿机制若干意见》和《青海省人民政府办公厅关于印发〈青海省草原生态保护补助奖励机制实施意见（试行）〉的通知》精神，制定了《青海省天然草原禁牧及草畜平衡管理暂行办法》。县级人民政府依据发布的草原牧草产量、理论载畜量，制定禁牧减畜方案，经州级人民政府审核后，发布禁牧令。2014 年，青海省人民政府办公厅下文，要求进一步贯彻落实禁牧令，加强禁牧管理，推进生态文明先行区建设。一方面要综合协调实施退牧还林草工程、生态畜牧业建设和草原生态保护补奖政策；另一方面要强化执法检查，对偷牧和破坏林草植被等行为，严格按照相关法律法规和禁牧令进行严厉查处，坚决杜绝禁牧区放牧行为。补奖政策县制定了《禁牧和草畜平衡暂行管理办法》、《草原生态管护员暂行管理办法》和《草原生态保护补助奖励机制绩效考核暂行管理办法》三个办法，健全了草原监管体系和核查监管机制。乡镇成立了政府负责，各村驻队干部、村两委及草原管护员组成的禁牧管理检查组，采取日常巡查、联合检查、设卡劝返等措施，对边界地区草原、当年种植的人工草地以及重度退化草地实行全部禁牧；对其他禁牧区草原实行阶段性禁牧，全年禁牧 11 个月，转场放牧 1 个月。同时，村委会组织管护员开展牲畜清点工作，核实超载牲畜，逐户登记了减畜卡，限时督促出栏，严格实行草畜平衡制度。试点乡镇均制定了《牧户绩效考核指标》《草原管护员绩效考评指标》《村（牧）委会绩效考评指标》和《乡（镇）绩效考评指标》，探索建立了牧户、牧委会、管护员、乡政府四级考核办法。

　　新疆维吾尔自治区专门制定出台了《落实草原生态保护补助奖励机制草原资源与生态动态监测与评价工作方案》《禁牧和草畜平衡监督管理办法》《草原生态保护补助奖励资金管理暂行办法》《草原生态保护补助奖励机制绩效考核暂行办法》《推进草原确权承包和开展基本草原划定工作实施意见》《草原生态保护补助奖励机制草原监测工作考核办法及评分标准（试行）》6 项配套法规和规范性文件。为推进基本草原划定工作，还印发了《基本草原划定工作年度考核办法及评分标准》（2014 年）、《基本草原划定成果技术规范》等文件，对基本草原划定工作进行安排部署，规范技术操作。新疆生产建设兵团农业局于 2012 年印发了《兵团草原禁牧和草畜平衡监督管理办法》，由师、团草原行政部门和草原监督管理机构，具体负责草原禁牧、草畜平衡的规划、实施和监督管理工作，妥善安置牧工的生产生活，建立健全工作协调机制和目标考核机制。

　　为了强化禁牧和草畜平衡责任制的监督管理，内蒙古自治区印发《禁牧和草畜平衡监督管理办法》，由旗县级人民政府组织草原使用权单位、与草原使用者签订禁牧责任书或者草畜平衡责任书，并完成落实禁牧和草畜平衡的具体工作。甘肃省人民政府 2013 年颁布施行《甘肃省草原禁牧办法》，规定重点对严重退化、沙化、盐碱化、荒漠化的草原和生态脆弱区、重要水源涵养区的草原实施禁牧。县级以上人民政府负责本行政区域内的草原禁牧工作，县级以上人民政府草原行政主管部门及其草原监督管理机构负责本行政区域内草原禁牧工作的组织实施和监督管理，所需经费列入本级财政预算。乡镇人民政府负责辖区内草原禁牧工作的具体落实，配备专职草原监督管理人员，加强监督管理。乡镇人民政府可以在实施国家草原生态保护补助奖励机制政策的村，聘用 1～2 名草原管护员，作为公益性岗位统一管理，一年一聘。云南省农业厅 2012 年印发了《草原禁牧管理办法》，重点对严重退化、石漠化、沙发的草原和生态脆弱区、特殊功能区和重要流域水源涵养区的草原实施禁牧管理。省级草原主管部门划定草原禁牧区，县级人民政府发布禁牧令，乡镇按村聘用 1～2 名草原管护员，监督履行禁牧责任。建立健全县、乡、村三级草原管护机制，制定并出台了《云南省禁牧管理办法》、《云南省村级草管员管理办法》、《云南省草畜平衡考核实施细则》、《云南省草原减畜工作管理办法》等制度，进一步完善草原保护长效机制。

（2）健全禁牧管护体系。自 2011 年国家实施草原补奖政策以来，草原管护员队伍建设取得了积极进展，在监督禁牧等草原管护工作中发挥了重要作用。2014 年 3 月，农业部印发《关于加强草原管护员队伍建设的意见》，明确加强草原管护员队伍建设的措施要求。各省区加强草原生态管护员队伍的建设，进一步完善了州、县、乡、村四级草原监管体系，为有效巩固草原生态保护补奖机制实施成效奠定了坚实的基础。青海省在全国率先设置了草原生态管护员公益性岗位，2012 年起，按照"每 5 万亩设置 1 名生态管护员"的原则，全省共聘用草原生态管护员 9 489 名。但由于部分地区交通不便，草原生态管护员监管任务重、难度大，工作难以全覆盖。针对问题，省委、省政府制定出台了《关于三江源国家生态保护综合试验区生态管护员公益岗位设置及管理意见》，将三江源地区管护员调整为每 2 000 公顷设置 1 名管护员，全省草原生态管护员人数达 13 894名。同时，将三江源地区管护员工资从每月每人 1 400 元提高到了 1 800元。海西、海北两州每人每月 1 200 元，西宁、海东两市每人每月 1 000元。省财政按照三江源地区（含唐古拉山镇）补助 100％、海北州和海东地区补助 80％、西宁市和海西州补助 60％的比例给予补助，不足部分经费由州、县两级财政予以配套解决。制定严格的考评内容和量化指标，由县草原监理站、乡（镇）政府、村（牧）委会及牧民代表共同组成考核组，对草原管护员履职效能进行综合考评，作为兑现工资和续聘的依据，有效激发了草原管护员的工作积极性。

新疆维吾尔自治区各禁牧区共建设禁牧管护站 417 座，配备落实禁牧区域管护人员 2 423 人，各地管护人员补助经费标准不同，如巴里坤县禁牧区聘用了 25 名专职草原管护员，每月补助 1 600 元，草畜平衡区由 50 名村级防疫员兼任草原管护员，在原来每月 800 元补助的基础上，每人每月再补发 1 000 元补助，补助资金均由县财政解决。木垒县 46 名管护员均按每人每月 1 000 元的标准发放补助，经费由昌吉州财政解决。新疆建设兵团聘用当地的牧工、防疫员、连队干部，配备管护员 732 名，规范了草原管护员的聘用、管理、工作职责及考核办法等方面的制度，明确草原管护人员工作职责和工作流程。内蒙古自治区专门出台了嘎查（村）级草原管护员管理办法，每个嘎查（村）根据实际情况聘用 1～2 名草原管护员，总数限定在 1 万人以内，牧民管护员的工资由自治区和盟市共同承担。2012 年草原生态补奖项目实施后，全区管护员新增 1 726 人，达到 11 726 人。云南省有各种不同性质和管理形式的村级草管员 7 716 人，其中：农牧民专职担任 572 人、村组干部兼任 184 人、防疫员兼任 4 700 人、林管员兼任 1 852 人，其他 408 人。

（3）整合项目，扶持后续产业发展。各地为实现"禁牧不禁养，减畜不减肉，减畜不减收"，积极整合草原保护建设相关项目，推动草牧业发展，加快转变畜牧业生产方式，确保禁牧牧民生产生活需求。云南省为了推行天然放牧向舍饲半舍饲转移，减轻天然草地放牧压力，一方面整合退耕还草建设项目、高原特色畜牧产业发展和草原生态保护补助奖励机制绩效考评奖励资金的畜牧发展方式转变项目，在禁牧区建设棚圈 35 万平方米，青贮窖 12 万立方米，贮草棚 8 万平方米，种植优质饲草料地 1.53 万公顷，使禁牧区 10.3 万个羊单位的牲畜实现了舍饲圈养；另一方面根据禁牧区饲养牲畜量、饲草料产量，种植相应的人工草地或提高秸秆利用率，进行氨化，并建立相应的贮草棚、贮草架或青贮窖。

甘肃省 2016—2017 年在 9 个项目县继续开展草牧业试验试点，在 43 个重点草原县（市、区）实施草原畜牧业转型项目，共安排项目扶持资金 3.82 亿元。通过开展草牧业试验试点和实施转型项目，探索完善农牧结合、草畜结合的草牧业发展新路子，形成了"公司加基地、基地联农户"、

"设施农牧业＋草原畜牧业"、"公司＋基地＋农户"等一批可复制、可推广的典型模式，有效促进了农牧区草牧业持续发展。

内蒙古自治区在转变草地畜牧业生产经营模式方面涌现出了诸多典型例子。例如，鄂尔多斯市鄂托克前旗大力推广绒山羊增绒技术，在暖季，通过人为控制日照时间影响生物钟，促进羊绒生长，使暖季（非长绒期）羊绒如同冷季生长，实现增绒，从而提高农牧民的经济收入。四子王旗创建了"杜蒙肉羊生产经营模式"，采用当地的戈壁羊与黑头杜泊肉羊进行杂交改良生产杂交羔羊，羔羊45天至二个月早期断乳，断乳后集中育肥，3～4月龄出栏。公司、牧户联营，政府引导，降低经营风险，应用这种模式，常年放牧羊群规模压缩三分之二后，可保持或超过原有养殖规模的纯效益。苏尼特右旗、西乌珠穆沁旗对本旗牧民补饲冬羔提前订购，6月15日—7月15日到政府指定龙头企业加工，政府给予每千克1～3元的补贴。西乌珠穆沁旗将黄牛改良与肉牛育肥工作有机地结合起来，继续开展肉牛育肥出栏工作，并规定牧户按技术规程育肥出栏，按实际育肥出栏头数，每头牛给予300元的补贴饲料。通过45～60天的育肥，出栏牛体重增加75千克，收入比自然生长的牛多增收150～1 800元。

青海省按照"禁牧不禁养，减畜不减产，减畜不减收"的目标，采取先减畜、后禁牧，循序渐进的方式，一是强化宣传，提高出栏率、商品率。引导群众采取牧繁农补、西繁东育、农牧结合、草畜联动、订单销售等措施，加大牲畜出栏。二是依托生态畜牧业合作社整合资源，集约生产要素，加大饲草种植和牲畜棚圈建设，转变生产方式，推行天然放牧向舍饲半舍饲转移，减轻了天然草地放牧压力。三是通过实施游牧民定居工程，部分牧民搬迁至县城、乡镇定居，补奖政策及其他政策性收入使生活得到基本保障，相当一部分牧民不再放牧而从事其他行业。四是出台支持减畜政策，如青海省天峻、祁连等县在禁牧减畜任务落实中，县财政积极筹措资金，鼓励合作社或牧民将牲畜出售到定点畜产品加工销售企业，每千克肉发放1元的减畜补贴。

（4）实施禁牧区草原监测。对补奖政策实施的禁牧区域的草原生产力、植被盖度、高度、优良牧草比例等指标进行监测，获取草原植被的动态信息，为补奖政策的实施提供技术支持和技术服务。如西藏自治区要求配套开展全区草地资源普查、草原生态监测、草原鼠虫害治理、牧民技能培训、国家信息管理系统维护和草原监督管护等工作，2019—2020年草地资源地面监测每年安排281.4万元，由自治区按年度从草原生态保护补助奖励资金中统筹安排，按照"一事一报"方式解决。四川省、云南省每年对禁牧区草原的物种、地上生物量、盖度、高度、可食牧草产量及饲草料地产量和牲畜饲养量等进行动态监测，适时发布监测报告。

3. 及时兑现补助资金

补奖政策资金规模大，覆盖面广，事关千百万牧民群众利益，各省（区）根据任务落实、补助发放、服务指导、监督管理、建档立卡"五到户"的工作原则，采取牧民自行申报、村级公示、县级政府抽查、社会监督举报相结合的方式发放补奖资金，并在严格贯彻落实补奖政策实施情况定期报送制度的基础上，建立了督查考评制度，确保惠牧政策落实。如西藏自治区资金的兑现方式有两种：一是直补到户；二是直接支付。草原生态监测、草原监督管护等经费，按照"以钱养事"的原则，采取财政直接支付方式，确保工作需要。内蒙古自治区要求各级严格按照程序办事，坚持公开、公正、公平和透明的原则，执行村级公示制度，对于享受补奖的地区、类型、草原面积、户数、人口、减畜等情况，均张榜公布，接受群众监督，公示无异议后正式实施。自治区每年3月份以前将所有的草原补奖政策资金全部拨付到盟市，并要求各级财政在接到指标文的10个工作日内，70％的补贴奖励资金就要兑现到户，剩余的30％，由农牧部门核实是否履行禁牧责任后，年底前全部兑现到户。青海省制定出台了禁牧补奖资金使用等管理制度和办法，切实保证了政策落实在阳光下运行。补奖资金管理采取了牧民自行申报、村级公示、州县政府抽查，财政、审计、纪检、监察等部门督查，以及社会监督举报相结合的方式，"一卡通"发放到户。

4. 强化资金监管

为确保禁牧资金发放安全高效，各省区严格监管。一是在制度建设上，各省区纪检监察、审计、财政、农牧多部门印发《关于严明纪律确保草原生态保护补助奖励资金安全发放的意见》、《禁牧和草畜平衡工作监督管理办法》、《草原生态保护补助奖励机制资金管理办法》和《生态保护补助奖励资金绩效评价办法》等，与《补奖政策实施方案》一起作为政策落实的制度依据。二是在监管手段上，每年多部门联合督查，强化涉农资金审计，严格要求各项补贴奖励资金封闭运行，采用"一卡通"兑现。内蒙古自治区建立了由盟市、旗县两级纪检监察、财政和审计等多部门协同参与的常态化的监督机制，有效防范了套取、冒领和违规发放。甘肃省从工作程序、关键环节、重点工作、防控措施等方面做出了严格规定，明确了绩效考评的标准和内容，确保政策各项任务落实到位。并采取定期督查和随机抽查的方法，对各地落实工作进行督导检查，对发现的问题提出整改意见和时间要求。新疆维吾尔自治区制定了《新疆维吾尔自治区落实草原生态保护补助奖励机制考核办法》和《新疆维吾尔自治区落实草原生态保护补助奖励机制考核标准及评分表》，自治区草原生态保护补助奖励机制及定居兴牧领导小组办公室每年组织督查组，按照地（州）不低于50%、县（市）不低于20%的抽查面进行督查，采取听汇报、召开座谈会、查看档案资料、实地检查、走访牧户等多种形式，详细检查了解各地补奖资金拨付、地方资金配套到位、资金发放到户、规范草原承包和落实政策工作措施，以及工作中存在的主要问题等情况。自治区连续五年组织年度考核，按照考核成绩分配绩效资金，对工作做得好的地州给予重奖，对考核成绩合格的地州不予分配绩效资金，有力地促进了补奖政策的落实。

三、基本类型

我国草原地区分布广、地理跨度大，南北方草原牧区、半牧区在植被、人口、自然环境方面差异大，为避免一刀切造成新的不平衡，国家"放权"给各省。各地按照尊重客观实际、分类指导的原则，根据不同地区的实际情况，因地制宜地制定政策实施方案。在实施过程中，各省区合理确定禁牧补助标准，禁牧补助主要类型可归纳为六种。

（一）采取国家统一标准的禁牧补助模式

我国两轮草原生态补奖政策涵盖13省（区）、新疆生产建设兵团和黑龙江省农垦总局，其中宁夏、西藏、四川、云南4省区采取国家统一标准的禁牧补助模式，禁牧补助标准与国家划定的标准一致。第一轮（2011—2015年）禁牧按6元/亩的标准进行补助，新一轮和农牧民补奖政策期间（2016—2020年）禁牧按7.5元/亩的标准进行补助。

（二）差别化禁牧补助模式

差别化禁牧补助模式省区包括青海、甘肃省和新疆维吾尔自治区。青海省为了体现补奖政策的公平、公正和普惠原则，根据国家实施指导意见，综合分析不同草地类型、生产力、户均承包草原面积、人口数量、收入差异及减畜减收贡献大小等多种因素，禁牧补助标准实行了差别化补助方式，第一轮禁牧补助海西州 3 元/亩，海南、海北州 10 元/亩，黄南州 14 元/亩，果洛、玉树州 5 元/亩，并对牧户的补奖额度实行封顶保底。新一轮和农牧民补奖政策禁牧补助标准提高，海西州 3.6 元/亩，海北、海南州 12.4 元/亩，黄南州 17.5 元/亩，玉树、果洛州 6.4 元/亩。

甘肃省地域辽阔，不同区域间草原面积、生态贡献、生产能力、牧民收入构成都有较大差别，根据国家落实补奖政策"四到省"的要求，综合考虑青藏高原区、黄土高原区和西部荒漠区三大区域天然草原面积、生态价值、经济价值、牧民收入构成、政策落实效应及社会和谐稳定等因素，以羊单位标准饲养面积为依据，按照草原生态系统服务价值的计算方法，在与退牧还草饲料粮补助政策合理衔接的基础上，对三大区域的禁牧补助和草畜平衡奖励标准进行了测算。第一轮禁牧补助标准确定为：青藏高原区 20 元/亩、黄土高原区 2.95 元/亩、西部荒漠区 2.2 元/亩。新一轮和农牧民补奖政策禁牧补助标准提高为：青藏高原区 21.67 元/亩、西部荒漠区 3.87 元/亩、黄土高原区 4.62 元/亩。

新疆维吾尔自治区对温性荒漠类草地（主要是沙质温性荒漠亚类、砾石质温性荒漠亚类）、高寒荒漠类草地、高寒草原类草地为主划定的禁牧区域和 2010 年以前未执行完的退牧还草工程禁牧区，禁牧补助标准为 5.5 元/亩。

（三）自然保护区禁牧补助模式

较为典型的为青海省三江源地区和新疆水源涵养区。青海省三江源地区为青藏高原的腹地，禁牧补助按 20 元/亩的标准发放。青海省结合三江源生态补偿机制、三江源生态保护和建设工程、退牧还草工程，强力推行转人减畜措施，加大江河源头水源涵养地生存环境恶劣、不能放牧的中度以上退化草原的禁牧封育，实行集中连片"全禁牧"方式。2012 年三江源核心区共转移牧民 7.07 万人，核减牲畜 334.6 万羊单位。环湖地区结合生态畜牧业建设，大力发展饲草料种植和规模养殖场建设，积极推行禁牧加舍饲"半禁牧"方式，共建设适度规模以上牛、羊养殖场 425 个，年舍饲圈养牲畜规模达到 200 万羊单位以上；柴达木盆地区以合作社为载体，采取调整季节草场放牧时间、开展舍饲圈养和优化畜种畜群结构等方式，完成减畜任务。东部地区充分利用良好的水热条件和饲草料资源丰富的优势，积极实施"牧减农补"战略，大力开展草畜联动。

新疆水源涵养区以禁牧资金 50 元/亩标准发放，其中禁牧资金按照

45 元/亩的标准发放，5 元/亩作为禁牧设施维护工作。在落实补奖机制政策过程中，以水源涵养区禁牧为切入点，将天池、那拉提、巴音布鲁克、托木尔、喀纳斯、喀拉峻—库尔德宁等 8 处草原景区核心区列为水源涵养区实行禁牧保护，每年安排禁牧补助资金 7 500 万元。通过实施禁牧，水源涵养区在植被恢复、景观提升和牧民增收等方面成效显著，2013 年 6 月 21 日，在柬埔寨金边举行的第 37 届世界遗产大会上，"新疆天山"成功列入世界自然遗产名录。其中，巴音布鲁克、天池、喀拉峻—库尔德宁等水源涵养区名列其中。

（四）封顶保底禁牧补助模式

封顶保底禁牧补助模式包括宁夏回族自治区、吉林省、青海省。宁夏回族自治区 2003 年开始全区禁牧，2011 年草原生态补奖开始实施后，按照已承包到户、到联户的草原，按实有承包面积每亩补助 6 元，每户最大补助面积不超过 3 000 亩。属国有农牧场等单位集体承包而无法承包到户的草原，以集体承包形式，按补助标准进行补助。由各国有农牧场编制实施方案，报经自治区农牧厅、财政厅审核后实施，统筹用于草原保护与建设。

吉林省实行补奖面积封顶政策。针对草原承包中存在少数人承包面积过大，管理保护不到位的问题，考虑到补助数额过大容易引发攀比纠纷，为充分体现国家补奖政策的公平性、普惠性，结合吉林省草原承包的实际情况，草原禁牧实行封顶政策，即原则上每户最大补助面积一般不超过 2 000 亩。

青海省结合实际，因地制宜采取差别化补助方式，牧区 6 州共制定了 30 个禁牧补助标准，封顶保底措施各不相同：果洛藏族自治州以各县 2009 年牧民人均牧业纯收入的 2.5 倍为上限，以人均牧业纯收入为下限；海南藏族自治州以 2010 年农牧民人均纯收入的 2 倍为上限，只封顶不保底；黄南藏族自治州河南县以每户禁牧补助 50 000 元为上限，每户禁牧补助 5 000 元为下限；海西州以全州禁牧补助人均额 2 805 元为上限，只封顶不保底。

（五）标准亩禁牧补助模式

标准亩禁牧补助模式较为典型的是内蒙古自治区，通过测算"标准亩系数"计发资金。内蒙古草原面积东西跨度达 2 400 多千米，从大兴安岭沿麓的草甸草原到阿拉善的荒漠草原分布着 5 大地带性植被,草原的生产力水平差异很大,如果机械地按照国家规定的补奖标准执行,必然会造成牧民享受补贴额度的巨大差异,造成新的分配不公。为了在补奖政策实施方案中兼顾草原植被类型及草场生产能力,按"标准亩系数"分配各盟市补奖资金,实现了东西部区域补奖规模的基本平衡,同时也为各盟市进一步分解落实补奖任务提供了科学合理的依据。第一轮的标准亩系数是以全区天然草原平均载畜量为基数,即 39 亩/羊单位,各盟市的平均载畜量与之相除即为本盟市的标准亩系数。新一轮和农牧民补奖政策是以全区天然草原五年平均产草量为基数,新一轮和农牧民补奖政策的标准亩测算方法,既考虑了全区不同草地类型生产能力差异,也反映出各盟市一期补奖政策成效。如新一轮补奖政策 12 个盟市按标准亩计算,禁牧补助标准平均为 7.9 元/亩,最高的呼伦贝尔市为 13.75 元/亩,最低的阿拉善盟为 2.85 元/亩。

(六)"一揽子"政策统筹禁牧补助模式

河北、山西、辽宁、吉林、黑龙江 5 省和新疆生产建设兵团、黑龙江省农垦总局补奖政策资金实行"一揽子"政策,按照草原禁牧任务切块下达。

2016 年起,黑龙江省根据国家草原生态补奖政策提出的"一揽子"政策要求,以提高牧区草原综合植被盖度为主要目标,将资金切块下达到县,由牧区各县实施围栏封育、改良补播和人工种草等项目建设。草原围栏建设每延长米围栏补贴最高不超过 30 元;草原补播改良在中度"三化"程度以上的草原实施,每亩补贴最高不超过 80 元;人工种草可在草原植被状况较差的重度"三化"草原上实施,每亩补贴最高不超过 200 元。

河北省草原补奖政策资金下达到县,以项目管理方式统筹用于"草原生态保护示范区"建设,草原围栏封育建设补贴每延长米补贴 100 元;草原改良补贴按照草原承包经营者自愿原则,对轻度"三化"草原采取松耙、补播、施肥等改良措施进行治理,每亩补贴 150 元;典型区域治理补贴每亩补助 2 000 元,对严重退化草原通过有计划翻耕、耙压,选择适宜品种,采取混播、套播、保护性播种技术,建植多年生人工草地;对严重沙化草原实行草方格、荒漠藻固定后喷播草种等措施恢复植被;对严重盐渍化草原采取挖沟排碱、灌溉压碱、种植耐盐植物等措施进行综合治理;农牧交错带畜牧业转型升级示范基地建设,重点支持家庭农牧场,支持标准由县（区、场）根据实际需要自行确定。各县（区、场）可根据实际需要，有侧重地选择建设内容，既要保证禁牧任务有效落实，草原植被明显恢复，又要达到畜牧业健康发展、农牧民收入不断提高的目标。

黑龙江垦区自2012年起，全区各农牧场（绿色草原牧场、富裕牧场、巨浪牧场、齐齐哈尔种畜场、大山种羊场、繁荣种畜场、红旗种马场、和平牧场、安达牧场、哈拉海农场和四方山农场）的全部草原实行禁牧，在四方山农场建设2个单元计1万亩人工苜蓿草场核心示范区，加快推进牲畜全舍饲步伐，推动畜牧业养殖和标准化规模牧场建设。各级畜牧主管部门组织和引导青贮饲料和饲草及农作物秸秆生产、贮存，保证牲畜舍饲需要。

2009年，辽宁省政府颁布《辽宁省封山禁牧规定》，自2010年起在全省范围内实施封山禁牧，6个县全县禁牧，总计草原禁牧面积50.4万公顷。草原生态补奖政策开始实施后，阜蒙县、彰武县、北票市、喀左县、建平、康平县等国家级半牧县按实有承包面积每亩补助6元。各县畜牧部门积极顺应封山禁牧要求，着力推进畜牧业饲养方式转变，在秸秆开发利用上下功夫，大力推广普及秸秆贮制、长秆短喂等加工利用技术，为牛羊生产提供充足的饲料，保障了牛羊业的快速发展，实现了畜牧业与种植业良性循环、与环境保护的协调发展，有效地促进了草原生态的恢复和保护。

吉林省为全省禁牧省份，所有被承包的草原均禁牧，且所有承包户中，单户和连户占比相当。纳入草原补助奖励的十个县市，草原补奖主要分为禁牧补助、生产资料综合补贴、牧草良种补贴三块进行，补助按国家统一的标准。按农业部要求于2015年开展了草牧业试验试点工作。一是人工草地建植，普及优良牧草品种，依托河湖连通工程，推广节水灌溉和旱作人工草地建植技术，建植一批优质高产的多年生人工饲草地。按半农半牧区补助标准每亩不高于350元，延边州、长白县每亩补助不高于150元。二是天然草原改良，西部干旱少雨地区和延边水土流失、地表裸露地区，实施围栏封育、打井灌溉，因地制宜开展深松、浅翻、补播和施肥，加快草原土壤改良和植被恢复每亩补助不高于200元，对只建设安装灌溉设施和封育围栏的草地，每亩补助100元，延边州、长白县每亩补助不高于100元。三是草产品生产加工，推广牧草青贮、草捆、草块、草颗粒、草粉等草产品生产加工技术，提高牧草转化利用率，牧草收割机械每台套补助售价的30%，牧草加工机械每台套补助售价的40%，在农机补贴范围内的牧草加工机械实行叠加补助。

第三节　草畜平衡奖励

一、主要内容

对禁牧区域以外的草原，根据其承载能力核定合理载畜量，中央财政对履行草畜平衡义务的牧民按照测算标准给予草畜平衡奖励，引导鼓励农牧民在草畜平衡的基础上实施季节性休牧和划区轮牧，形成草原合理利用的长效机制。

（一）奖励标准

在草原生态保护补助奖励机制阶段（2011—2015年），中央财政按照每年每亩1.5元的测算标准，对履行超载牲畜减畜计划和草畜平衡义务的牧民给予奖励。

在新一轮草原生态保护补助奖励政策（2016—2018年）和农牧民补助奖励政策阶段（2019—2020年），中央财政按照每年每亩2.5元的测算标准，对履行超载牲畜减畜计划和草畜平衡义务的牧民给予奖励。

（二）奖励对象

承包草原并履行超载牲畜减畜计划和草畜平衡义务的农牧民。

（三）奖励范围

包括内蒙古自治区、四川省、云南省、西藏自治区、甘肃省、宁夏回族自治区、青海省、新疆维吾尔自治区等省区和新疆生产建设兵团。

（四）奖励要求

草畜平衡奖励资金经核查、公示、考核后，按照牧民承包到户的草畜平衡面积，通过"一卡通"或"一折通"发放到户，并在卡折中明确政策项目名称。不具备"一卡通"和"一折通"发放条件的地方采取现金方式发放。

草畜平衡奖励资金发放严格实行村级公示制，接受群众监督。公示的内容包括牧户姓名、承包草原面积、草畜平衡面积、补助奖励标准、补助奖励资金数额等，公示时间不少于 7 天。资金原则上不能形成结余，如因特殊原因形成结余的，需商财政部后，按有关规定由同级财政部门收回统筹使用或者上交中央财政，不得擅自调剂或挪用。

二、组织实施

(一) 政策目标

通过实施草原生态补奖政策，全面推行草畜平衡制度，促进草原生态环境稳步恢复，推动草原畜牧业生产方式转变，不断拓宽牧民增收渠道，稳步提高牧民收入水平，促进牧区经济社会又好又快发展。

(二) 政策任务

草原生态保护补助奖励机制阶段（2011—2015 年）政策任务为对禁牧区域以外的可利用草原根据草原载畜能力核定合理的载畜量，实施草畜平衡管理，中央财政对履行超载牲畜减畜计划的牧民按照每年每亩 1.5 元的测算标准给予草畜平衡奖励。牧民在草畜平衡的基础上实施季节性休牧和划区轮牧，形成草原合理利用的长效机制。

新一轮草原生态保护补助奖励政策阶段（2016—2018 年）与农牧民补助奖励阶段（2019—2020 年）政策任务为对禁牧区域以外的草原根据承载能力核定合理载畜量，实施草畜平衡管理，中央财政对履行草畜平衡义务的牧民按照每年每亩 2.5 元的测算标准给予草畜平衡奖励。引导鼓励牧民在草畜平衡的基础上实施季节性休牧和划区轮牧，形成草原合理利用的长效机制。

(三) 政策资金

财政部会同农业部根据各省上报的草畜平衡的草原面积，结合中央财政预算安排金额，将草畜平衡奖励拨付给省级财政部门。各省财政和农牧部门根据财政部下达的资金额度，编制本行政区域内年度草原生态保护补助奖励实施方案，报省级人民政府审核批准后实施，并抄报财政部和农业部。实施方案的内容包括基本情况、目标任务、实施内容、补助奖励标准、实施区域等。

按照《中央财政草原生态保护补助奖励资金管理暂行办法》和《新一轮草原生态保护补助奖励政策实施指导意见》的要求，各地结合实际，严格资金发放要求，规范资金发放程序，经核查、公示和考核验收后，以"一卡通"或"一折通"、现金发放等方式将补奖资金及时兑现发放到户。同时，强化资金管理，不定时开展督促、检查、指导，及时发现整改存在问题。对政策落实不力、进度缓慢的地区，加大督办力度，责令限期整改，跟踪督查，确保政策落实不跑偏、不走样，实现补奖资金专账核算、专款专用，杜绝挤占、截留、克扣和挪用情况的发生，切实做到补奖资金不超发、不余留。

（四）政策责任

按照"权责到省，分级落实"的要求，坚持补奖资金、任务、目标、责任"四到省"，逐级建立目标责任，分解任务指标，完善政策落实工作机制，加强资金管理和监督检查，确保资金任务落实到位。

1. 强化组织领导

各级财政、农牧部门及时向同级政府汇报，成立领导小组，强化组织领导，落实责任制度。财政、农牧部门相互协调，密切配合，全力做好草原生态保护补助奖励机制落实的各项工作。各级农牧业部门不断完善草原载畜量标准和草畜平衡管理办法，健全草畜平衡核查机制，加强对草畜平衡工作的指导和监督检查。加大政策宣传力度，引导广大牧民在自愿的基础上积极参加草原保护建设事业。

2. 明确发放对象

草畜平衡奖励的发放对象为承包草原并履行草畜平衡义务的牧民，按照已承包到户的草畜平衡草原面积发放。在有农村金融网点的地方，补助奖励资金采用"一卡通"发放，无网点的地方采取现金方式直接发放。

3. 严格资金管理

财政部、农业部制定草原生态保护补助奖励资金管理办法，规范补助奖励资金的使用管理。有关省区财政部门按照实施方案会同农牧部门制定资金分配方案，设立草原生态保护补助奖励资金专账，并下设各分项资金明细账户，分别核算，专款专用。政策实施中各项资金如有结余，上报中央财政后可结转下年同科目使用，不得自行跨科目调剂或挪作他用。补助奖励资金的发放实行村级公示制，接受群众监督。

4. 加强监督检查

农业部、财政部制定政策实施情况检查考核办法，并会同有关部门对各地工作进展、草原生态保护效果等情况进行巡查监督，实行绩效考核。对工作突出、成效显著的省份，中央财政每年安排奖励资金给予奖励；对完不成目标任务的省份，不安排奖励资金，并予以通报批评。

5. 强化监测监管

根据草原生态保护补助奖励工作的新要求，完善草原监测体系，定期开展监测工作，及时发布监测信息，为科学评估政策实施效果提供科学依据。加强草原管护，建立健全县、乡、村三级管护联动网络。发挥牧民自我管理、相互监督的作用，适当聘用牧民监督管护员，地方财政安排一定的管护补助，调动牧民参与监管的积极性。各地草原监理机构加大对草畜平衡制度落实情况的监督检查力度，巡查禁牧区、休牧期的牲畜放牧情况，核查草畜平衡实施区放牧牲畜数量。发现问题及时纠正，确保补助奖励机制平稳有效运行。

6. 强化基础工作

有关省区根据草原类型、植被状况和生产特点，因地制宜编制政策实施方案。合理确定草畜平衡奖励具体发放标准以及封顶、保底标准，避免出现因补贴额度过高"垒大户"和因补贴过低影响牧民生活的现象，确保牧民享受草原补奖政策的收益不降低。扎实做好草原补奖信息系统数据录入和管理工作。稳定和完善草原承包经营制度，划定和保护基本草原，严守草原生态红线。

7. 强化绩效评价

补奖政策实施绩效评价，对获得合格以上评价等级的地区，按照等级排名，综合考虑草原面积、工作难度等因素安排绩效评价奖励资金；对不合格的地区，不安排绩效评价奖励资金。各有关省区安排使用绩效评价奖励资金时，用于草原生态保护建设和草牧业发展的资金比例不得低于70％。继续统筹利用绩效评价奖励资金，推进草牧业试验试点，加大对新型经营主体发展现代草牧业的支持力度。各有关省区农牧、财政部门负责本地区的政策实施情况绩效评价工作，从生态、生产和生活等三方面科学设定绩效指标，严格开展评价考核。

三、基本类型

补奖政策有关省区结合草原类型、草原畜牧业发展、草原退化等实际情况，因地制宜确定草畜平衡奖励标准，主要有以下两种类型。

（一）实行统一奖励标准类型

在草原生态保护补助奖励机制阶段，对禁牧区域以外的可利用草原，根据草原载畜能力，确定草畜平衡点，核定合理载畜量，中央财政对为履行超载牲畜减畜计划的牧民按照每年每亩 1.5 元的测算标准给予草畜平衡奖励。西藏、四川、新疆、云南和青海 5 个省区和新疆生产建设兵团实行统一奖励标准。

在新一轮草原生态保护补助奖励政策阶段（2016—2018 年）和农牧民补助奖励政策阶段（2019—2020 年）阶段，对禁牧区域以外的可利用草原，根据草原载畜能力，确定草畜平衡点，核定合理载畜量，中央财政对为履行超载牲畜减畜计划的牧民按照每年每亩 2.5 元的测算标准给予草畜平衡奖励。四川、新疆、云南和青海 4 个省区和新疆生产建设兵团实行统一奖励标准。

（二）实行差异化草畜平衡奖励类型

在草原生态保护补助奖励机制阶段，根据国家落实补奖政策“四到省”的要求，综合考虑天然草原面积、生态价值、经济价值、牧民收入构成、政策落实效应及社会和谐稳定等因素，各省制定本省草畜平衡奖励标准。如内蒙古草畜平衡奖励标准按照标准亩每亩补助 1.5 元，甘肃省草畜平衡奖励标准按照青藏高原区 2.18 元/亩、黄土高原区 1.5 元/亩、西部荒漠区 1 元/亩实施。在新一轮草原生态保护补助奖励政策阶段（2016—2018 年）和农牧民补助奖励政策阶段（2019—2020 年）阶段，内蒙古草畜平衡奖励标准按照标准亩每亩补助 2.5 元。甘肃草畜平衡奖励按照青藏高原区 3.35 元/亩、黄土高原区 2.67 元/亩、西部荒漠区 2.17 元/亩实施。

第四节　绩效考核奖励

一、主要内容

绩效考核奖励是实施补助奖励政策的一项重要内容，包括绩效考核体系的建立、运行，考核结果的运用，资金和项目的安排等方面。财政部和农业农村部每年组织实施绩效考核，对上一年政策实施情况进行综合评价。绩效考评奖励资金切块下达，由各省统筹使用。

（一）绩效考核体系的建立

1. 绩效考核奖励的提出

2010 年 10 月 12 日，国家在确定建立草原生态保护补助奖励机制时明确提出，将建立绩效考核和奖惩制度。2011 年开始，中央财政按照各地草原生态保护效果、地方财政投入、工作进展情况等因素进行绩效考评，每年安排奖励资金，对工作突出、成效显著的省份给予资金奖励。

2. 绩效考核奖励的确定

2011 年 6 月 13 日，农业部、财政部下达《关于 2011 年草原生态保护补助奖励机制政策实施的指导意见》，制定了"权责到省，分级落实"的原则，要求有关省区要逐级建立目标责任制，分解任务指标，建立完善绩效考核制度，确保各项工作落实到位。政策内容中明确规定：农业部、财政部制定政策实施情况检查考核办法，并会同有关部门对各地工作进展、草原生态保护效果等情况进行巡查监督，实行绩效考核。对工作突出、成效显著的省份，中央财政每年安排资金给予奖励，由地方政府统筹用于草原生态保护工作；对完不成目标任务的省份，不安排奖励资金，并予以通报批评。

《中央财政草原生态保护补助奖励资金管理暂行办法》进一步明确了绩效奖励资金使用范围，规定："奖励资金由各省统筹使用，主要用于支持草原生态保护、畜牧业发展方式转变和草原禁牧管护、草畜平衡核查、补助奖励资金发放、监督检查等方面"，绩效考核奖励从政策层面得到确定。

3. 绩效考核体系的建立

2012 年，财政部、农业部根据《财政支出绩效评价管理暂行办法》（财预〔2011〕285 号）和《中央财政草原生态保护补助奖励资金管理暂行办法》（财农〔2011〕532 号），制定印发了《中央财政草原生态保护补助奖励资金绩效评价办法》，按照"客观规范、权责统一，奖励先进"的原则，对绩效评价进行了统一和规范。政部和农业部每年定期组织对 13 省区上一年的政策落实情况进行绩效考核。各省区按照中央绩效评价办法制定本省区的绩效考核办法，组织开展本省区的绩效考核工作，对实施草原生态保护补助奖励政策的全部县（旗、区、市）开展绩效评价。由此，形成了覆盖部、省（区）、市（州）、县（旗）、乡的五级草原生态补奖政策绩效评价体系。绩效考核体系的建立和运行对规范组织实施中央财政草原生态保护补助奖励资金绩效评价工作，加强补奖资金和项目管理，建立健全激励和约束机制，确保草原生态保护补助奖励各项政策落到实处，起到了积极作用，进一步提高了补奖资金使用效益，促进了我国牧区草原生态改善和牧业基础设施完善。

4. 绩效考核奖励的强化

《新一轮草原生态保护补助奖励政策实施指导意见（2016—2020年）》，将禁牧补助和草畜平衡奖励和绩效评价列为政策内容，并明确提出：对工作突出、成效显著的地区给予资金奖励，资金主要由地方政府统筹用于草原生态保护建设和牧区生产方式转型升级等方面。通过财政资金带动，引导社会资金投入，建设一批标准化集约化的草种和草产品生产基地，集中解决优质饲草供应不足的瓶颈，夯实产业发展基础，推动牧区传统畜牧业向现代畜牧业转变。

5. 机构改革后绩效考核奖励的变化

2019年，新一轮机构改革后，中央财政每年安排的187.6亿元草原生态补奖资金中，用于草原禁牧补助和草畜平衡奖励的155.6亿元继续由农业农村部组织实施，用于对农牧民的补助奖励。另一部分绩效资金由林草局管理。中央绩效奖励资金取消后，省、市（州）、县三级缺少了国家层面对饲草产业和草牧业基础设施转型升级方面的项目支持，对下一步草牧业的健康发展可能产生不利影响。

（二）绩效考核体系的运行

草原生态保护补助奖励资金绩效评价，是指财政部门和农业部门运用一定的评价方法、评价标准和指标体系，对中央财政安排的草原生态保护补助奖励资金的支出效果和绩效目标实现程度进行综合性考核与评价。

1. 绩效考核评价的依据、内容和有关要求

（1）绩效考核评价的依据。财政部、农业农村部实施补奖政策绩效考核评价的依据包括：①相关法律、行政法规和各级财政、农牧部门制定下发的草原生态保护补助奖励资金管理办法和其他规范性文件。②财政部下达的草原生态保护补助奖励年度资金拨付文件；有关省区经省级人民政府批准并报财政部、农业农村部备案的补奖政策总体实施方案。③有关省区报请农业农村部、财政部审核批复的牧草良种补贴实施方案；有关省区上年度草原生态保护补助奖励机制实施情况总结；有关省区实施草原生态保护补助奖励机制的各项配套政策相关文件、资料。④各级人大审查结果报告、审计报告及决定、财政监督检查报告。⑤农牧业主管部门统计的草原生态改善、电子档案录入管理、草原执法监督等情况。⑥有关省区开展草原承包、基本草原划定等基础工作的相关文件资料。⑦其他相关文件资料。

（2）绩效评价的主要内容。财政部、农业农村部实施补奖政策绩效考核评价的内容包括：①健全制度。主要评价有关省区资金管理制度、实施方案制度、配套政策制定等工作情况。②基础工作。主要评价有关省区草原承包制度落实、基本草原划定、草原生态监测、执法监督、档案管理、技术培训和进度双月报制度等基础工作开展情况。③实施成效。主要评价禁牧任务及禁牧补助资金落实、草畜平衡任务及草畜平衡奖励资金落实、人工种草任务及牧草良种补贴资金落实、牧民生产资料补贴资金落实、绩效评价奖励资金使用管理以及草原生态改善等情况。④违规违纪行为。主要是对被监察、审计、财政监督机构等查出，或被媒体曝光、群众举报等并经查证属实的违规违纪行为及整改情况。

（3）绩效评价的有关要求。补奖政策绩效评价工作由财政部和农业农村部统一组织，分级实施。财政部、农业农村部主要负责制定对省区的绩效评价办法、绩效评价工作方案和绩效评价指标，依据指标逐项开展对有关省区（含新疆生产建设兵团、黑龙江省农垦总局）的绩效评价工作；根据绩效评价结果实施奖励措施，加强对地方绩效评价工作指导。省级财政和农牧部门依据国家的评价内容和评价指标，可根据政策实施情况，增加政策实施效果等方面绩效评价指标及其所占比重，负责组织本省区实施补奖政策全部县（旗、区、市）的绩效评价工作。

2. 绩效考核评价体系的运行

财政部和农业农村部每年制定对上年工作开展绩效评价工作方案，并于7月底之前下达绩效评价通知。省级财政和农牧部门按照绩效评价通知要求，填报基础评价指标信息及相关资料，并于9月底前报财政部和农业农村部，财政部和农业农村部组织开展绩效评价。有关省区财政和农牧部门对本省区开展绩效评价的时间与方式，由各省区根据本地情况自主确定。

补奖政策实施期间，财、农两部及各省区还组织开展了重点调研和委托第三方机构评价组织等工作，确保绩效考核结果公平公正，各项政策切实落到实处。

2013年4月至7月期间，农业部委托中国农业大学、中国农业科学院草原研究所、兰州大学、内蒙古农业大学、乌审旗草原站、鄂托克旗草原站调研了内蒙古西部草原区鄂尔多斯市鄂托克旗和乌审旗的 66 户、239人。2014 年，农业部委托中国农业科学院草原研究所、中国草学会、西南民族大学、北京林业大学、新疆维吾尔自治区草原总站和内蒙古自治区草原勘察规划院等 6 个单位，在内蒙古中东部、内蒙古西部、新疆地区、蒙甘宁干旱区、青藏高原区、东北华北区等 6 个区域，分区域对 10 个牧区县、4 个半牧区县以及 1 个农区县开展了草原生态保护补助奖励政策效益评价研究，共走访 32 个乡（镇、苏木）64 个村（嘎查）的 395 户。2015 年，中国农业科学院草原研究所、中国草学会、西南民族大学、北京林业大学、新疆维吾尔自治区草原总站和内蒙古自治区草原勘察规划院等 6 个单位组成专家团队，选择山西、吉林、内蒙古、四川、西藏、青海、宁夏和新疆等 8 个省区的 18 个县（旗），开展了政策效益评价研究，共走访 45 个乡（镇、苏木）84 个村（嘎查）的 617 户。

调研组采用入户访谈、座谈交流、问卷调查、资料搜集等多种方法，多层次多途径开展调研，搜集、整理、分析研究被评价地区的政策落实、草原监测、畜牧业统计等方面的资料，调研当地的政策落实情况、草原生态特征、畜牧业经济状况、牧户生产生活状况、牧民对草原补奖政策的认知等五个方面内容。数据获取与分析采用定性指标与定量指标结合、静态指标与动态指标结合、时点分析与趋势分析结合、点上调查与面上分析结合的方法进行综合分析，客观评估补奖政策在促进草原生态恢复、草原畜牧业转型发展和牧民增收等方面的效果，为国家补奖政策的完善实施提供借鉴参考。

3. 绩效评价结果运用

财政部、农业农村部从以下三方面运用草原生态保护补助奖励机制绩效考核评价结果，对省区实施奖优罚劣。

（1）财政部和农业农村部对有关省区绩效评价采用量化指标计分，满分为 100 分，依据所设定的指标逐项计分之后分别计算各省区得分。根据不同得分将评价结果划分为四个等级，分别为：90 分以上（含 90 分）为优秀，80～89 分（含 80 分）为良好，60～79 分（含 60 分）为合格，60分以下为不合格。

（2）完成对有关省区的绩效评价后，财政部和农业农村部将向各地通报评价结果，并以绩效评价结果为重要依据分配绩效评价奖励资金。对获得合格以上（含合格）绩效评价等级的省区，按照等级排名，并考虑草原面积、工作难度等因素安排绩效评价奖励资金；对获得不合格绩效评价等级的省区，不安排绩效评价奖励资金。

（3）有关省区参考财政部和农业农村部计分等级制定，在本省区内开展绩效评价计分，并根据绩效评价结果，总结经验，查找不足，采取措施，提高管理水平和资金使用效益。

4. 绩效奖励资金的安排

财政部、农业农村部每年根据绩效考核结果，切块下达绩效奖励资金，由各省统筹使用。第一轮政策实施期间，绩效奖励资金主要用于支持草原生态保护、畜牧业发展方式转变和草原禁牧管护、草畜平衡核查、补助奖励资金发放、监督检查等方面。其中，用于扶持畜牧业生产发展的资金不低于70%。第二轮政策中，绩效奖励资金统筹用于草原生态保护建设和草牧业发展。省级财政部门和农牧部门对项目县进行绩效考核，并根据实际情况合理运用考核结果，下达各县绩效奖励资金，引导项目县管好用好资金，充分发挥资金使用效益。

二、基本类型

各省区利用绩效考评奖励资金支持开展草原禁牧管护、草畜平衡核查、补助奖励资金发放、监督检查等基础工作，扶持实施畜牧业生产发展项目。2015年起，农业农村部将加快草牧业发展作为重点课题专题研究，并在全国12个省（区）开展草牧业发展试验试点。各省（区）统筹使用于生态修复和草牧业试点示范，加大对新型经营主体发展现代草牧业的支持力度。绩效奖励资金使用主要有以下三种类型。

（一）夯实补奖工作基础

中央财政下达年度绩效奖励资金，由各省（区）每年按不高于30%的比例，统筹用于支持建立完善草原生态保护制度；加强草原监理监测队伍建设，实施草原禁牧管护、草畜平衡核查；深化草原确权承包；落实基本草原划定；落实补助奖励资金发放、监督检查等方面工作经费支出。

1. 加强草原监理监测队伍建设

各省区特别重视草原监理监测队伍建设，建立健全省（区）、市（州）、县（旗）、乡、村五级草原管护联动网络，充分利用绩效考评奖励资金，强化工作力量、工作条件、工作经费等方面保障，加大对草原禁牧休牧制度、草畜平衡制度落实情况的监督检查力度，巡查禁牧区、休牧期的牲畜放牧情况，核查草畜平衡实施区放牧牲畜数量，及时纠正和依法查处违反禁牧和草畜平衡管理规定的行为，严厉打击各种破坏草原、损害牧民合法利益的草原违法案件，确保政策实施效果。市（州）、县（旗）草原监测机构建立规范化草原监测和调查制度，采用遥感监测与地面调查相结合的方式，定期开展草原监测工作，每年适时监测禁牧地块和草畜平衡区植被盖度、高度、产草量、可食牧草比例、牧草种类等草原生产力指标，及时发布监测信息，实现监测工作的常规化、制度化和科学化，为科学评估政策实施效果提供技术支撑和科学依据。内蒙古自治区、四川省、青海省、甘肃省每个政策实施村聘用 1～2 名草管员，协助县乡草原管理机构，开展草原巡查、核查工作，纠正和制止违反禁牧休牧和草畜平衡管理规定的现象，打击破坏草原、损害牧民合法利益行为，有效保护了草原建设成果。西藏自治区结合脱贫攻坚任务要求，选聘 10.04 万名村级草原监督员。负责草原生态保护政策的宣传、带头落实超载牲畜减畜任务、清点牲畜，对禁牧草原进行巡查、对草畜平衡情况进行核查，确保政策落实情况得到有效监督。新疆、宁夏、云南通过建设草原禁牧管护站、聘用草管员等形式，建立健全草原资源动态监测体系，加强草原监测工作，全面监测、科学评估禁牧、草畜平衡草原变化情况。

2. 建立完善草原生态保护制度

各省区抓好配套制度建设，建立健全草原生态保护补助奖励资金管理、草原禁牧管理、草畜平衡管理、资金绩效考核评价、草原确权承包和开展基本草原划定等一系列配套制度和办法。各省区因地制宜，出台各具地方特色的制度，为补奖政策规范落实提供保障。如：四川省出台了《四川省基本草原划定工作技术要点》《四川省草原载畜量及草畜平衡计算方法（试行）》《现代草原畜牧业发展专项资金项目建设管理指南》；甘肃省配套建立了落实补奖政策的管理办法以及补奖资金管理、禁牧管护、草畜平衡管理、人工种草项目管理、绩效考核、管理信息系统管理办法等 7 个专项办法，印发了基本草原划定、草原规范承包、草畜平衡、禁牧管理、人工草地建植等 5 个工作（技术）规程；宁夏回族自治区制定了《关于加快中部干旱带草原生态建设与大力发展草畜产业的意见》和《加快发展现代畜牧业的意见》；云南省制定了《关于划定自留草山，落实草山责任制若干问题的规定（试行草案）》《荒山有偿开发的若干规定》《草原载畜量核定标准及管理办法》《飞播牧草管理办法》《人工种草管理办法》《草地改良技术规范》《人工草地建植技术规范》《紫茎泽兰综合治理技术规程》等；内蒙古自治区出台了《内蒙古自治区草原管理条例》《内蒙古自治区草原管理条例实施细则》；新疆维吾尔自治区制定出台了《落实草原生态保护补助奖励机制草原资源与生态动态监测与评价工作方案》《自治区草原生态保护补助奖励机制草原监测工作考核办法及评分标准（试行）》；青海省出台了《青海省草原生态管护员管理暂行办法》《青海省草原生态保护补助奖励机制牧草良种补贴管理暂行办法》等配套办法、制度；西藏自治区制定了《西藏自治区天然草原监督员管理办法》。这些制度和办法从政策实施、资金管理、绩效考核、项目建设、档案管理等方面对补奖政策进行规范，形成了以常态化监督为主要形式的补奖政策落实约束奖惩机制，确保政策实施有章可循，在规范化轨道运行。

3. 推进草原承包

20 世纪 80—90 年代，我国广大草原牧区就开始逐步落实"双权一制"土地制度。2010 年以前，很多地区仍存在草原界线和权属不清晰，"证、账、地"不相符等现象，成为困扰牧区生产发展和社会稳定的难题。草原生态补奖政策的落实，有力地推动了草原承包工作。以内蒙古为例，自实施草原补奖政策以来，不断完善草原承包工作，2014 年结合中央 1 号文件，自治区明确要求各盟市旗县要利用两年的时间基本完成草原确权承包工作。与此同时，新疆、青海、西藏等草原区也不断加快推进草原确权承包和基本草原划定工作。山西省右玉县从 2012 年开始，在原有 7 833 亩草原已承包的基础上，重新对草原相关数据进行全面、详实地核查，到 2013 年，核定右玉县天然草地面积 2.097 3 万公顷，并已全部承包到户。吉林省通榆县通过落实草原补奖政策，基本完成全县近 20 万公顷草原的承包工作。

通过草原补奖政策的实施，截至 2018 年，全国累计承包草原 2.91 亿公顷，占全国草原面积的 74.1%；累计落实禁牧休牧面积 1.02 亿公顷，落实草畜平衡面积 1.73 亿公顷。

4. 落实基本草原划定

各省区坚持"经济社会和生态目标并重，生态优先"的原则，按照《中华人民共和国草原法》基本草原分类要求，依据草原的基本功能和作用，通过室内预判、实地勘验，结合草地资源调查、土地详查等图件和数据资料，科学划定基本草原的类型、面积，勾绘基本草原分布图，加快基本草原划定工作进程，共划定重要放牧场，割草地，用于畜牧业生产的人工草地、退耕还草地以及改良草地、草种基地，对调节气候、涵养水源、保持水土、防风固沙具有特殊作用的草原，作为国家重点保护野生动植物生存环境的草原，草原科研、教学试验基地，国务院规定应当划为基本草原的其他草原等 7 类基本草原 2.07 亿公顷。并依法积极推行基本草原保护制度，切实加强对基本草原的监督管理，确保全国基本草原总量不减，用途不变，质量不降，有效保护好牧民生存的根基，促进牧区可持续发展。

（二）发展畜牧业生产

各省区以中央财政绩效奖励项目扶持资金为杠杆，加大项目和资金整合，引导社会资本投入，加大草原生态保护、畜牧业发展方式转变。如：内蒙古按照"重奖先进，补贴一线"的原则，2011—2013 年安排草原保护补助绩效评价奖励资金近 4 亿元，加大草原畜牧业基础设施建设，扶持24 个旗县区新建棚圈 20.4 万平方米，贮草棚 11.549 万平方米，扶持农牧民专业合作社 30 个。四川通过中央绩效奖励资金项目和省级配套投入相结合，重点扶持牧区开展现代家庭示范牧场、牲畜棚圈、人工草地建植和草产品加工等建设，支持畜牧业生产方式转变、现代草原畜牧业发展和补奖工作开展，建成标准化两棚一圈 7.52 万户，人工草地建设 64.47 万公顷，围栏改良草地 265.07 万公顷。新疆维吾尔自治区安排国家资金9.4 亿元，用于草原畜牧业转型示范工程建设，带动社会投资 20 亿元左右，2017 年全区牛羊规模化养殖比重 43.72％，新增标准化暖圈 136 万平方米，增加畜牧业机械保有量 2 600 台（套）。甘肃省 2011 年整合资金3.1 亿元，新建牛羊规模养殖场和养殖小区 610 个，饲养牛羊 940 万头只，人工种草留床面积达到 151.27 万公顷，草产品加工企业发展到 60 多家，加工能力达到 160 多万吨，秸秆饲料化利用量 1 150 万吨，利用率达到 53％。云南省 2016—2017 年新增牛羊圈舍 200 万平方米，青贮氨化窖80 万立方米，储草棚 50 万平方米，建成出栏肉牛 50 头以上的养殖场 645个，出栏肉羊 100 只以上养殖场 387 个，存栏奶牛 100 头以上的养殖场 15个，带动 82 个贫困县 11.412 万户贫困户发展草地畜牧业。宁夏重点扶持肉牛繁殖犊牛补贴、畜禽粪污资源化利用等，2018 年，全区规模养殖场粪污综合利用率达到 87％以上，粪污处理设施装备配套率达到 80％以上。西藏、青海、新疆建设兵团重点实施人工饲草地提标、畜牧品种改良、草原鼠虫害防治以及现代化奶牛、牛羊肉产业发展等项目。这些绩效奖励项目的实施，有力地促进了草原生态保护补助奖励机制的建立，持续推进草原畜牧业的转型升级。

（三）实施草牧业试点示范

河北、山西、辽宁、吉林、黑龙江等省和黑龙江农垦实施"一揽子"政策，将补奖政策资金和绩效奖励资金统筹用于开展草牧业试点示范。河北省扶持建成奶牛养殖场 57 家、肉牛养殖场 14 家、肉羊养殖场 51 家，建设高产优质多年生饲草基地 2 667 公顷、草种繁育基地 200 公顷，扶持饲草加工企业 3 家，建设省级示范区 6 个；坝上地区草原退化面积同比缩减 20％以上。山西省开展优质高产牧草生产基地建设 2 667 公顷，实施区域性贮草中心建设 4 万平方米，围栏封育 1 万亩以上；产学研结合，实施草牧业全产业链科技示范与推广，重点开展雁门关区优质饲草原料耕种、优质饲草料新产品开发示范，半农半牧区天然草地恢复改良和可持续利用、饲草低损收获加工调制贮藏；农牧交错带优质饲草质量安全评价、营养价值综合评定、草食畜日粮平衡的养分高效转化、优质饲草料产业发展数据平台建设等 8 个集成研究和技术推广，为全省草牧业可持续发展提供技术支撑和示范样板。黑龙江省投入财政资金 21.45 亿元，启动实施"两牛一猪"标准化规模养殖建设，建设 300 头以上规模奶牛养殖场 86 个，肉牛养殖场 38 个，建设年出栏 3 000 头以上规模生猪养殖场 51 个。2017 年底，牧区储草棚建成 88.33 万平方米，青贮窖 373.94 万立方米，实现牛羊舍饲率 100％、草牧业机械化率 100％，50 头以上奶牛规模养殖比重达 54％，肉牛规模养殖比重达 32.6％，100 只以上肉羊规模养殖比重达 38.6％。

辽宁省、吉林省、黑龙江农垦认真落实草牧业试验试点工作，重点支持苜蓿种植、畜（禽）舍建设、草原围栏建设、牲畜舍饲养殖、品种改良等，畜牧业生产结构不断调整和优化，基础设施不断完善，规模化经营逐步推进，抗灾减灾能力明显增强。同时，草原生产力不断恢复，植被覆盖度增加，草原生态环境明显改善，区域性扬沙天气减少，对改善土壤环境和防风固沙起到积极作用。

第五节　其他辅助政策

一、主要内容

主要包括第一轮政策中的牧民生产资料综合补贴和牧草良种补贴，以及财农两部单独立项的畜牧品种改良补贴三项内容。

（一）牧民生产资料综合补贴

中央财政按照每年每户 500 元的标准，对牧民给予生产资料综合补助。牧民生产资料综合补贴的发放对象为 2009 年底统计已承包草原且目前仍在从事草原畜牧业生产的纯牧户。补贴范围 2011 年包括内蒙古自治区、四川省、云南省、西藏自治区、甘肃省、宁夏回族自治区、青海省、新疆维吾尔自治区等 8 省区和新疆生产建设兵团，2012—2015 年增加了河北省、山西省、辽宁省、吉林省、黑龙江省和黑龙江农垦。

牧民生产资料综合补贴原则上通过"一卡通"或"一折通"发放到牧户，不具备"一卡通"和"一折通"发放条件的地方采取现金方式发放到户。牧民生产资料综合补贴发放实行村级公示制。公示的内容包括：牧户姓名、承包草原面积、禁牧面积、草畜平衡面积、牧草留床面积、补贴资金数额等，公示时间不少于 7 天。

（二）牧草良种补贴

中央财政按照每年每亩 10 元的标准给予牧草良种补贴。牧草良种补贴的对象是人工草场种植者，牧草良种包括多年生和一年生牧草良种，不包括青贮玉米等青贮饲料。补贴范围 2011 年包括内蒙古自治区、四川省、云南省、西藏自治区、甘肃省、宁夏回族自治区、青海省、新疆维吾尔自治区等 8 省区和新疆生产建设兵团，2012—2015 年增加了河北省、山西省、辽宁省、吉林省、黑龙江省和黑龙江农垦。牧草良种补贴可以直补种草牧民也可以实行项目管理，按照项目管理的，可统筹安排用于项目。有关省区结合中央财政资金下达情况制定实施方案，报农业农村部、财政部备案。牧草良种补贴发放实行村级公示制。公示的内容包括牧户姓名、承包草原面积、禁牧面积、草畜平衡面积、牧草留床面积、补贴资金数额等，公示时间不少于 7 天。

（三）畜牧品种改良补贴

在中央财政对肉牛和绵羊进行良种补贴的基础上，进一步扩大覆盖范围，将牦牛和山羊纳入补贴范围。畜牧良种补贴按照两部办公厅印发的专门指导意见执行。

二、基本类型

(一) 牧民生产资料综合补贴

全国 13 个省（区）及新疆生产建设兵团、黑龙江省农垦总局，均采用国家统一标准，按照每年每户 500 元的标准，对承包草原且主要从事草原畜牧业生产的牧户给予生产资料综合补助。全国共涉及牧户 284.056 万户，补贴金额 14.2 亿元。内蒙古、西藏、新疆、青海、四川、甘肃六大牧区分别补贴牧户 48.1 万户、15.2 万户、27.58 万户、17.2 万户、45.2 万户、22.1 万户。

(二) 牧草良种补贴

牧草良种补贴在全国按两种方式进行，一是部分省区执行国家统一牧草良种补贴标准，二是实施差异化补贴标准。

1. 执行国家统一牧草良种补贴标准省份情况

大部分省（区）采用国家统一标准，按照每年每亩 10 元的标准实行牧草良种补贴。如四川、山西、辽宁、青海、宁夏、甘肃、西藏、新疆、新疆兵团、黑龙江农垦等省区。部分省区方式如下：

(1) 四川省。

● 实施区域：全省三州牧区 48 个县。

● 实施面积：实施牧草良种补贴面积 57.33 万公顷。其中建植一年生人工草地 24.53 万公顷；多年生人工种草补贴面积 32.80 万公顷。

● 补贴标准：建植一年生人工草地每亩补贴 10 元的草种；更新多年生人工草地每亩一次性补贴 50 元的草种。

● 补贴对象：按规划要求建植人工草地的牧户。按照批复的年度实施方案，制定草种采购计划，分县采购草种，经村级公示后，在有关部门监督下将草种直接发放到种草牧户手中。

(2) 山西省。

● 补贴标准：牧草良种补贴的标准为每年每亩 10 元，种植多年生人工牧草的，可将每亩 5 年的补助资金集中在一年使用，即每亩一次性补助 50 元。

● 补贴对象：种植一年生或多年生牧草（一年生牧草不包括青贮玉米）的项目承担单位。

● 补贴方式：牧草良种补贴根据《山西省草原生态保护补助奖励机制牧草良种补贴实施方案》，以项目管理方式实施。

（3）辽宁省。

● 补贴标准：人工种草必须采用多年生牧草品种，天然改良草地必须达到省规定标准，每年每亩补贴 10 元，5 年为一个周期，一次发放，即每亩一次性项目补助 50 元。

● 补贴范围：人工草地建设面积 29.50 万公顷，其中，康平县 0.83 万公顷、彰武县 8.00 万公顷、阜蒙县 6.33 万公顷、北票市 4.67 万公顷、建平县 5.33 万公顷、喀左县 4.33 万公顷。

● 补贴方式：牧草良种补贴采取种草工程项目统筹管理方式。牧草良种补贴项目由省里统一立项，实行省级管理。由 6 县畜牧、财政部门上报项目建设计划，省畜牧局、省财政厅确定建设任务，下达年度计划，市级审核项目、督查验收，以县（市）为单位组织实施。资金使用原则上按照补助资金额度的 35％用于统一购买牧草种子，65％用于整地作业、人工种草、病虫草害防治、种草机械及设施等补贴。

（4）青海省。

● 补贴标准：落实对牧区、半农半牧区人工种草所需籽种的补贴，补贴标准为多年生人工种草每亩 50 元，一年生每年每亩 10 元。

● 补贴范围：对牧区、半农半牧区 30 万公顷人工种草实施牧草良种补贴。

● 补贴方式：采取项目管理或直补牧民两种形式，将牧草良种以实物形式补贴给牧民，由生态畜牧业合作经济组织、村（牧）委会统一组织牧民集中种草或指导牧民种草。

（5）宁夏回族自治区。

● 补贴标准：多年生牧草：将每亩 5 年的补助资金集中在一年使用，即每亩一次性补助 50 元；一年生牧草：一年生牧草补贴以自治区农牧厅下达的种植面积为基数，按年度给予补贴，即 10 元/亩。

● 补贴范围：对全区 2011 年所种植的多年生牧草、一年生优质牧草在规定范围内实行全覆盖补贴。

● 补贴方式：多年生牧草的良种补贴采用实物补贴和现金补贴相结合的形式，即由各市县编制年度实施方案，报自治区农牧厅、财政厅审核，所需牧草种子由自治区草原站代各市县统一采购，由各市县农牧部门负责发放给农户；牧草种子采购后的剩余资金作为播种费采用"一卡通"兑付给种植农户；一年生牧草种植由各市县提出种植计划报自治区农牧厅、财政厅审核，所需牧草种子由各市县农牧部门自行组织安排，经验收后，将牧草良种补贴资金用"一卡通"兑付给种植农户。

（6）甘肃省。甘肃省积极鼓励有条件的农户种植优良牧草，增强饲草料供给能力，并用中央财政下达的牧草良种补贴资金，按每年每亩10元的标准给农户兑现补贴资金。省上统筹部分资金，开展退化牧草地更新、牧草品种换优、优良牧草生产基地建设等项目。

2. 实施差异化补贴标准省份情况

在政策实行过程中，内蒙古、云南等少部分省区，结合各地实际情况，因地制宜制定科学合理的补贴标准。

（1）内蒙古自治区。优良多年生牧草每亩补贴70元，在3年内补给。具体补贴标准为新建当年30元/亩，第二年30元/亩，第三年10元/亩（达到亩产标准以上给予补贴）；2010年以前保有面积补贴标准为10元/亩（达到亩产标准以上给予补贴），补贴年限为2年。优良一年生牧草补贴标准为15元/亩（只补用于青贮、青饲和青干草）。新建饲用灌木补贴标准为10元/亩，补贴年限为1年。

分区域人工牧草种植情况如下：

● 西部河套区域苜蓿种植核心区

区域特点：该区域位于黄河沿岸，西到贺兰山，东至包头市，北到狼山、南界鄂尔多斯高原。海拔900～1 200米，地势由西向东微倾。地表水资源相对丰富。属大陆性气候，热量充足，全年日照3 100～3 200小时，10℃以上活动积温2 700～3 200℃，无霜期120～150天，年降水量130～260毫米。土壤为草甸土、灌淤土，地势平坦，土地肥沃，有机质含量高。苜蓿种植最适区域。

发展方向：本区水热资源充沛，以充分开发利用黄河水和地下水资源为保障，建立以苜蓿为主的高产、稳产豆科牧草种植核心区，大力发展灌溉苜蓿人工草地。通过将弃耕地和低产田逐步退耕还草，推行粮草轮作等手段，不断扩大优良豆科牧草种植面积，形成西部地区苜蓿草产业优势区域。

发展规模：到"十二五"期末，多年生牧草种植面积达到30.72万公顷，一年生牧草种植面积达到23.97万公顷，饲用灌木种植面积达到72.63万公顷。

● 中南部敕勒川区域苜蓿种植核心区

区域特点：该区域位于自治区中南部。西起包头市，东至乌兰察布市南部，敕勒川由黄河及其支流大黑河冲积而成。地势西、北、东三面向南倾斜，海拔1 000米左右。地势平坦，气候条件适宜，土壤肥沃，水源丰富；丘陵分布较广，适宜苜蓿、沙打旺等豆科牧草旱作种植。

发展方向：该区域是内蒙古自治区乳业发展核心区，是奶牛养殖最为集中的区域。在敕勒川大力推广苜蓿、青贮玉米等优良品种，为奶牛养殖业提供饲草保障，确保乳业的持续、健康发展和畜产品安全。在丘陵地区发展苜蓿、沙打旺等旱作人工草地，努力形成中部地区旱作草产业发展优势区。

发展规模：到"十二五"期末，多年生牧草种植面积达到26.93万公顷，一年生牧草种植面积达到0.57万公顷，饲用灌木种植面积达到9.87万公顷。

● 中北部草原区禾本科牧草种植核心区

区域特点：该区域包括锡林郭勒草原和中部农牧交错带，主要地貌类型为高平原和丘陵，土壤主要为栗钙土，肥力中等较高。年降水量在150～350毫米，多集中在夏季，10℃以上积温为1 800～2 600℃，无霜期在90～120天，本地区气候特点为冬季寒冷，夏季凉热，雨热同季。浑善达克沙地分布在本区。本地区主要栽培牧草有羊草、冰草、披碱草、沙打旺、大麦草等。

发展方向：该区域气候寒冷，水热条件相对较差，适宜种植多年生禾本科牧草。在北部牧区水资源条件较好的地区，建立节水灌溉优质多年生禾本科牧草人工草地。在农牧交错带降水量300毫米以上的局部地区，建立旱作人工草地。

发展规模：到"十二五"期末，多年生牧草种植面积达到20.21万公顷，一年生牧草种植面积达到11.33万公顷，饲用灌木种植面积达到21.13万公顷。

● 中东部西辽河区域豆科牧草种植核心区

区域特点：该区域主要包括通辽市和赤峰市，地貌类型为河流冲积平原，坨甸相间的沙地，黄土丘陵。土壤为栗钙土、风沙土、草甸土、盐碱土等。土壤肥力中等，年降水量在350毫米左右，多集中在夏季，无霜期130～150天，雨热同季。10℃以上的积温为2 800～3 100℃，科尔沁沙地分布在本区，气候条件相对较好，热量充足，日照丰富，水热同期，适于豆科牧草种植。

发展方向：该区是国家重要的商品粮生产基地和肉牛、生猪、绒毛生产基地。根据本区域畜牧业生产现状和水资源、气候条件等，建立旱作豆科牧草种植核心区，主要以苜蓿、沙打旺为主，兼顾其他优良品种，大力发展旱作人工草地，提高草地生产能力，为肉牛、肉羊养殖业提供充足的饲草来源，保障该地区畜牧业的快速、持续发展，有效提高农牧民生活水平。

发展规模：到"十二五"期末，多年生牧草种植面积达到 34.38 万公顷，一年生牧草种植面积达到 27.90 万公顷，饲用灌木种植面积达到12.65 万公顷。

● 东部大兴安岭区域禾本科牧草种植核心区

区域特点：该区域地貌属大兴安岭山地丘陵区。土壤主要为黑钙土、灰色森林土、草甸土、沼泽土等。土壤结构良好，有机质含量高。年降水在 400 毫米以上，无霜期在 40～90 天，东部农区较长，如扎兰屯市可达100 天。西部地区进入蒙古高原，气温寒冷，不易农作，但对收集营养体为主的牧草生长极为有利。本地区适宜种植耐寒喜湿润的牧草品种，主要为禾本科牧草和抗寒性较强的豆科牧草。

发展方向：该区域水土条件较好，适宜种植多年生禾本科牧草。主要在退耕地建立多年生优良牧草人工草地。在水利条件好，有条件的地区大力发展节水灌溉人工草地。

发展规模：到"十二五"期末，多年生牧草种植面积达到 25.17 万公顷，一年生牧草种植面积达到 16.53 万公顷，饲用灌木种植面积达到1.35 万公顷。

（2）云南省。云南省种植多年生优质人工草地每亩按 200 元补助，一年生优质牧草及饲料作物，每亩按 70 元补助。有关部门通过全面核实，全省 2010 年人工草场面积为 65.79 万公顷，全部纳入牧草良种补贴范围。同时云南省每年新种植多年生优质人工草地和一年生优质牧草及饲料作物13.33 万公顷，计划 5 年建植 66.67 万公顷。人工种草补贴、牲畜良种补贴、棚圈建设补贴统一由县级农业（畜牧）部门实施，其中人工种草补贴由县级农业（畜牧）部门统一采购草种发放到农牧户。

（3）吉林省。吉林省更新复壮及新建多年生人工草地的，将 5 年的补贴资金集中在一年使用，即每亩一次性补贴 50 元；种植一年生牧草的（包括退耕还草），每亩每年补贴 10 元。全省列入补奖范围的半农半牧区县（市、区）及在此行政区内的国营农牧场更新复壮和新建的人工草地全部纳入补贴范围。牧草良种补贴按照"谁种草谁享受补贴、种植相对集中连片"的原则，实行"先种草、后验收、再补贴"的办法。补贴资金按国家要求编制《落实牧草良种项目实施方案》，上报农业农村部、财政部审核批准后由省按项目管理统一分配使用。各县（市、区）根据省级安排的人工草地建设任务组织种草。项目建成后，在自检的基础上由省畜牧、财政部门依据省人工种草验收办法组织实施验收，并按验收合格的实际面积由各县（市、区）财政部门将补贴资金发放到种草户。

3. 畜牧品种改良补贴

畜牧品种改良补贴作为草原生态补奖政策的一项辅助内容，每年由中央财政单独安排任务、资金，由农财两部发文实施，各省根据情况，采取不同方式进行补贴。

（1）对种公畜进行补贴。绝大多数省区采取种公畜补贴的方式实行畜牧品种改良补贴，提高牲畜良种率。如内蒙古对牧民更新的种公羊予以补贴，标准为种公羊800元/只/年，肉牛良种基础母牛饲养每年每头补贴50元。青海省根据畜牧业生产实际需要，对牧业生产所需的牦牛种公牛、绵（山）羊种公羊良种补贴，以活体方式补贴，由省级招标确定供种单位、供种价格、进行种畜鉴定并公示，项目县根据省级农牧主管部门确定的供种单位购置鉴定合格的种公畜，补助标准为：牦牛2 000元/头，藏绵羊800元/只，绒山羊800元/只。购置时仅支付差额部分价款，供种单位凭销售记录和县级农牧部门出具的证明到财政部门领取补贴资金。云南省在迪庆州和丽江市两个州市进行牦牛优良种公牛引进和优良种公羊换种，实施良种补贴21 500头（只），其中牦牛种公牛1 500头，种公羊20 000只。甘肃省统筹使用牦牛、山羊良种补贴资金，通过引进良种，对全省牦牛、山羊进行品种改良。西藏自治区使用良种精液对奶牛、肉牛开展人工授精，并为养殖场（小区、户）购买绵羊、山羊种公羊和牦牛种公牛、新疆维吾尔自治区在对肉牛和绵羊进行良种补贴基础上，将牦牛和山羊纳入补贴范围，补贴标准及办法参照国家畜牧良种补贴项目实施指导意见执行。

（2）对牲畜棚圈进行补贴。为减轻天然草原压力，各省区加大牲畜圈舍建设补贴力度。例如云南省对实施草原生态保护补助奖励机制的40个县（市区），新增棚圈513万平方米，每平方米补助100元。棚圈建设补贴统一由县级农业（畜牧）部门实施，采取先建后补的办法，经县级农业（畜牧）部门组织验收合格后，补贴到棚圈建设农牧户。四川省按照每户

80 平方米的棚圈建设要求，省里统一规划，整合补奖政策与退牧还草、扶贫开发等项目资金，采取先建后补的方式，经验收合格后对牲畜棚圈按照每户 2.4 万元进行补贴。

（3）对牲畜饲草料进行补贴。为了解决牲畜饲草料短缺问题，内蒙古等省区为了鼓励舍饲圈养，对舍饲圈养饲草料补贴，牧区每户每年补贴 500 元，半农半牧区每户每年补贴 200 元。

（4）对畜牧业用机械进行补贴。内蒙古自治区加大畜牧用机械的补贴力度，对牧民购买的畜牧业用机械，在中央财政资金补贴 30％的基础上，自治区财政资金累加补贴 20％，使总体补贴比例达到 50％。

第六节　地方配套政策

一、总体要求

2011 年，财政部、农业部印发《中央财政草原生态保护补助奖励资金管理暂行办法》，专门对落实地方配套政策支持草原生态保护建设做出规定，明确要求："地方各级财政部门特别是省级财政部门应安排必要的工作经费，支持基层加强草原生态保护管理工作。""地方各级财政部门应根据本地实际，按照'统筹安排、集中投入、各负其责、形成合力'的原则，积极整合相关专项资金，加大投入力度，完善相关配套措施，统筹支持草原生态保护和转变草原畜牧业发展方式，实现减畜不减产和促进牧民持续增收的目标。"

2012 年，农业部办公厅、财政部办公厅下发《关于进一步推进草原生态保护补助奖励机制落实工作的通知》，要求："各有关省区要结合各地实际，研究完善扶持草原畜牧业发展方式转变的后续配套政策措施，要在草原畜牧业基础设施建设、畜种改良、牧民转产转业培训、鼓励饲养能繁母畜、发展草原畜牧业合作组织等方面加大支持力度，加快现代规模化草原畜牧业发展，保障牛羊肉等特色畜产品生产和供给能力，稳步提高牧民收入，切实做到'禁牧不禁养、减畜不减肉、减畜不减收'，使广大牧民安心禁牧、放心减畜。要加强宣传引导，鼓励牧民将补奖资金用于发展舍饲圈养、草场改良等方面，加快转变草原传统生产方式。"

2016 年 3 月，农业部办公厅、财政部办公厅下发《新一轮草原生态保护补助奖励政策实施指导意见（2016—2020 年）》，要求各有关省区要根据草原类型、植被状况和生产特点，因地制宜编制政策实施方案。内蒙古等 8 省区要合理确定禁牧补助、草畜平衡奖励具体发放标准以及封顶、保底标准，避免出现因补贴额度过高"垒大户"和因补贴过低影响牧民生活的现象，确保牧民享受草原补奖政策的收益不降低。河北等 5 省要做好政策衔接，既可延续第一轮政策的做法，也可根据相关资金管理办法，围绕草原生态保护建设中存在的重点难点问题，有针对性地安排项目内容，与中央财政安排的支持粮改饲、振兴奶业苜蓿发展行动等资金做好统筹衔接，避免重复投入。扎实做好草原补奖信息系统数据录入和管理工作。稳定和完善草原承包经营制度，划定和保护基本草原，严守草原生态红线。

二、组织实施

2011—2018 年，各省区按照国家指导意见和相关管理办法的要求，强化配套制度建设，加大配套资金落实，有力支持、有效配合草原生态保护补助奖励政策实施，持续推进各地畜牧业转型升级。

（一）加大资金配套，强化产业扶持

内蒙古、四川、青海、辽宁、吉林、黑龙江农垦区按照"统筹安排、集中投入、各负其责、形成合力"的原则，切实加大地方配套政策和资金投入，完善相关配套措施，统筹支持草原生态保护、转变畜牧业生产方式和草牧业试点示范，努力推进牧区草牧业提质增效，实现禁牧不禁养、减畜不减收的目标。

1. 完善配套措施

各地强化地方配套政策的落实。如《内蒙古自治区草原生态保护补助奖励资金管理实施细则》明确规定：盟市、旗县财政部门应安排必要的工作经费，项目实施监督检查等管理支出。严禁挤占挪用补贴资金用于工作经费。草原生态保护补助奖励政策实施指导意见要求：自治区、盟市旗县要多方筹集配套资金，现有的草原生态保护建设预算内资金要继续留用，并逐年增加投入，与中央资金形成政策合力，确保草原补奖政策的顺利实施。自治区政府每年将组织相关部门对政策任务和资金落实情况进行监督检查。盟市、旗县要加强草原监督管理体系建设，配备专职草原执法人员，强化执法手段，确保专职草原管护员工资补贴、监管工作经费及基础设施建设资金投入。各级草原监督管理部门充分发挥职能作用，严格执行

相关法律法规和规定，对违法行为进行依法查处。同时充分发挥专职草原管护员作用，统一组织，严格管理，定期巡护，确保监管工作落到实处。

《四川省草原生态保护补助奖励资金管理实施细则》规定：州、县（市）财政部门应安排必要的工作经费，支持草原生态保护管理工作和草原监理监测工作，将村级草管员补助列入州、县（市）财政预算，州、县（市）财政负担比例为4：6。省级财政补奖资金主要实施打贮草基地、牲畜棚圈、牲畜改良点、草原监理监测等建设。重点支持纳入规划的骨干抗灾保畜打贮草基地、户营打贮草基地、牲畜棚圈、牲畜改良点建设。优先重点支持落实草原禁牧、草畜平衡制度，人工种草贮草积极性较高，推行舍饲半舍饲养殖，转变畜牧业生产方式，示范建设引领效果较好的村和牧户。《四川省草原生态保护补助奖励资金绩效考核评价暂行办法》将配套政策办法等相关制度建设与落实情况、基础工作开展情况、实施成效、省级配套专项资金项目实施等列入考核内容，将绩效考评结果作为安排绩效评价奖励资金和省级财政配套资金项目的重要依据，并结合目标责任制管理和有关规定，实行奖优惩劣，激励和推动补奖工作有力有效开展。

《青海省草原生态补助奖励机制实施意见》提出：加快转变畜牧业生产经营方式，加大后续产业扶持力度，建立行之有效的管理制度，建立健全草原监管体系和核查机制，加大草原生态保护工程建设力度的要求。草原生态补奖资金管理办法规定：地方各级财政部门应安排必要的工作经费，支持加强草原生态保护管理工作。并要求：各地要把补奖政策与游牧民定居工程、三江源生态保护建设、青海湖流域生态治理、退牧还草等重点生态保护建设工程有机结合，加大草地围栏、草地鼠虫害及毒杂草防治、牲畜暖棚、人工饲草地建设、牲畜良种工程建设等项目建设投入，加快草原生态保护建设步伐，改善畜用暖棚、贮草棚、注射栏及场地围栏等牧业生产设施，大力发展设施畜牧业，实行禁牧、季节性休牧和划区轮牧，改善草地生态环境，巩固草原生态保护补助奖励机制成果。

2. 落实配套资金

各省区积极争取配套资金的落实。如内蒙古将养殖补贴、牧业机具、牧民管护员、移民试点补贴纳入补奖实施方案地方配套政策内容。一是牧民更新的种公羊予以补贴，标准为种公羊800元/只/年，肉牛良种基础母牛饲养每年每头补贴50元。二是对牧民购买的畜牧业用机械，在中央财政资金补贴30%的基础上，自治区财政资金累加补贴20%，使总体补贴比例达到50%。三是牧民管护员工资每人每年4 000元，由自治区各级财政承担，其中，自治区级承担 50%，盟市旗县（市、区）承担 50%。四是移民试点补贴每人补贴 8 万元，由自治区各级财政承担，其中，自治区级承担 50%，盟市旗县（市、区）承担 50%。自治区将补奖政策落实作为草原牧区工作的头等大事，把落实补奖机制工作经费列入财政预算，整合涉及"三牧"工作的京津风沙源治理、退牧还草、生态移民、农业综合开发、游牧民定居、农村牧区危房改造、扶贫、教育以及新农合等各类资金和项目，从畜牧良种补贴、牧机购置累加补贴、牧民燃油补贴、牧区水利饲草地建设、牧民管护员工资补助、高产优质苜蓿建设和禁牧区生态极度脆弱区牧民转移安置等多个方面入手，每年配套资金达 10.1 亿元。地、县两级的资金配套，从保障入手，发挥政策微观调控作用，使履行禁牧责任的农牧民有一份收入、一份社保、一份工作，子女升学教育有保障，形成保生态、惠民生、促和谐的统筹协调补奖机制。2011 年锡林郭勒盟奖励资金 2 000 万元，地方配套就达到了 9 000 万元。2014 年，自治区进一步加大草原生态脆弱区转移安置支持力度，省、地、县三级投入草原补奖政策落实配套资金增加到 13 亿元。

四川省 2011—2019 年共安排省级配套资金 11.5 亿元，重点支持牧区抗灾保畜打贮草基地、户营打贮草基地，牲畜棚圈，牲畜改良点、草原固定监测点、现代家庭牧场、标准化草地、人工草地、天然草地改良、草产品加工试点、牲畜多功能巷道圈建设。甘孜州安排州级配套资金 6 000 万元，支持草原承包、基本草原划定、减畜奖励试点及抗灾保畜打贮草基地运转等工作。

青海省投入省级财政资金 4 亿元，开展舍饲半舍饲养殖，扶持规模化养殖和育肥基地建设，推行高效养殖技术。辽宁省、吉林省、黑龙江农垦区强化政策配套，辽宁省安排资金 4.86 亿元，吉林省安排配套资金 2 400 万元，黑龙江农垦区 2013 年和 2014 年 2 年总局积极配套总局自有资金 3 957 万元，因地制宜提出适宜本区域草牧业发展的措施和项目，加大草原沙化治理、"草变肉"工程项目建设，进一步增强草牧业机械装备力量。

3. 完善政策内容

各省区积极完善配套政策内容，制定详细可操作实施方案，确保配套政策发挥最大效益。如四川省以畜牧业转型发展和草牧业试点为载体，创新机制体制，加大地方配套投入，转变发展方式。到 2018 年，川西北牧区发展家庭牧场 2 743 户，集体牧场（联户牧场）197 个，建立畜牧专业合作社 4 163 个，提高了畜牧业组织化程度。培育发展牧区牛羊肉奶加工企业 28 家，打造"圣洁甘孜""净土阿坝""大凉山"等区域优势品牌和红原牦牛奶粉等企业品牌。探索总结出阿坝州"4218"牦牛标准化养殖模式，缩短牦牛饲养周期 2 年，改变了传统的饲养方式，养殖效益大幅提高，建立标准化养殖场（区）196 个。着力改善高寒牧区畜牧业生产设施条件，夯实畜牧业基础。建成牲畜"两棚一圈"602.4 万平方米，牛羊舍饲率 27.4%，建成户营打贮草基地 15.6 万公顷、县级抗灾保畜打贮草基地 8 个 1.07 万公顷、标准化草场 44 个 0.59 万公顷、牲畜改良点 320 个、草种基地 800 公顷，人工草地 1.33 万公顷，改良天然草地 10.07 万公顷，草产品试点项目 48 个、多功能巷道圈 600 余个。甘孜、阿坝两州近三年牲畜因灾死亡率平均 3.3%～3.7%，仅为前十年牲畜因灾死亡率的 1/3。全省近 5 年治理与改良退化草地 678.33 万公顷（次）；天然草原平均鲜草产量比 2012 年提高 7.4%，牲畜超载率降至 9.2%，草原综合植被盖度 84.8%（川西北牧区 83.6%），比全国主要牧区平均水平高 30.2 个百分点，初步实现草畜动态平衡。

内蒙古自治区多措并举，推动牧区又好又快发展。2017 年全区人工种草 230.4 万公顷，主要牧区旗县全部建立了牧草应急饲草储备库，牧区常年青干草储备能力达到 1 400 万吨左右，过冬畜羊单位平均贮草 164 千克。牲畜全部实现棚圈化饲养，每羊单位占有面积 1.1 平方米以上，大小畜繁殖成活率提高到 98.7%。全区牛羊肉产量稳定在 140 万吨，牛奶产量稳定在 800 万吨。草原生产经营方式逐步改善，初步实现改善草原生态、提升牧草供给、生产优质高效畜产品、培育新型经营主体的目标。依托草原补奖政策牧户信息管理系统，建立数字化管理平台，实现了享受补奖政策的农牧户基本信息网络实时查询。为草原补奖政策日常接待信访、化解纠纷、社会监督、资金审计的提供了有力武器，促动牧民草原保护意识从"要我保护"向"我要保护"转变，草原畜牧业生产思路从"多养羊"向"多挣钱"转变，从"多养"向"精养"转变，牧民真正成为保护草原的主体。

青海省建设牧区畜用暖棚 4.24 万栋、贮草棚 2 785 栋，在青南牧区建设饲草料贮备中心（站）13 处、16 850 平方米。2018 年调运饲草料 3.46 万吨，建设 55.98 万平方米、贮草棚 2.8 万平方米，引导牧民转变经营方式，推动产业发展，牧民收入稳定增加，生态有效保护。

辽宁省实施草原沙化治理工程，按照 100 元/亩的补助标准，采取围栏封育、人工种草等措施，支持治理沙化草原 12.4 万公顷，共治理沙化草原 32.4 万公顷，恢复草原生态环境。实施草原管护补助，安排草原管护补助资金 400 万元，其中草原生态保护补奖项目县 225.6 万元，按照 0.8 元/亩的补助标准，对 6 县草原管护给予补助，补助面积 18.8 万公顷，进一步巩固沙化草原治理成果。

吉林省省级安排配套资金主要用于补奖工作经费、购置器材和"草变肉"工程项目建设。各县在财政困难的情况下，相应的安排了工作经费，作为购买电脑、GPS、打印机、安装软件和燃油经费的支出，保证了补奖工作的有效开展。

黑龙江农垦区开展牧草收割、搂草、打捆打包及配套机械购置补贴，累计补贴牧草机械 81 台套，进一步增强草牧业机械装备力量，助力垦区畜牧业发展方式转变。

（二）加大资金整合，形成政策合力

青海、甘肃、西藏、宁夏、云南、黑龙江 6 省区，依托国家补奖政策绩效资金投入，抓好地方资金和项目整合，形成政策和资金合力，完善基础设施，助推草牧业转型升级。

1. 加大资金整合

青海省人民政府出台《关于加快推进饲草料产业发展的指导意见》，整合优化绩效奖励资金、财政专项、地方债券及贴息贷款等多项资金，以合作社为单元，强力推进饲草产业发展。

甘肃省草原生态保护补助奖励资金管理实施细则明确提出：各级财政部门要根据本地实际，按照"统筹安排、集中投入、各负其责、形成合力"的原则，积极整合相关专项资金，加大投入力度，完善相关配套措施，统筹支持草原生态保护和转变草原畜牧业发展方式。全省各地整合草牧业、粮改饲、退牧还草等项目资金，加大配套政策，大力发展草食畜牧业，整合安排发展资金 3.1 亿元，重点扶持标准化规模养殖、人工草地建植、舍饲棚圈、秸秆饲料加工利用等项目，推进农牧结合、草畜结合等发展模式，抓好良种繁育、舍饲棚圈、饲草料开发利用、规模养殖场（小区）建设，促进畜牧业转型升级。

西藏自治区按照"以钱养事"的原则，采取财政直接支付方式，支持草地资源普查、草原生态监测、草原鼠虫害治理、草原监督管护工作开展。2011 年起，自治区配套资金 3 495 万元，整合资金 26 194.4 万元，用于新增 621.8 万公顷禁牧区标识桩、标识牌建设和 3.04 万名草原监督员劳务补贴以及保障工作经费等。

宁夏回族自治区针对禁牧封育后畜牧业转型和广大农牧民生产生活面临的困难，制定了《关于加快中部干旱带草原生态建设与大力发展草畜产业的意见》和《加快发展现代畜牧业的意见》，确立了"立草为业、为养而种、以种促养、以养增收"的思路，出台了一系列扶持政策，发展生态型草畜产业。先后组织实施了宁南山区草畜产业工程、中南部设施养殖工程、百万亩人工种草工程、十万贫困户养羊工程、少生快富工程、现代畜牧业发展工程等项目，年均投入资金 1.5 亿元。2014 年起启动实施草畜产业项目，整合各类资金 5 亿元，重点支持基础设施建设、良种繁育推广和优质牧草商品化生产。大力推进舍饲养殖和设施养殖，建设多年生人工草地，扩大饲料玉米种植面积，畜牧业走上了舍饲养殖和园区化标准化规模养殖的现代畜牧业发展之路，实现了畜牧产业转型升级。

云南省依托草原生态补奖政策绩效考核奖励资金，按照保护生态与产业发展并重，天然放牧与舍饲圈养结合，草地生产能力与养殖规模配套的现代草地畜牧业发展要求，狠抓基础设施建设、规模化养殖、标准化生产、草畜配套、循环发展等措施，加快生产方式转变，加速"粮、经、饲"三元结构的种植业发展步伐，重点支持发展基础好、带动能力强、并与建档立卡户建立紧密利益联结机制的牛羊产业。

黑龙江省在利用国家粮改饲补贴资金的基础上，省级财政又安排4 000 万元专项资金，共计 2.1 亿元，在全省范围内实施了以青贮生产补贴为主要内容的粮改饲扶持政策，扶持青贮饲料生产，加强草原管护。

2. 落实配套项目

各地积极争取地方配套项目。如青海省采用先减畜、后禁牧，循序渐进的方式，采取牧繁农补、西繁东育、农牧结合、草畜联动、订单销售等措施，加大牲畜出栏，推进禁牧减畜制度落实，减轻天然草地放牧压力。天峻、祁连等县出台政策，在市场价格的基础上，每千克肉发放 1 元的减畜补贴，促进了减畜工作落实。2018 年，全省整合资金和项目，建成牧草良种育繁基地 2 万公顷，年产牧草良种 2.5 万吨，牧草良种供种率达到70％以上；开展一年生饲草种植 13.33 万公顷以上，人工饲草基地保留面积达 53.47 万公顷，年产鲜草 505 万吨；发展、壮大饲草料生产加工龙头企业 25 家，专业合作社 205 个，种养殖大户达 1 000 余户。实施退化草地治理，建设围栏 70 万公顷，防治草原鼠虫害 251.07 万公顷，防治毒草10.6 万公顷，治理黑土滩 16.37 万公顷。全省饲草种植方式由原来的农户零星分散种植转变为集中连片的规模化种植，形成多元化饲草产业化经营机制，建立起较完整的饲草料产业链和草畜联动发展机制，孕育了贵南"园区＋企业＋合作社＋农户"、湟源"公司＋合作社＋基地＋农户"、民和"基地＋配送中心＋公司＋农户"、泽库"合作社＋基地＋牧户"等各具特色的发展模式，在保供给、促增收方面发挥积极作用。全省组建961个生态畜牧业合作社，牧户入社率和牲畜、草场整合率分别达到72.5％、67.8％和66.9％。泽库、甘德两县实现生态畜牧业整县推进，加快整合草场、牲畜、劳力等资源，优化配置，大力发展生态畜牧业，推动畜牧业从传统放牧向集约化、规模化、专业化发展。草原植被盖度提高到56.8％，草原生态环境呈现出"初步遏制，局部好转"的态势，11万户建档立卡贫困户通过从事生态管护实现了脱贫。

甘肃省因地制宜、因域施策，加大地方配套投入，完善补奖政策内容，畜牧业质量和效益有效提升，农牧民生产生活条件进一步改善。2017年底，全省建设高产优质人工草地1.51万公顷，购置生产加工机械设备4 301台（套）；引进良种牲畜1 821头（只），建设舍饲棚圈2.8万平方米；建设储草棚16.6万平方米，青贮窖（池）10万平方米；改良天然草原1.01万公顷；人工种草面积累计165.33万公顷，苜蓿面积70万公顷，秸秆饲料化利用量1 400万吨。强化草原监管，设立草原监测站点1 154个，聘用村级草原管护员1.5万人，探索出碌曲县"基层草原管理部门＋社会组织＋示范村＋周边村"的参与式草原管理新模式。整合发展资金，扶持20县发展牛羊规模养殖场1 308个，养殖规模达121万头只，新建牛羊良种繁育场60个，黄牛冻配点1 752个，新建绵羊常温人工授精站点435个，发展草产品加工企业60多家，年加工草产品能力达160多万吨。家畜养殖逐步由传统的放牧模式部分转向了舍饲养殖，推动成立了"甘肃省草产业技术创新战略联盟"和"甘肃省草产业协会"，进一步提高了全省草牧业社会化组织服务能力，促进了农牧区草牧业持续发展，草原植被有效恢复。

西藏自治区农牧厅安排13 000万元补奖绩效评价资金，实施人工饲草地提标6 667公顷，完成犏牛和安格斯牛杂交配种501头。依托区内外科研机构，引进高产饲草品种试种，提高单位面积产量。以企业为主体，在拉萨达孜、山南桑日、贡嘎三县试种巨苋草，在山南扎囊县试种巨菌草，在拉萨、日喀则和那曲等市建立智能牧场工厂，积极探索高产饲草栽培管理和运行模式，为草牧业高质量发展探索新途径。把清点牲畜作为落实草原补奖工作的重要环节，扎实清点牲畜，落实减畜工作，到 2013 年全区达到草畜平衡。2017 年，全区舍饲半舍饲率超过 50%，有效保障牛羊肉市场供给。

宁夏回族自治区加大草原生态建设后续产业发展力度，着力加强饲草料基地、牧草种子基地、棚圈、饲草料加工设备等基础设施建设和科技支撑工作，构建农民持续增收与草原生态可持续发展互促双赢的长效机制。到 2017 年，全区畜禽标准化规模养殖比重达到 67.8%，奶牛单产 7 800 千克，肉牛胴体重 235 千克，肉羊胴体重 18.2 千克，达到国内先进水平；全区存栏奶牛 60 万头，肉牛、肉羊、生猪、家禽饲养量分别达到 270 万头、1 822 万只、423 万头和 3 620 万只，畜牧业产值达到 139 亿元，占农业总产值比重达 29.1%，标准化规模养殖水平和畜牧业综合生产能力得到提高。强化科技支撑，组织实施"草原畜牧业提质增效行动计划"，加大草畜产业新品种引进、选育和配套技术的研究、示范与集成推广，扶持建成各类科技示范养殖园区 47 个、规模养殖示范村 500 个、示范大户 8 000 多家，优质牧草产业实现了商品化。2017 年，农牧民人均收入中，来自畜牧业的收入由禁牧前的 23% 增加到 35% 左右，盐池、同心等牧区县，更是达到了 50% 以上，促进了农牧民持续稳定增收。

云南省狠抓基础设施建设、规模化养殖、标准化生产、草畜配套、循环发展等措施，生产方式转变明显加快，规模化养殖比重显著提升。2017 年，全省标准化圈舍达 9 335.1 万平方米，青贮氨化窖达 2 521.67 万立方米，储草棚达 683.95 万立方米，肉牛规模养殖比例达 19.37%，肉羊规模养殖比例达 33.93%，奶牛规模养殖比例达 49.24%。出栏肉牛 526.2 万头，产值达 341 亿元；出栏肉羊 1 084.3 万只，产值达 63 亿元；奶牛存栏 19.9 万头，奶类产量 63.3 万吨，产值达 21.2 亿元。

黑龙江省实施以青贮生产补贴为主要内容的粮改饲扶持政策，扶持生产青贮饲料 344 万吨。启动草原执法"天眼"工程建设，通过草原遥感影像的判读比对，及时发现、依法处理草原违法线索，草原生态管护得到加强，植被有效恢复。

（三）加大宏观导向，引导社会资金投入

有关省区出台相应政策，积极引导社会资金投入草原生态建设。如新疆维吾尔自治区草原生态保护补助奖励资金管理办法明确要求："各级财政部门应安排必要的工作经费，支持基层加强草原生态保护管理工作。"

"各级人民政府可遵循牧民自愿原则，正确引导牧民将资金用于改善自身民生建设上，着重支持牧民定居、人工饲草基地建设、牲畜品种改良、舍饲圈养等方面工作，发挥资金使用效益。""各级财政部门应根据本地（州、市）实际，按照统筹安排、集中投入、各负其责、形成合力的原则，积极整合相关专项资金，加大投入力度，完善相关配套措施，统筹支持草原生态保护和转变草原畜牧业发展方式，实现禁牧不禁养、减畜不减肉、减畜不减收的目标，促进牧民持续增收。"新疆维吾尔自治区利用财政资金的宏观引导作用，按不低于 70％的比例安排绩效考核奖励资金，大力扶持草牧业转型示范工程建设，共投入中央财政资金 9.4 亿元，带动社会投资近 20 亿元，建设畜牧养殖专业合作社 360 余家，入社社员 1 800 余户，初步构建了多元化的草牧业发展格局。全区牧业经济合作组织发展明显加快，牧民入社积极性高，项目县市农作物秸秆及饲草料利用率普遍提高 20％以上，饲草料储备数量得以增加；新建标准化圈舍 200 余万平方米，补贴资金超过 4 亿元，占投入总额的 42.6％，全区抵御自然灾害的能力显著增强。

第三章 进展与成效

众多研究结果表明，补奖政策的总体实施效果良好，体现在草原生态环境得到有效改善；牧民的收入水平和生活条件在一定程度上得以提高和改善；传统的草原畜牧业生产方式不断进行转型与升级。如：李小松和曾凯（2016）以四川省甘孜藏族自治州炉霍县为研究对象，从草原生产力、草原物候环境、草原生态综合植被指数等方面对地区实施补奖政策后的生态效益进行评价，结果表明该地区2015年的草原生态综合植被指数与2011年相比显著提高，意味着补奖政策的落实对地区生态系统的保护起到积极的作用，使当地的草原生态环境在一定程度上得以恢复。侍伟利（2017）从生态环境和社会效益两个层面对新疆草原地区实施补奖政策以来所取得的成效进行评价，研究结果表明补奖政策的落实使当地草原生态环境得到有效改善，同时全疆牧民家庭的收入水平在一定程度上得以提高，生活条件也得到改善。在社会效益方面，政策落实加大了各民族之间的联系，对于加强民族间团结和社会稳定起到积极的促进作用。杨旭东等（2018）以山西省右玉县为研究对象，一方面从定性分析的角度研究了补奖政策实施后对当地农牧民牧业生产方式的影响，具体表现为畜牧业生产方式由传统的以放牧为主逐步向完全圈养进行转变，牧业生产技术得到进一步的重视，同时畜牧周期逐步加快，使牧业产出保持总体稳定的水平。赵永珍（2015）认为在补奖政策的实施过程中，甘肃省肃南县大多数牧民的收入在一定程度上得以增加，生活水平不断提高。同时该项政策的落实促进了地区产业结构的调整，从而带动了地区其他产业的发展，主要表现为农牧民的生产经营方式由传统的粗放管理模式向设施集约管理进行转变，草原畜牧业向设施畜牧业和生态畜牧业进行转变。尹晓青（2017）以内蒙古乌拉特后旗牧区为研究对象，指出补奖政策的实施促进了当地草场的确权与流转，给牧民家庭收入带来两方面的影响，一方面政策发放的补贴资金给牧民家庭带来增收，另一方面减畜任务降低了牧民家庭的收入。于波和姚蒙（2018）对内蒙古补奖政策的实施效益进行分析，结果表明政策实施对内蒙古地区产生了显著的经济和社会效益，补贴的"扶持"效应明显，但同时也指出与 2015 年相比，2016 年补奖政策所带来的经济社会效益有所下降。李平等（2017）以内蒙古草原牧区为研究对象，基于牧户调研和遥感数据，从生态效益和社会经济效益两方面对地区实施补奖政策所取得的成效进行评价。就生态效益而言，选择了 NDVI 指数对补奖政策实施前后地区草原植被的生态变化进行评价，结果表明由于政策实施期较短，内蒙古草原的生态效益尚不明显。就社会经济效益而言，补奖政策的补贴资金直接提高了牧民的收入水平，同时政府加大了对当地基础设施建设的投入，极大地促进了草原牧区畜牧业的发展。

同时，也有部分学者针对补奖政策实施过程中出现的一些其他问题进行探讨，如：张浩（2015）以内蒙古阿拉善盟左旗为研究对象，通过实地调研的方式研究了补奖政策实施后的效果及影响，认为该项政策的实施总体上有利于地区草原生态环境的保护与恢复；政策实施对不同收入水平的牧民家庭所带来的影响不同，对于家庭牲畜数目较少、不以放牧为主要收入来源、年龄大缺乏劳动力、原有家庭经济基础较差的牧民家庭来说，补奖政策有提高和稳定收入水平的正面作用，而对于拥有较多牲畜、经济条件较好的家庭来说，补奖政策对提高收入水平产生了一定的负面影响，但普查监测数据显示，补奖政策实施后，当地牧民的总体收入水平并未出现下降，反而总收入得到不同程度的提高。郭彦伟等（2015）运用模糊综合评价法对补奖政策的实施效果进行研究，以新疆科克亚、哈拉峻和尼雅乡三个地区的调研数据为研究对象，分析政策实施对当地牧民生产生活方式的影响，结果表明政策不仅提高了牧民的收入水平，而且促进了当地传统畜牧业生产方式的转型与升级。同时也指出南疆地区的畜牧业发展仍处于转型过渡阶段，面临现代养殖技术资金投入不足、牧民定居点配套设施不完善、牧区富余劳动力转移难等问题，提出地区畜牧业的转型发展依赖于补奖政策的继续实施。刘爱军（2014）以内蒙古草原牧区为研究对象，基于遥感数据，得到补奖政策实施后全区植被总体呈好转趋势，且立足于生态改善为目标的禁牧效果较为显著。同时指出政策实施过程中，存在生态补奖项目区成片划分、禁牧区植被和生态退化等问题。王加亭等（2016）基于内蒙古锡林浩特市的牧户调研数据，定量分析了当地实施补奖政策后牧民家庭牲畜养殖及家庭收支结构的变化情况。结果表明在政策实施的 2011—2014 年间，锡林浩特市各类牲畜养殖的数量均有大幅减少，但需要指出的是当地超载现象仍比较严重。就家庭收支结构的变化而言，补奖政策实施以来发生了一定的变化，转移性收入占家庭总收入的比例呈增加趋势，但畜牧业收入仍是家庭总收入中最重要的组成部分。

基于国内学者对补奖政策效益评价的研究结果，本章将从生态效益、经济效益和社会效益三个维度对全国草原和各省草原地区实施补奖政策以来所取得的各项效益进行评价，为政策实施的有效性及后续政策建议的提出提供理论上的支撑。

第一节 进展情况

一、禁牧补助

2011—2015 年，第一轮草原生态保护补助奖励机制实施过程中，全国共禁牧草原 8 217.6 万公顷，其中内蒙古 2 700 万公顷、西藏 862.53 万公顷、新疆 1 000 万公顷、青海 1 636.47 万公顷、甘肃 666.67 万公顷、四川 466.67 万公顷、云南 182.07 万公顷、宁夏 237.07 万公顷、新疆生产建设兵团 59 万公顷。

2016 年后，新一轮政策实施过程中，全国共禁牧草原 8 043.25 万公顷，其中河北 116.49 万公顷、山西 5.21 万公顷、内蒙古 2 700 万公顷、辽宁 33.83 万公顷、吉林 51.41 万公顷、黑龙江 83.71 万公顷、四川 466.67 万公顷、云南 182.07 万公顷、西藏 862.53 万公顷、甘肃 666.67 万公顷、青海 1 636.47 万公顷、宁夏 173.27 万公顷、新疆 1 000 万公顷、新疆生产建设兵团 59 万公顷、黑龙江农垦总局 6.55 万公顷。

补奖政策实施以来，各实施地区按照政策要求，严格落实禁牧制度，根据当地实际情况采取了不同的禁牧措施，制定了不同的禁牧补助标准，具体如下：

（一）采取国家统一标准

各实施地区中，宁夏、西藏、四川、云南 4 省区采取国家统一标准的禁牧补助模式。2011—2015 年，第一轮禁牧补助标准为每亩 6 元。2016 年起，新一轮禁牧补助标准提高至每亩 7.5 元。

2011—2015 年，宁夏禁牧补助面积 237.07 万公顷，涉及全区 22 个县（市、区），178 个乡镇和农牧场等。新一轮补奖政策，宁夏禁牧补助总面积降低为 173.27 万公顷，涉及兴庆区、平罗县、盐池县、青铜峡市、同心县、红寺堡区、沙坡头区、中宁县、海原县、原州区、西吉县、彭阳县、隆德县、泾源县 14 个县（市、区）。由于草原承包纠纷等问题，部分县（市、区）的补助延缓兑付，2017 年有红寺堡、盐池、原州、中宁等 8 县（市、区），2018 年有兴庆区、平罗县、盐池县、红寺堡区、泾源县、中宁县等 6 县（市、区）。目前，宁夏累计实施草原围栏建设面积 155.33 万公顷，占草原总面积的 64%。

　　2011—2015 年，西藏自治区核定禁牧面积为 862.53 万公顷。具体到七地（市）为：拉萨市 19 万公顷、日喀则地区 93.33 万公顷、山南地区 26.67 万公顷、林芝地区 4.33 万公顷、昌都地区 50 万公顷、那曲地区 375.87 万公顷、阿里地区 293.33 万公顷。有纯牧业乡（镇）、村的 56 个县整体纳入实施范围；其余有天然草原的半农半牧业村的 17 个县，按照天然草原面积结合人工草地和农副产品饲养牲畜量，纳入局部实施范围。对实施禁牧的草原，埋设标识桩（已安装网围栏的不埋设）、安装标识牌。标识桩采用水泥结构，规格为 20 厘米×20 厘米×150 厘米（地面 100 厘米、埋深 50 厘米）。对标识桩进行编号，编号标准统一为：XZ—县名—（年份）禁—000（草场编号）。各县根据实际草场地块、承包情况、拐角数量、拐点间距等因素决定埋设标识桩数量。每块禁牧草场设立 1 块标识牌，注明禁牧面积、时限、所属乡（镇）、村及涉及的牧户数。在新一轮补奖政策实施过程中，结合脱贫攻坚开展生态脱贫，涉及 15 个纯牧业县、23 个半农半牧县、21 个农业县的 234 个纯牧业乡镇、110 个半农半牧乡镇、1 989 个纯牧业村，实施补奖面积 5 133.33 万公顷。

　　四川省在甘孜、阿坝、凉山三州 48 县的草原生态脆弱、严重退化和重要水源涵养区实施草原禁牧，新一轮政策与第一轮政策实施范围保持一致，共实施草原禁牧补助 467 万公顷，其中甘孜州 300 万公顷，阿坝州 133 万公顷，凉山州 34 万公顷，两轮政策禁牧补助标准均与国家补助标准一致。

　　云南省在昆明市、昭通市、镇雄市、曲靖市、宣威市、楚雄州、玉溪市、红河州、文山州、普洱市、版纳州、大理州、保山市、腾冲县、德宏州、丽江市、怒江州、迪庆州、临沧市等 15 个州（市）、109 个县（市、区）的草原生态脆弱、严重退化和重要水源保护区实施草原禁牧，禁牧面积 182.07 万公顷，两轮政策禁牧补助标准均与国家补助标准一致。

（二）差别化禁牧补助标准

青海、甘肃省和新疆维吾尔自治区根据草原生态功能与社会经济因素实行差别化禁牧补助模式，其中青海省三江源地区和新疆水源涵养区均以自然保护区的形式进行禁牧。

青海省从 2011 年开始对 1 633 万公顷中度以上退化天然草原实施禁牧补助，涉及草原牧区 6 州 2 市 42 个县（市、区、行委），各州禁牧补助测算标准为：果洛、玉树州 5 元/亩，海南、海北州 10 元/亩，黄南州 14 元/亩，海西州 3 元/亩。在三江源地区结合三江源生态补偿机制、三江源生态保护和建设工程、退牧还草工程，大力推行转人减畜，加大江河源头水源涵养地生存环境恶劣、不能放牧的中度以上退化草原的禁牧封育，实行集中连片"全禁牧"方式。2016 年起新一轮草原补奖政策实施，继续对 1 633 万公顷天然草原实施禁牧补助，对集中连片分布的严重退化草原，采取以村或合作社为单元，以夏秋草原为重点实施集中连片禁牧；对"镶嵌"分布、不适宜集中禁牧的退化草原，按照自然分布，采取以合作社或牧户（联户）为单元实施"插花式"禁牧。在各州原禁牧补助测算标准的基础上，采取同比例调标的方法，并综合考虑各地人均草原面积、草原质量及收入差距等因素，对部分州测算标准做小幅调整后，最终确定各州测算标准为：果洛、玉树州每亩 6.4 元，海南、海北州每亩 12.3 元，黄南州每亩 17.5 元，海西州每亩 3.6 元。

甘肃省禁牧草原面积 667 万公顷。综合考虑青藏高原区、黄土高原区和西部荒漠区三大区域天然草原面积、生态价值、经济价值、牧民收入构成、政策落实效应和社会和谐稳定等因素，以羊单位标准饲养面积为依据，按照草原生态系统服务价值的计算方法，在与退牧还草饲料粮补助政策合理衔接的基础上，对三大区域的禁牧补助和草畜平衡奖励标准进行了测算。青藏高原区 115.13 万公顷，黄土高原区 277.07 万公顷，西部荒漠区 274.47 万公顷。第一期政策实施禁牧补助标准确定为：青藏高原区每亩 20 元、黄土高原区每亩 2.95 元、西部荒漠区每亩 2.2 元。第二期禁牧年补助标准为：青藏高原区每亩 21.67 元、黄土高原区每亩 4.62 元、西部荒漠区每亩 3.87 元。

2011—2015 年，新疆草原禁牧面积 1 010 万公顷，其中荒漠类草原和退牧还草工程区 991 万公顷，以温性荒漠类草地（主要是沙质温性荒漠亚类、砾石质温性荒漠亚类）、高寒荒漠类草地、高寒草原类草地为主，禁牧补助每亩 5.5 元；水源涵养区 10 万公顷，水源涵养地和草地类自然保护区，禁牧补助每亩 50 元。新一轮，退化较为严重的温性荒漠、高寒荒漠和高寒草原禁牧 967 万公顷，禁牧补助标准每亩 6 元；重要的水源涵养地和草地类自然保护区禁牧 34 万公顷，禁牧补助每亩 50 元。

（三）按标准亩核定禁牧补助标准

内蒙古自治区结合实际制定了《内蒙古草原生态保护补助奖励机制实施方案》，提出了补助标准不变，但采用"标准亩"为计算基数核定禁牧补助的方式，实现了东部、西部的区域平衡，同时也为各盟市进一步分解资金提供了合理依据，避免了在全区范围内搞"一刀切"。标准亩是指全区平均载畜能力。各盟市根据本地区的草地载畜能力与标准亩的比值得到标准亩系数，标准亩系数与国家禁牧补助标准相乘得到各盟市的禁牧补助标准。其中，呼伦贝尔市禁牧 112.47 万公顷、标准亩系数 1.833 4，兴安盟禁牧 109.62 万公顷、标准亩系数 1.589，通辽市禁牧 221.71 万公顷、标准亩系数 1.288，赤峰市禁牧 252 万公顷、标准亩系数 1.32，锡林郭勒盟禁牧 338.93 万公顷、标准亩系数 1.22，乌兰察布市禁牧 156.85 万公顷、标准亩系数 0.96，呼和浩特市禁牧 4 万公顷、标准亩系数 1，包头市禁牧 175.39 万公顷、禁牧系数 0.86，鄂尔多斯市禁牧 355.81 万公顷、标准亩系数 0.84，巴彦淖尔市禁牧 282.2 万公顷、标准亩系数 0.8，乌海市禁牧 2.71 万公顷、标准亩系数 0.525，阿拉善盟禁牧 674.28 万公顷、标准亩系数 0.38，满洲里市禁牧 1.67 万公顷、标准亩系数 1.6，二连浩特市禁牧 9.9 万公顷、标准亩系数 0.865 5。

二、草畜平衡奖励

国家在内蒙古、四川、云南、西藏、甘肃、青海、新疆等 7 个省（自治区）和新疆生产建设兵团实施草畜平衡奖励。

2011—2018 年，全国每年实施草畜平衡奖励草原 17 366.73 万公顷。其中内蒙古 4 100.67 万公顷、西藏 5 097.47 万公顷、新疆 3 606 万公顷、青海 1 525.87 万公顷万亩、甘肃 940 万公顷、四川 946.67 万公顷、云南 1 004.6 万公顷、新疆生产建设兵团 145.47 万公顷。

补奖政策实施以来，各实施地区按照政策要求，严格落实草畜平衡制度，根据当地实际情况采取了不同的草畜平衡措施，制定了不同的草畜平衡奖励标准，具体如下：

（一）采取国家统一标准

各实施地区中，西藏、四川、新疆、云南和青海5个省区和新疆生产建设兵团采取国家统一标准的草畜平衡奖励模式。2011—2015年，第一轮草畜平衡奖励标准为每年每亩1.5元。2016年起，新一轮草畜平衡奖励标准提高至每亩2.5元。

2011—2015年，西藏实施草畜平衡6 047.16万公顷，其中拉萨市182.13万公顷、日喀则地区1 100.84万公顷、山南地区270.58万公顷、林芝地区187.42万公顷、昌都地区495.94万公顷、那曲地区2 371.14万公顷、阿里地区1 439.11万公顷。在进行草畜平衡区核算补助时，根据2011年财政部与农业部核定的草畜平衡面积5 097.47万公顷进行补助。实行草畜平衡的过程中依草定畜，依据牲畜代谢体重比等因素，按以下标准折算为绵羊单位。

（1）成畜：1匹马骡＝6个绵羊单位，1头牛＝5个绵羊单位，1头驴＝3个绵羊单位，1只山羊＝0.8个绵羊单位（1只绵羊＝1个绵羊单位）。

（2）当年新生仔畜：成畜折合绵羊单位×0.5。

四川省草畜平衡奖励在阿坝、甘孜、凉山三州48县实施，涉及761个乡、4 895个村，新一轮政策与第一轮政策实施范围保持一致，实施草畜平衡奖励946.67万公顷，其中甘孜州530.87万公顷，阿坝州251万公顷，凉山州164.8万公顷。

云南省在昆明市、昭通市、镇雄市、曲靖市、宣威市、楚雄州、玉溪市、红河州、文山州、普洱市、版纳州、大理州、保山市、腾冲县、德宏州、丽江市、怒江州、迪庆州、临沧市等15个州（市）、109个县（市、区）实施草畜平衡奖励1 004.6万公顷。草畜平衡区主要开展轮牧和休牧制度。轮牧主要在草原集中连片，成立了草原畜牧业专业合作社，畜牧基础条件较好，畜牧产业正在转型升级的区域中实施；休牧主要在草畜平衡草原区中的中度、轻度退化草原中实施。当山地和高寒草甸草群高度低于3厘米，暖性草丛和暖性灌草丛、热性草丛和热性灌草丛以及干热稀树灌草丛草群平均高度低于5厘米时进行休牧，休牧期一般为50~90天。

2011年开始，云南省对禁牧区域以外的1 526.67万公顷可利用草原实施草畜平衡奖励，2016年起对第一轮实施禁牧的草原植被恢复达到解禁标准需转为草畜平衡的，由省级行业主管部门重新核定；对需要调整增加禁牧草原面积的，由州级草原行政主管部门统筹协调，重新核定，补奖资金在州内调剂。

（二）差异化草畜平衡奖励标准

甘肃省综合考虑天然草原面积、生态价值、经济价值、牧民收入构成、政策落实效应和社会和谐稳定等因素，制定草畜平衡奖励标准。草畜平衡区域总面积950.56万公顷，其中，青藏高原区318.49万公顷，黄土高原区133.33万公顷，西部荒漠区498.77万公顷。第一期草畜平衡奖励标准确定为：青藏高原区2.18元/亩、黄土高原区1.5元/亩、西部荒漠区1元/亩。第二期草畜平衡奖励标准调整确定为：青藏高原区3.35元/亩、黄土高原区2.67元/亩、西部荒漠区2.17元/亩。

（三）按照标准亩核定草畜平衡奖励标准

内蒙古以全区平均载畜能力为标准亩，根据各盟市的草地载畜能力与标准亩的比值得到标准亩系数，标准亩系数与国家草畜平衡奖励标准相乘得到各盟市的草畜平衡奖励标准。在政策落实过程中，采取"四到盟市"，部分盟市采用同样方法对旗县的草畜平衡奖励标准亩系数进行了进一步的细化。

三、绩效考核奖励

（一）草原监理监测队伍建设

内蒙古自治区制定了《内蒙古自治区草原专职管护员管理办法》，各盟市依据办法自行招聘草原管护员。如，包头市共聘用草原专职管护员67名；乌海市聘用草原管护员13人，并成立了执法大队；锡林郭勒盟由旗县市（区）生态保护部门负责将1 000名生态防护员聘为草原专职管护员，编入苏木（镇）场草原生态综合执法中队，重点对禁牧区和草畜平衡区进行管护；兴安盟则对各旗县进行了进一步的细化，科尔沁右翼前旗的草原管护员队伍来源于苏木乡镇防疫员，共聘用草原管护员100名，科尔沁右翼中旗聘用管护员20人，扎赉特旗聘用14名草原管护员，突泉县聘用15名专职草原管护员。

四川省在牧区聘任村级草原管护员7 410人，确保每个政策实施村拥有1～2名草管员，初步构建了省、州、县、乡、村草原管护联动网络。

各级草原监管机构大力开展禁牧和草畜平衡制度执行专项检查，坚决纠正和制止违反禁牧休牧和草畜平衡管理规定的现象，依法打击各种破坏草原、损害牧民合法利益行为，把巡查、核查工作常态化，至 2015 年共查处各种草原违法案件 488 件，结案 442 件。牧区建立国家级固定监测点 13 个、省级固定监测点 100 个，搭建全省草原监测网络平台，全面开展监测工作，及时发布草原监测报告，建立草原生态科学评价体系，有效保护了草原建设成果。

2011 年，云南省有各种不同性质和管理形式的村级草管员 7 716 人。其中，农牧民专职担任 572 人、村组干部兼任 184 人、防疫员兼任 4 700 人、林管员兼任 1 852 人，其他 408 人。至 2016 年，云南省有各种不同性质和管理形式的村级草管员 7 654 人，其中农牧民专职担任 510 人、村组干部兼任 184 人、防疫员兼任 4 700 人、林管员兼任 1 852 人，其他 408 人。2016 年完成农业部安排的 6 个国家级固定监测点，20 个省级固定监测点，在全省 16 个州市 109 个县开展的草原监测工作中，完成补奖政策成效监测、工程建设效益监测和 26 个固定监测点的监测任务。据统计，全省共完成样地调查 386 个，样方 3 582 个，入户调查 3 270 户。

西藏自治区在新一轮的政策实施过程中与脱贫工作相结合，2016 年村级草原监督员从 3.04 万名增加到 10.04 万名。

2012 年，甘肃省成立省、市、县三级草原监理站（所）63 个，其中单独设立的有 7 个，共有草原监理专兼职人员 600 多人，聘用村级草原管护员 3 000 多人，初步形成了省、市、县三级草原监督管理体系。管护员对管护区草原进行定期巡查，牧区和半农半牧区草原每 10 天巡查一次，农区草原每 15 天巡查一次。

青海省的草原生态管护员聘用工作于 2012 年开始，按照"每 5 万亩设置 1 名生态管护员"的原则，全省共聘用草原生态管护员 9 489 名。2014 年，经省委、省政府研究，综合考虑交通、通讯、牧户、人口、牲畜等因素，将三江源地区每 5 万亩草原设置 1 名管护员调整为每 3 万亩设置 1 名管护员，新增 4 405 个岗位，全省草原生态管护员人数已达 13 894 名。2017 年，新增草原生态管护员 20 261 名，青海省草原生态管护员数量达到 42 778 名。

新疆维吾尔自治区，重点建设禁牧管护站并聘用禁牧区域管护人员，地方自筹资金新建或与林管站合署办公建立禁牧管护站；增加牧办职能，利用牧办开展禁牧和草畜平衡监管；建设瞭望塔；成立禁牧大队，开展禁牧巡查；组建管护队伍，采用新招募、吸纳村级防疫员、林管员兼职、增加公益性岗位等多形式、多渠道组建管护队伍。2011 年，各禁牧区共建设禁牧管护站 254 座，配备禁牧区域管护人员 1 241 人。2012 年，新增建设禁牧管护站 163 座，新增管护人员 1 182 人。至 2013 年，累计建成草原禁牧管护站 417 座，配备管护人员 2 423 人。2018 年，又从南疆四地州建档立卡贫困户中选聘 5 000 名草原管护员。新疆维吾尔自治区 2012 年还在在天然草原上布设了 2 060 个草原生态监测点，运用遥感监测和地面监测相结合的方法，全面开展了天然草原牧草长势地面监测工作。

新疆生产建设兵团聘用当地的牧工、防疫员、连队干部，成为草原管护员，共 732 名，设置天然草地重点监测点 37 个。

2012 年起，辽宁省 6 个县全部建立了独立的县级草原监理部门，共聘用草管员 977 人。

2017 年底，黑龙江省 15 个牧业半牧业县共设立兼职村级草管员共579 名，人员构成包括村民、村干部、防疫员、林管员和其他人员，主要是由村干部、防疫员和林管员兼职，经费来源为县级政府补贴。加大了牧区草原生态监测力度，共设置监测样地 466 个，走访农牧户数量 659 户。

（二）草原承包经营制度落实和基本草原划定

在补奖政策实施之初，云南省积极推进草原家庭承包经营制度落实。云南有天然草原 1 526.67 万公顷，其中可利用草原 1 360 万公顷。2011年开始，云南省全面开展草原承包工作，不断完善草原承包到户和联户承包相关手续，到 2016 年 12 月底止，全省完成草原家庭承包面积 1 193.28万公顷，占应落实草原承包面积的 100.5%，其中单户承包面积为 767.55万公顷，联户承包 425.06 万公顷。同时，积极加快基本草原划定工作，把实施草原补奖政策的禁牧区和草畜平衡区草原全部纳入基本草原的范围，对划定的基本草原按照县级 1∶10 万、乡级 1∶5 万比例尺全部上图。2015 年底已完成基本草原划定 1 286.67 万公顷，转绘上图 2 702 469 个图斑，覆盖 16 个州（市），112 个县。

2011 年全面实施补奖政策以后，西藏为确保更多牧户享受政策补助资金，各地（市）加大了承包到户工作力度，仅两年时间，全区 70 个县共完成草场承包到户或联户面积 3 239.69 万公顷，是 2005—2010 年承包到户草场面积的 90%，确保了 98% 以上的可利用草原承包到户（联户）。

宁夏积极开展草原承包工作，启动新一轮草原补奖政策前，各县（市、区）对已承包草原底册全部重新进行统计核查。落实新一轮草原承包面积173.27万公顷，涉及承包户39.2万户，即为新一轮草原补奖禁牧补助任务面积。

2011年，青海省已落实草原承包面积3160万公顷，其中承包到户草原2693.33万公顷，承包到联户草原466.67万公顷，涉及2市6州42县（市、行委）、363乡（镇），承包总户数75.7万户，其中承包到户17.4万户、联户59.17万户，共核发草原承包使用权证3093册，经营权证386779册，签订承包经营合同386779份。至2015年落实草原承包面积3986.67万公顷，承包到户3340万公顷，联户承包646.67万公顷；发放草原使用权证3461本，承包经营权证59.08万本，占全省村牧委会91.6％；签订承包经营合同59.08万户。基本草原划定工作全面完成，禁牧区和草畜平衡区全部纳入基本草原划定范围，共划定基本草原3200万公顷，占草原总面积的88％。

至2015年，新疆生产建设兵团已完成草原承包面积204.47万公顷，占兵团草原面积的96.8％。其中：承包到户面积165.87万公顷、承包到联户面积61.27万公顷。兵团13个师56个团场已完成基本草原划定面积169.62万公顷，占兵团天然草原总面积的70.15％，占可利用草原面积的80.36％。

在第一轮项目实施期间，河北省共有9个（张北、康保、沽源、尚义、察北、塞北、丰宁、围场、御道口）半牧区项目县（区、场）共完成勘界上图草原面积121.43万公顷、落实使用权草原面积119万公顷、落实承包经营权草原面积118.02万公顷；5个新增项目县（赤城、涿鹿、怀来、滦平、兴隆）共勘界上图草原面积46.23万公顷、落实草原使用权登记面积46.23万公顷，基本草原划定面积44.07万公顷。

至2015年9月，辽宁省政策覆盖的6个县51.04万公顷禁牧草原全部完成确权并落实了承包经营，占计划数50.4万公顷的101％。在此基础上，与承包户签订了规范的草原承包合同，并发放草原承包经营权证。辽宁省已发放草原承包经营权证107419本，占计划数的96.5％。已完成基本草原划定82万公顷，占全省草原确权面积的80％，全省草原划定工作基本完成。阜蒙、彰武、北票、喀左、建平县（市）共划定基本草原41.52万公顷，占禁牧草原总面积的82.4％（分别为11.84万公顷、6.4万公顷、10.4万公顷、6.4万公顷和6.48万公顷，占禁牧草原面积的

82％、84％、87％、80％和85％）。

至2015年，黑龙江省15个牧区县全部完成了县域草原资源清查，建立了草原权属基础档案，明确草原使用权单位1 322个，核发草原使用权证书1 120个；依法划定基本草原95.73万公顷，制作了县级1∶10万和乡级1∶5万草原资源分布图。按照草原承包地块、面积、合同、证书"四到户"要求，依法废除了违法草原承包合同，完善了不规范和短期合同，落实了未承包草原经营制度，建立了草原承包档案。牧区草原共计签订2.47万份草原承包合同，涉及草原承包户19.8万户。第二轮政策实施，重新核定了草原面积。至2017年底，牧区15个牧业半牧业县的77.25万公顷草原总面积中，可利用草原基本已承包到户经营，共落实草原承包面积62.02万公顷，占牧区草原总面积的80.3％，同比增加2.3个百分点。15个牧业半牧业县结合开展的草原资源清查工作，对县域基本草原划定进行了进一步完善，2017年共划定基本草原面积62.78万公顷，比2016年基本草原划定面积增加3.35万公顷，占县域草原总面积的81.3％。2016年以来，15个牧业半牧业县完善划定基本草原和非基本草原，牧区草原即牧区禁牧草原的电子上图工作也在不断完善，77.25万公顷禁牧草原已全部定位上图。

（三）畜牧业发展方式转变

2012年，内蒙古新建棚圈20.4万平方米，贮草棚11.549万平方米，扶持农牧民专业合作社30个，涉及24个旗县区。至2015年第一轮政策实施结束，补奖区储草棚和牲畜棚圈面积824万平方米和5 507万平方米，分别比2010年增加66.8％和52.8％；牲畜舍饲比例提高了22％。全区各类草原畜牧业合作社达1.3万家，比2010年增加8 049家。入社牧户124万户，比2010年增加8万户。至2017年，主要牧区旗县全部建立了牧草应急饲草储备库，牧区常年青干草储备能力达到1 400万吨，过冬畜羊单位平均贮草164千克，可基本满足牲畜过冬需求。

政策实施的第一阶段，四川省落实配套资金建成标准化"两棚一圈"2万多户、160多万平方米，建立户营打贮草基地15.59万公顷、县级抗灾保畜打贮草基地8个1.07万公顷、标准化草场44个0.59万公顷，建设现代家庭牧场295户。2014—2016年，四川省利用绩效奖励资金，支持甘孜州建设牲畜暖棚6 155户（48.24万平方米）、现代家庭牧场154个、标准化草场15个（1万亩）、家庭牧场（100亩/户）150户、专合组织（1 000 亩/个）8 个、人工草地面积 4 273 万公顷、天然草地改良 4.33 万公顷、干草加工试点 26 个；阿坝州建设牲畜暖棚 4 525 户（37.2 万平方米）、草种基地 3 个（600 公顷）、家庭牧场（100 亩/户）290 户、专合组织（1 000 亩/个）7 个、人工草地面积 5 867 万公顷、天然草地改良 6.77 万公顷、干草加工试点 9 个、牧草青贮试点 1 个；凉山州建设牲畜暖棚 200 户（2.4 万平方米）、牲畜标准化圈舍 4 725 户（30.4 万平方米）、标准化草场 2 个（667 公顷）、草种基地 1 个（200 公顷）、专合组织 22 个（2 167 公顷）、企业 4 个（1 000 公顷）、人工草地面积 0.54 万公顷、天然草地改良 6 667 公顷、干草加工试点 12 个。2017 年，四川省建设标准化圈舍 9 335.1 万平方米，比 2010 年增 1 505 万平方米；青贮氨化窖 2 521.67 万立方米，比 2010 年增 595 万立方米；储草棚 683.95 万立方米，比 2010 年增 385 万立方米；肉牛规模养殖比例达 19.37%，比 2010 年提高 9.2 个百分点；肉羊规模养殖比例达 33.93%，比 2010 年提高 12.1 个百分点；奶牛规模养殖比例达 49.24%，比 2010 年提高 14.8 个百分点。探索并实践了"项目推动、龙头带动、产业联动、区域互动、农民主动"的发展模式和"牧繁农育""户繁企育""自繁自育"的养殖模式以及"龙头企业＋基地＋农户＋物联网""龙头企业＋养殖场（小区）＋农户＋物联网""龙头企业＋合作社＋农户＋物联网"的多种经营模式。

云南省打造高标准高原生态牧场。按照"六有"（有万亩草场、有养殖规模、有龙头带动、有配套设施、有技术支撑、有自主品牌）和"八化"（草畜配套化、品种良种化、养殖设施化、生产规范化、防疫制度化、粪污无害化、管理信息化、产品品牌化）的要求，新建了高原生态牧场 35 个。在高原生态牧场重点实施了天然草地改良、人工草地建植、划区轮牧围栏、标准圈舍建设、粪污无害化处理、人畜饮水配套、草原文化体验、生态品牌培育等项目。

西藏自治区通过引导各地（市）探索建立草场入股、牲畜入股、草场租赁、联户、转包等草场有偿使用的新模式。着力加强人工草地和牲畜棚圈等基础设施建设，以牧民合作经济组织为载体，引导和鼓励牧民规模化生产。至 2017 年，全区舍饲、半舍饲率超过 50%，规模化、标准化养殖场数量逐年增多，年出栏 50 只羊和 10 头牛的牧户比例超过 12%。

2011 年，甘肃省新建牛羊规模养殖场和养殖小区 610 个，累计达到 2 735 个。20 个牧业半牧业县牛羊规模养殖场（小区、联户）发展到

1 308 个。新建牛羊良种繁育场 60 个，黄牛冻配点 50 个，累计达到 1 752 个，新建绵羊常温人工授精站点 100 个，累计达到 435 个。人工种草留床面积达到 151.27 万公顷，其中紫花苜蓿留床面积达到 62.13 万公顷；草产品加工企业发展到 60 多家，草产品加工能力达到 160 多万吨；秸秆饲料化利用量达到 1 150 万吨，利用率达到 53%。2013 年，全省新建牛羊规模养殖场和养殖小区 1 058 个，累计达到 7 700 个；人工种草面积累计达 159.2 万公顷，秸秆饲料化利用率达 1 356 万吨。至 2017 年，甘肃省人工种草面积累计达到 165.33 万公顷，苜蓿面积达到 70 万公顷，秸秆饲料化利用量达到 1 400 万吨，购置生产加工机械设备 4 301 台（套）；引进良种牲畜 1 821 头（只），建设舍饲棚圈 2.8 万平方米；建设储草棚 14.4 万平方米，青贮窖（池）18.4 万平方米；改良天然草原 1.01 万公顷。探索完善了农牧结合、草畜结合的草牧业发展路线，形成了"公司加基地、基地联农户""设施农牧业＋草原畜牧业""公司＋基地＋农户"等一批可复制、可推广的典型模式，有效促进了农牧区草牧业持续发展。推动成立了"甘肃省草产业技术创新战略联盟"和"甘肃省草产业协会"，进一步提高了全省草牧业社会化组织服务能力，草牧业发展迈上新台阶。2018 年甘肃省从补奖政策中央绩效考核资金中安排 69.6% 的资金，给予贫困县区绩效考核奖励，组织安定等 43 个贫困县实施草牧业发展项目。项目扶持 428 个草牧企业、合作社，通过建设人工饲草地、秸秆饲料化开发利用、草产品开发和舍饲养殖，约带动 9 065 户贫困户脱贫增收。

2017 年，宁夏回族自治区扶持建设草畜产业种养结合循环利用试点 2 个；完成牧草新品种新技术集成试验示范点建设 5 个；建设草畜一体化试验示范 1 处，建立牧草电商销售平台各 1 处；标准化规模养殖水平提高：畜禽标准化规模养殖比重达到 67.8%，提高了 2.2 个百分点，标准化规模养殖已经成为该区现代畜牧业发展的主力。2018 年建设草畜产业种养结合循环利用试点 4 个；在固原市建成试验示范点 12 个、面积 194.67 公顷，辐射带动 1 933 公顷人工种草；扶持建设草畜产业种养结合循环利用试点 4 个；完成牧草新品种试验 25 项、示范 6 项、参试品种 163 个；支持规模养殖场（户）和畜禽粪污处理利用第三方机构建设，全区规模养殖场粪污综合利用率达到 87% 以上，粪污处理设施装备配套率达到 80% 以上。

2013 年，青海省建设牧区畜用暖棚 1.99 万栋，整合项目资金建设人工饲草基地 26.3 万公顷，年饲草（鲜草）生产能力达 498 万吨以上；通过扶持 3 家饲草料企业，年新增饲草料加工能力 30.5 万吨，全省饲草料加工能力达到 87.5 万吨，畜牧业基础设施条件切实得到加强。全省 883 个牧业村全面成立了生态畜牧业合作社，入社牧户 11.5 万户，占牧户总数的 63%，分散的牧户在分散的基础上，摸索出了股份制、联户制、代牧制、大户制等不同类型的合作社。加大财政支农资金投入力度，建设牧区畜用暖棚 2.72 万栋、贮草棚 2 785 栋、青南地区建设饲草料贮备中心（站）13 处、16 850 平方米，并通过整合项目资金，建设人工饲草基地 34.07 万公顷。2017 年草牧业试点范围从 2016 年 6 个国家级试点县和 3 个省级试点县，扩大到 18 个县 1 个园区。新建饲草基地 17.07 万公顷、贮草棚 18 万平方米、青贮池 10 万立方米、饲草料加工贮备基地 7 处，扶持种草、养殖企业（合作社、大户、养殖场）873 个，形成了龙头企业、专业合作社、生态牧场及种养殖大户等新型经营主体，"园区＋企业＋合作社＋农户""公司＋合作社＋基地＋农户""合作社＋基地＋牧户"等多种发展模式，草畜联动、循环发展的草牧业格局。同时，集中扶持建设生态牧场 13 个，股份制改造生态畜牧业合作社 120 个，推广藏羊牦牛高效养殖技术合作社 103 个，进一步夯实畜牧业发展基础，提高补饲能力，扩大舍饲圈养规模，促进草原生态保护。2018 年，全力推动饲草种植，一年生饲草种植达到 13 万公顷以上。建成牧草良种繁育基地 2 万公顷，年产牧草良种 2.5 万吨，牧草良种供种率达到 70% 以上；建设人工饲草基地保留面积 53.47 万公顷，年产鲜草 505 万吨；发展、壮大饲草料生产加工龙头企业 25 家，专业合作社 205 个，种养殖大户达 1 000 余户，形成了以龙头企业带动合作社和种植大户相结合的多元化饲草产业化经营机制，初步建立较为完整的饲草料产业链和草畜联动发展机制。

新疆通过草原畜牧业转型资金平台，新建畜牧养殖专业合作社 240 余家，入社社员 3 000 余户。至 2015 年全区人工饲草料地种植面积 83.33 万公顷，新建牲畜棚圈 1 022.8 万平方米；草原牧区牛羊饲养总量达到 4 400 万羊单位，较 2010 年增加 3.02%；舍饲半舍饲比例超过 65%，较 2010 年提高 20 余个百分点；年出栏 50 头牛和 100 只羊的规模化比重 32%，较 2010 年提高 15 个百分点。至 2017 年，建设畜牧养殖专业合作社 360 余家，入社社员 1 800 余户，项目县市农作物秸秆及饲草料利用率普遍提高 20% 以上，饲草料储备数量明显增加，通过工程实施新建标准化圈舍 200 余万平方米，全区抵御自然灾害的能力显著增强。

2015 年，新疆生产建设兵团人工种草达 15.8 万公顷；牲畜棚圈 568

万平方米；牛羊饲养总量 752 万羊单位；舍饲饲养量 289 万羊单位。累计建成较大型规模养殖场 1 310 个，规模养殖户 2 530 户，奶牛规模养殖水平达到 70%，肉牛肉羊规模养殖水平相对较低，分别为 50% 和 30%。

2013 年，河北省绩效奖励资金共扶持奶牛养殖场（小区、合作社）57 家、肉牛养殖场（小区、合作社）14 家、肉羊养殖场（小区、合作社）51 家，建设高产优质多年生饲草基地 2 667 公顷、草种繁育基地 200 公顷，扶持饲草加工企业 3 家，建设省级示范区 6 个。

至 2015 年，辽宁省新建牲畜棚圈 1 185.2 万平方米，有力推动了草原畜牧业生产方式转变，大幅度提高了牛羊规模化生产水平，牛、羊改良率达到 90% 以上，年出栏牛 50 头、羊 100 只以上的规模化比重 12%。

在 2017 年吉林省草牧业试点项目中，打井灌溉建设面积 2 800 公顷、人工种草 3 267 公顷、草地改良 1 733 公顷、草原围栏 7 800 公顷、饲草料库房建设 5 000 平方米。2018 年，人工草地建植面积 345 公顷，天然草地改良 1 816 公顷，禁牧舍饲建舍面积 5.21 万平方米。

黑龙江牧区草食牲畜饲养由传统放牧向舍饲圈养，由分散饲养向规模化、标准化饲养。与补奖政策实施前的 2011 年相比，至 2013 年牧区牲畜棚圈面积达到 462.77 万平方米，增加 236%；牛、羊存栏总量达到 1 339.7 万头，增加 11%，全部实现舍饲圈养；年出栏 50 头牛的规模化比重达到 24.5%，比全省高出 6.2 个百分点，年出栏 100 只羊的规模化比重达到 35.8%。至 2017 整合使用包括涉农项目资金，实施了"两牛一猪"养殖基地建设项目，大力发展标准化规模养殖，共计建设 146 个 300 头以上规模奶牛养殖场和 210 个 300 头以上规模肉牛养殖场。至 2017 年底，牧区奶牛 50 头以上规模存栏 30.37 万头，规模化比重为 54%；肉牛 50 头以上规模存栏 48.91 万头，规模化比重为 32.6%；肉羊 100 只以上规模存栏 171.61 万只，规模化比重为 38.6%。牧区储草棚面积达到 88.33 万平方米；青贮窖容积达到 373.94 万立方米。

2013 年，黑龙江省农垦总局草原畜牧业转型升级项目资金主要用于补贴苜蓿良种 5 340 万公顷，补贴贮草棚 15 000 平方米，补贴仓储库房 4 200 平方米，补贴大型喷灌机械（3 跨以上）成套设施设备 40 套，补贴深水机电井成套设施设备及配套电力设施设备 50 套，补贴草原改良 5 440 公顷；补贴牧场畜（禽）舍建设 11 250 平方米。2014，主要补贴苜蓿良种 2 667 公顷补贴苜蓿种植及半干青贮制贮 1 000 公顷，补贴乳肉兼用牛良种 150 头，补贴大型高效青贮机械 11 台，补贴畜牧技改项目 5 项。

2015 年，主要补贴草牧业试验试点 9 个，补贴牧场改造升级建设项目 7 个，补贴现代牧草机械装备示范项目 1 个，补贴基本草原围栏保护项目 1 个，补贴肉羊屠宰加工产业化项目 1 个。2018 年建设草原围栏 8.2 万米，天然草原苜蓿草改节水喷灌 533 公顷，草原排干排水清淤 0.2 万米，补助受灾苜蓿地块种子 1 853 公顷，补助苜蓿种植 333 公顷、补助进口大型牧草机械装备 2 台套、扶持畜禽养殖企业（合作社、小区）改扩建畜禽粪污处理设施项目 35 个、补助草食家畜（奶牛）生产性能测定检测 2.2 万头（份）。

四、补奖政策其他内容

（一）牧民生产资料综合补贴

第一轮补奖政策实施期间，中央财政按照每年每户 500 元的标准，给予牧民生产资料综合补贴。其中，内蒙古自治区，共约 48.1 万户牧民享受生产资料综合补贴。四川省约 45.2 万户牧民享受生产资料综合补贴。西藏自治区约 15.2 万户牧民享受了生产资料综合补贴。甘肃省约 22.1 万户牧民享受了生产资料综合补贴。宁夏回族自治区，约 17.748 万牧户享受了生产资料综合补贴。青海省，约 17.2 万户享受了生产资料综合补贴。新疆维吾尔自治区，共约 27.5 万牧户享受了生产资料综合补贴。新疆生产建设兵团约 22 078 户牧工享受了生产资料综合补贴。

2012 年起，五省区半农半牧区县开始发放生产资料综合补贴，其中河北省惠及 32.366 7 万农牧户，山西省惠及 8 200 农牧户，辽宁省惠及 11.13 万农牧户。吉林省每年惠及牧户范围有所不同，平均每年约 8 万农牧户。黑龙江省惠及约 26.16 万农牧户。

（二）牧草良种补贴

为鼓励牧区有条件的地方开展人工种草，增强饲草补充供应能力，中央财政按照每年每亩 10 元的标准给予牧草良种补贴。在实施过程中，大部分省份对一年生和多年生人工草地进行了细化，多年生人工草地按 5 年一次性补贴，每亩补贴 50 元的草种；一年生人工草地每亩每年补贴 10 元的草种。

内蒙古自治区在实施良种补贴的过程中对补贴标准进一步细化，在中央财政 10 元/亩的标准上提高补贴力度：①优良多年生牧草每亩补贴 70

元，在 3 年内补给。具体补贴标准为新建当年 30 元/亩，第二年 30 元/亩，第三年 10 元/亩（达到亩产标准以上给予补贴）；2010 年以前的保有面积按 60％予以补贴，每年递减 10％。补贴标准为 10 元/亩，（达到亩产标准以上给予补贴），补贴年限为 2 年。②优良一年生牧草牧区、半农半牧区补贴标准为 15 元/（亩·年）（只补用于青贮、青饲和青干草）。③新建饲用灌木补贴标准为 10 元/亩，补贴年限为 1 年。至 2015 年第一轮政策实施结束，内蒙古人工种草保留面积达 355 万公顷，连续 3 年保持在 333 万公顷以上。至 2017 年全区人工种草 230.4 万公顷，连续 3 年保持在 200 万公顷以上。

在第一轮政策期间，四川省各年的落实情况一致，甘孜州实施牧草良种补贴 5.73 万公顷，其中建植一年生人工草地 2.67 万公顷，更新多年生人工草地 3.07 万公顷。阿坝州实施牧草良种补贴 6.45 万公顷，其中建植一年生人工草地 3.73 万公顷，更新多年生人工草地 2.72 万公顷。凉山州实施牧草良种补贴 18.91 万公顷，其中建植一年生人工草地 18.13 万公顷，更新多年生人工草地 7 733 公顷。

2011 年，云南省建设人工草地 20.39 万公顷，其中，多年生人工草地 6.92 万公顷，一年生牧草 13.47 万公顷。至第一轮政策结束，人工草地达到 48.07 万公顷，其中，多年生人工草地 34.59 万公顷；一年生牧草 13.47 万公顷。

在第一轮政策期间，西藏自治区对没有被纳入《西藏生态安全屏障保护与建设规划（2008—2030 年）》人工种草项目的具备条件的县实施牧草良种补贴，每年补贴人工草地 7.07 万公顷，其中，多年生人工草地 6 万公顷，一年生人工草地 1.07 万公顷。

甘肃省牧草良种直补面积 95.87 万公顷。其中，多年生牧草补贴面积 88.53 万公顷，一年生牧草补贴面积 17.53 万公顷。

2011—2015 年，宁夏回族自治区牧草良种补贴面积 7.6 万公顷，涉及 20 个县（市、区）及农垦局。采取项目管理与直补相结合的方式。将每亩 5 年的补助资金集中在一年使用，每年种植多年生牧草 7.6 万公顷。自治区农牧厅代各县市（区）统一采购，如 2012 年度良种补贴项目采购苜蓿种子 1 368 吨，根瘤菌 13.68 吨。采购后剩余资金作为播种费待第二年返青验收合格后再以"一卡通"兑付种给植户。

2011—2015 年，青海省每年对 14 万公顷人工草地进行牧草良种补贴，涉及 6 州 1 地 1 市 40 个县（市、行委）。2015 年青海省人工饲草保留面积达到 47.41 万公顷。

2011—2015 年，新疆回族自治区每年牧草良种补贴 38.53 万公顷，其中直补到户面积 31.26 万公顷；项目方式补助面积 7.27 万公顷，分五年实施，每年 1.45 万公顷。5 年来，全区共完成牧草良种补助面积 163.59 万公顷。

2011—2015 年，新疆生产建设兵团实施良种补贴人工种草面积 20.07 万公顷。

河北省在半牧区县（管理区、牧场）对牧草良种补贴实施多年生牧草种植 9 600 公顷。

2012—2015 年，山西省右玉县每年牧草良种补贴 3.67 万公顷，补贴对象为种植一年生或多年生牧草（一年生牧草不包括青贮玉米）的项目承担单位。

辽宁省，共建设人工草地 29.5 万公顷，其中，康平县 0.83 万公顷、彰武县 8 万公顷、阜蒙县 6.33 万公顷、北票市 4.67 万公顷、建平县 5.33 万公顷、喀左县 4.33 万公顷。

截至 2012 年末，吉林省保留人工种草面积达 42.57 万公顷，保留草原改良面积 22.55 万公顷，种植专用饲料面积达 30 万公顷；生产秸秆粗饲料 2 000 万吨，其中青贮 1 050 万吨，黄贮 950 万吨。2013 年种草面积 2.38 万公顷，2014 年种草面积 2.93 万公顷，2015 年种草面积 5 881.4 公顷。

2013—2015 年，黑龙江省实施良种补贴 38.91 万公顷。2016 年，建设人工种草 13 360 公顷。

2012—2015 年，黑龙江省农垦总局在 11 个农牧场的人工草地实施牧草良种补贴，规模以 2011 年末统计确认的人工种草面积为基数，核定多年生牧草的留床面积为 6.02 万公顷。2012—2015 年，每年种植苜蓿改良草场 667 公顷。

（三）畜牧品种改良补贴

政策实施的第一阶段，四川省落实配套资金建成牲畜改良点 320 个，引购牦牛种公牛、种公羊 2.6 万头（只）、肉牛冻精补贴 88.6 万头。

西藏自治区配套畜牧良种补贴，主要用于使用良种精液建设人工授精的奶牛、肉牛养殖场（小区、户）；购买绵羊、山羊种公羊和牦牛种公牛的养殖场（小区、户）。淘汰老、弱、病、残牲畜，逐步提高适龄母畜的比例，带动了农牧民购买优良种畜的积极性。至 2014 年底，全区良种牲畜存栏 390 万头（只）左右，良种牲畜覆盖率为 21%。适龄母畜、良种牲畜的比例提高，进一步优化了畜群内部结构，缩短了饲养周期，加快了畜群周转。2018 年，西藏自治区安排补奖绩效评价资金继续支持牦牛经济杂交利用，完成犏牛和安格斯牛杂交配种 501 头。

甘肃省配套落实牦牛山羊良种补贴。截至 2010 年底，甘肃省牦牛存栏 115.73 万头，其中能繁母牦牛 58.85 万头，主要分布在甘南、张掖、武威等市州；山羊存栏 339.15 万只，其中能繁母山羊 165.52 万只，主要分布在庆阳、酒泉、白银等市。省上统筹使用牦牛、山羊良种补贴资金，通过招标采购和养殖户选育调配，引进种公牦牛和种公山羊，对牦牛和山羊进行品种改良。

2017 年，宁夏回族自治区开展安格斯牛选育与扩繁、引进国外验证安格斯种公牛冻精 3 万支，完成冻精采购及发放工作，由 9 个项目县（市、区）纯种安格斯母牛规模养殖场开展安格斯牛选育与扩繁；补贴犊牛 185 090 头。2018 年，开展安格斯牛选育与扩繁、引进国外验证安格斯种公牛冻精 2.6 万支；新生犊牛补助 16.644 万头。

新疆维吾尔自治区配套实施牲畜良种补贴。2011 年，活体良种公畜补贴规模为 6.46 万头（只），其中补贴种公羊 6.3 万只，补贴种公牛 1 600 头。2012 年，活体良种公畜补贴 120.26 万头（只），其中种公羊 6.3 万只，种公牛 113.96 万头。

（四）地方配套政策

内蒙古在第一轮政策实施之初就配套了鼓励牧民搬迁转移若干优惠政策，通过完善牧区社会保障事业、发展牧区教育事业、鼓励牧民转产就业等方面，保障搬迁牧民的生活、子女教育以及就业。如阿拉善盟共搬迁转移农牧民 36 127 人，通过引导转移农牧民从事种植业、舍饲养殖业、沙产业和二、三产业，带动了沙产业、旅游业、服务业等快速发展，实现了社会效益、经济效益和生态效益"三赢"。

2011 年，西藏自治区通过配套资金开展草地资源普查和草原生态监测工作，在全区不同草地类型开展草原面积、产草量调查，对禁牧草场进行 GPS 定位、制作禁牧和草畜平衡区域示意图、普查成果录入、资料编印等。在牧业县和半农半牧业县每个县选择 3 个主要草地类型，每个草地类型做 10 个样地，每个样地做 3～5 个样方。农业县每个县选择 2 个主要草地类型，每个草地类型做 5 个样地，每个样地做 3~5 个样方。全部样地记录地理位置，作为固定样地每年监测。新一轮政策实施期间，西藏自治区继续开展草地资源地面监测，全区地面监测样地共计 1 005 个，每年的监测费用由自治区每年从绩效奖励资金中安排。

第二节　生态效益

一、草原综合植被盖度

自 2011 年补奖政策实施以来，全国草原生态恢复速度明显加快，草原植被生长状况日趋良好。图 3-1 揭示了全国草原综合植被盖度的监测数据，截止到 2017 年，全国草原综合植被盖度达 55.3%，较 2010 年补奖政策实施前提高 4.3 个百分点，增幅明显。从变化趋势来看，除了 2014 年全国草原综合植被盖度有所降低之外，其余年份的草原综合植被盖度均呈增加趋势。

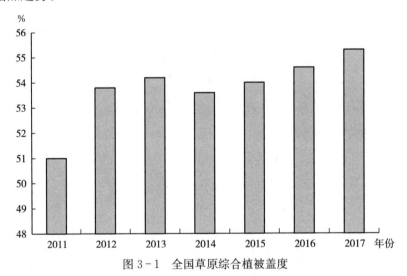

图 3-1　全国草原综合植被盖度

数据来源：2011—2017 年《全国草原监测报告》。

各项目省区自补奖政策实施以来，认真贯彻各项政策，草原生态环境加快恢复，具体情况如下：

内蒙古自治区以政策创新做支撑，全面落实补奖各项政策。补奖政策已成为内蒙古强农惠牧政策的重要组成部分，全区草原生态加快恢复。

2017 年，草原植被平均盖度为 44％，比 2010 年提高了 7 个百分点，比 2000 年提高了 14 个百分点；重度退化草原面积减少了 147 万公顷。

四川省稳步推进政策项目的实施，集中治理生态脆弱和严重退化草原，草原生态退化趋势得到有效遏制，草原生态治理效果初现。从总体上看，截止到 2017 年全省实施补奖政策的主要目标任务全面完成，各项补奖政策平稳有效落实，牧区草原禁牧休牧和草畜平衡制度全面推行，牧区生态发生可喜变化。2017 年，全省天然草原综合植被盖度为 84.8％，较 2011 年增加 4.1 个百分点。

西藏自治区各级政府以实施补奖政策为契机，狠抓草原生态保护重点工程实施，经过几年的努力，全区草原生态环境的恢复与保护取得较为显著的成效。全区草原资源与生态监测结果显示：2017 年，全区草原综合植被盖度达 45.2％，比 2011 年提高了 2.3 个百分点。除低覆盖度植被（0～20％）面积有所减少外；其余范围植被面积均有所增加，其中覆盖度在 20％～40％和 40％～60％增加幅度较大，年增长率分别为 14％和 15％。2000—2017 年的退化趋势表明，18 年内全区植被大部分区域呈现稳定状态，占全区总面积 51.3％；呈改善趋势区域面积为 22.35 万平方千米，占 22.18％；呈退化趋势区域面积为 22.33 万平方千米，占 26.35％，退化趋势面积略大于改善面积。草原生物多样性、群落均匀性、土壤有机质含量均有提高，草原涵养水源、防止水土流失、防风固沙等生态功能增强，生态环境进一步好转。

青海省地理位置独特，拥有天然草地面积 4 153 万公顷，占土地总面积的 57.7％，其中可利用草地面积 3 867 万公顷，占全国草地面积的十分之一，是"三江之源"、"中华水塔"，全国淡水资源的重要补给地，也是高原生物多样性最集中的地区。通过落实补奖政策和生态保护综合治理等综合措施，青海草原生态环境得到了有效恢复。根据监测数据，青海草原植被盖度由 2010 年的 50.17％提高到 2017 年的 55.98％，增幅达 5.8％。

宁夏位于我国西北内陆，国土面积 6.64 万平方千米。有天然草原面积 244.3 万公顷，主要有荒漠草原、典型草原和草甸草原，占土地总面积的 47％，是宁夏生态系统的主要组成部分和黄河中游上段的重要生态屏障。补奖政策实施以来，地区天然草原得以休养生息，草原生态环境得到了明显改善，三化草地面积明显减少，草原植被持续恢复，生物多样性增加，植被覆盖度稳步增加。宁夏累计实施草原围栏建设面积 155 万公顷，天然退化草原补播改良 54.4 万公顷，分别占草原总面积的 64％和 21％。监测结果显示，2017 年草原综合植被盖度达 53.5％，较 2010 年提高 3.4 个百分点，连续 3 年保持在 50％以上。其中彭阳县、西吉县、隆德县草原综合植被盖度较高，均在 80％以上，青铜峡市草原综合植被盖度最低为 8.7％，平罗县、灵武市、红寺堡区和中宁县综合植被盖度较低。就不同草原类型的植被盖度而言，2017 年温性典型草原植被盖度与 2016 年相比增加了 0.94％，温性草甸草原、温性荒漠草原、温性草原化荒漠、温性荒漠植被盖度分别减少 0.04％，26.62％，40.9％，39.85％。

新疆天然草原面积为 5 733 万公顷，其中可利用草原面积 4 800 万公顷（含兵团），草原是新疆牧区的重要生态屏障，是主要的水源涵养区，也是生态立区。实施补奖政策以来，全疆天然草原植被的恢复取得了较为显著的成效，体现为天然草原植被盖度、高度均有不同幅度的提高。2017 年全疆天然草原牧草长势总体平稳，综合植被盖度、综合植被高度分别为 41.48％和 27.9 厘米；比近五年（2012—2016 年）增加了 1.71 个百分点和 2.42 厘米；与上年同期基本持平。除受气候影响，2013 年、2016 年全疆天然牧草长势良好外，2017 年综合植被高度和盖度较常年增幅明显，生态效果显著。

黑龙江省现有草原 207 万公顷，主要分布于松嫩平原、三江平原和中、北部的山区半山区。根据国家新一轮补奖政策对黑龙江省提出的"一揽子"政策要求，结合当地牧区草原生态保护实际需要，黑龙江省以提高牧区草原综合植被盖度为主要目标，各牧业半牧业县通过实施草原禁牧制度和开展一系列草原改良建设，草原生态状况得到明显改善。监测显示，黑龙江全省草原综合植被盖度达 75％以上，松嫩地区盖度为 65％。据定点监测，尽管在 2017 年 6—7 月草原牧草生长的关键时期，黑龙江省牧区草原发生了严重旱情，但与前 5 年的平均水平相比，草原综合植被盖度仍然提高了 0.17 个百分点，草原生态由植被恢复向提高牧草产量和质量转变，草原保持水土等生态功能明显增强。

甘肃是全国六大牧区省份之一，拥有天然草原 1 787 万公顷，占全省国土面积的 40％，是全国草原资源大省。草原是甘肃国土的主体，是面积最大的绿色生态屏障及维护国家生态安全的战略资源，也是全省少数民族聚居区和甘肃传统的畜牧业生产基地。补奖政策实施以来，全面落实草原禁牧休牧轮牧和草畜平衡制度，全省天然草原综合植被盖度从 2010 年的 48.7％提高到 2017 年的 52.2％。监测显示，2017 年禁牧区草原植被平均盖度 49.9%，平均高度 9.7 厘米；草畜平衡区草原植被平均盖度为 54.3%，平均高度 14.5 厘米。

河北自补奖政策实施以来，全省草原生态环境得到有效改善。从各县草原部门的监测数据来看，2018 年河北省共建设 10 个万亩以上"草原生态保护示范区"，项目区草原综合植被盖度达到 72%～78%，比 2011 年提高 8～15 个百分点，其中，坝上地区草原退化面积同比缩减 20%以上；项目县过去一度出现的草原退化和沙化的扩展趋势从总体上得到有效遏制，草原植被逐步恢复，草原生态环境逐步好转。以河北省丰宁县、沽源县及塞北管理区为例，分析 2011—2015 年河北省实施补奖政策以来草原生态状况的影响。通过持续的草原治理和保护建设，特别是京津风沙源治理工程、辽西北草原沙化严重区域草原沙化退化治理一期工程和补奖政策的实施，草原植被发生了明显变化，植被恢复明显，生态效益显著。2015 年丰宁县全境草原植被平均盖度 72%；沽源县和塞北管理区全境草原植被平均盖度 75%和 85%，较上年分别提高 0.4 个百分点和 0.2 个百分点，平均高度分别提升 1.1%和 0.8%。2015 年与 2011 年相比，坝上地区草原退化面积减少 22.3%，其中，重度退化面积比例下降 8.6 个百分点；接坝及坝下地区草原沙化面积减少 3.1%，其中，重度沙化面积比例下降 2.1 个百分点。从总体上遏制了草原退化和沙化的扩展趋势，草原植被恢复速度已经超过草原退化和沙化的速度，草原生态环境逐步好转。

右玉县是山西省唯一的半农半牧区，位于黄土高原东北部，境内地广人稀，总土地面积 19.67 万公顷，天然草地面积八十年代普查为 2.10 万公顷，国土二调为 5.21 万公顷。草地类型为温性草原和山地灌草丛。补奖政策的实施，有效地保护了草地生态、巩固了封山禁牧成果，对全县草原提供了一个更新复壮、休养生息的机会，草原退化、沙化的扩展态势得到有效遏制，草原的生态功能逐步恢复，草原生产力得到进一步提高。监测显示，2017 年山西全省草原植被总体长势良好。全省草原综合植被盖度为 72.6%，较上年提高 0.14%；全省草原综合植被高度为 38.07 厘米，较 2016 年提高 0.93 厘米。

吉林省作为国家重要的商品粮基地，西部半农半牧区有 10 个县，面积 46 998.94 平方千米，其中草原面积 138 万公顷，这些草原既是西部生态系统的重要组成部分，也是半农半牧区县（市、区）农牧民的重要生产资料。从 2012 年开始，省内西部 10 个半农半牧县实施补奖政策。草原禁牧和牧草良种补贴政策的实施，使现有草原资源得到了更好的保护，吉林省草原植被得到了一定恢复，草原生态环境明显改善。以 2014 年实地监测为例，十个补奖县市草原综合植被盖度达到 44.61%，植被平均高度17.1 厘米，分别比政策实施前提高了 13% 和 16%。原碱斑面积占 20% 的地块，现减少到 10%，杂草比例相应下降。以通榆县为例，作为全省最大的半牧区县，其草原面积为 23.37 万公顷。2003 年，通榆县草原"三化"面积 20.67 万公顷，占其草原总面积的 88.6%。近十年来，通过草地治碱、低产草场改良、牧草良种补贴以及草原围栏等项目的实施建设，已治理近 2 万公顷，尤其是通过草原禁垦和始于 2009 年的草原禁牧，以及补奖政策的实施，使草原植被得到较为明显的恢复，取得了比较显著的生态效益。2014 年 8 月草原监测显示，通榆县草原植被覆盖度达到80.0%，比禁牧前提高了 20 个百分点，大片碱化草原已基本消失，草群平均高度达到 50 厘米。

辽宁省新一轮补奖政策在阜蒙、彰武、北票、喀左和建平等 5 个国家级半牧县实施。政策实施以来，有效地推动了当地草原生态保护与建设进程，促进了草原生态环境的改善。阜蒙县、彰武县、建平县、喀左县、北票市等 5 县（市）通过实施补奖政策，草原生态各项指标均有明显提高，2016 年 5 县植被盖度达到 63%，平均增长 24.4 个百分点，其中北票增长量最高，增长了 35 个百分点；植被高度达到 45.04 厘米，平均提高 14.94厘米。5 县实施草原补奖政策后植被生物量为 1 518.18 千克/公顷，平均提高了 49.75%。5 县植物多样性 Simpson 指数（D）为 0.84，平均提高0.12。Shan non-Winer 指数（H'）为 1.97，平均提高 0.41。总的来看，辽宁地区草原地表植被覆盖度增加，裸地面积减少，直接减少了沙土扬尘和水土流失。植被高度和生物量的增加，提高了草地涵养水源、净化空气能力。生物多样性指数的提高，增加了生态稳定性，有利于生态环境安全的保持。

云南省草原资源丰富，是我国草原类型最丰富，植物种类最多的省（区）之一，全省天然草原面积 1 527 万公顷，其中可利用面积 1 187 万公顷，占全省土地总面积的 39.93%。补奖政策实施以来，云南省草原生态得到明显恢复。2017 年，全省天然草原综合植被盖度 87.62%，草群平均高度 27.22 厘米，较 2010 年分别提高 10.05% 和 8.14 厘米。

新疆生产建设兵团有天然草地总面积 241.8 万公顷，其中可利用面积211.07 万公顷，分别占新疆天然草地总面积和可利用面积的 4.1% 和4.8%，呈斑块状分布于新疆境内的各大山系和盆地戈壁之中。自 2011 年实施补奖政策以来，兵团与各项目师、团场高度重视，逐步实现草畜动态平衡；适时出台切合实际的措施、办法，不断推动草原合理利用；草原植被逐步恢复，草原生态环境明显改善。通过推行草原禁牧封育、划区轮牧、牧草补播、人工饲草地建设等保护措施，有效减轻了天然草原的放牧压力，草原生态环境逐步改善，生态功能得到恢复和增强。2015 年兵团天然草原综合植被覆盖度达到 42%，较上年增长 2 个百分点。随着禁牧、休牧、草畜平衡制度进一步完善，根据兵团天然草地生态补助奖励机制 37 个重点草地监测点地面监测数据和气象数据，通过对草原植被平均长势进行了综合对比分析，禁牧区草原平均植被盖度为 57%、高度为 15.4 厘米，植物物种多样性日趋丰富，生态恢复明显，草原生态环境得到逐步改善。

黑龙江垦区自 2012 年起在齐齐哈尔管理局的绿色草原牧场、富裕牧场、巨浪牧场、齐齐哈尔种畜场、大山种羊场、繁荣种畜场、红旗种马场；绥化管理局的和平牧场、安达牧场；九三管理局的哈拉海农场；哈尔滨管理局的四方山农场等 11 个农牧场开始实施补奖政策。通过政策项目的实施，垦区草原生态环境得到了明显改善，草原负荷减轻，植被生产力不断恢复，生物多样性增加，植被覆盖度稳步增加，区域性扬沙天气明显减少，对改善土壤环境和防风固沙起到积极作用。2015 年底垦区草原补奖政策实施区天然草原植被平均盖度达 68.1%，植被平均高度达 47.2 厘米。

二、天然草原鲜草总产量

自 2011 年实施补奖政策以来，全国天然草原鲜草总产量已连续 7 年超过 10 亿吨，实现稳中有增。2017 年，全国天然草原鲜草总产量达 106 491.18 万吨，比 2010 年增加 9.1%。图 3-2 显示了补奖政策实施以来全国天然草原鲜草总产量情况。从变化趋势来看，自 2011 年开始，全国天然草原鲜草总产量总体呈增加趋势，尤其是政策实施的第二年，指标增长幅度明显。需要指出的是，2014 年全国天然草原鲜草总产量呈明显的下降趋势，之后从 2015 年开始又呈逐渐递增的趋势，至 2017 年天然草原鲜草总产量达到最大值。2014 年作为增长过程中的一个下降拐点，与当年的气候原因有较大的关系。当年 4—9 月，全国大部分草原地区气温正常略偏高，降水略减少，其中新疆北部和东南部、内蒙古中部、东北地区等地降水偏少 30％～50％，水、热、光照匹配一般，草原植被总体生长状况差与上年。受夏季降雨持续减少的影响，新疆北部和内蒙古中西部等地草原遭受严重旱灾，受灾草原面积达到 3 800 多万公顷，导致牧草产量严重下降，严重影响了当地牧民的生活。

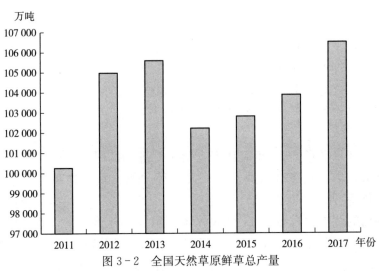

图 3-2　全国天然草原鲜草总产量

数据来源：2011—2017 年《全国草原监测报告》。

各项目省区自 2011 年实施补奖政策以来，致力于地区草原生态环境的保护与恢复，各项任务稳步落实，各地天然草原鲜草产量得到明显提高。

截止到 2017 年，内蒙古自治区经过近七年的政策落实，补奖政策已经成为实施地区强农惠农的重要组成部分，草原生态建设取得可喜成就。2017 年，多年生牧草比例较 2000 年平均增加了 13％，其中草甸草原增加了 4％，典型草原和荒漠草原增加了 17％；牧草平均干草单产为 50 千克/亩。经过草原生态保护工程建设与补奖政策的实施，内蒙古草原生态恶化趋势得到有效遏制，半数以上草原生态明显好转，恢复至 20 世纪 80 年代中期水平。

2017 年四川省天然草原生产力略好于上年，天然草原鲜草产量 8 697 万吨，较 2016 年增加 0.9％；人工种草产量 4 395 万吨；秸秆等其他饲草料折合干草 3 790 万吨。

青海自实施补奖政策以来，天然草原的生产能力逐步恢复提高，可食产草量从 2010 年的每亩 159 千克提高到 2017 年的 180 千克，亩均可食牧产草量增幅达 13％。青海草原生态环境状况总体退化趋势得到初步遏制，局部地区呈现出好转态势。

　　2017 年宁夏天然草原年鲜草总产量 448.34 万吨，较 2010 年增加 12.1%，连续 7 年保持在 400 万吨以上，助力了生态立区战略。2017 年，全区一级草原占全区草原面积的 4%，二级和三级草原分别占 2%、4%，四级和五级草原占 4%、6%，六级和七级草原占 12%、19%，八级草原占 48%。对不同类型草原的生产力和草层高度进行比较分析，就生产力而言，2017 年全区温性草甸草原鲜草产量与 2016 年相比增加了 0.04%，温性典型草原、温性荒漠草原、温性草原化荒漠、温性荒漠鲜草产量与 2016 年相比分别减少了 5.92%、15.16%、21.24%、27.22%。对于草层高度，2017 年地区温性草甸草原、温性典型草原的草群平均高度与 2016 年相比分别增加了 11.72%、29.69%，温性荒漠草原、温性草原化荒漠、温性荒漠草群平均高度与 2016 年相比分别减少了 37.78%、22.94%、37.62%。

　　2017 年新疆天然草原牧草的鲜草产量达到 10 694.35 万吨，比实施补奖政策前的 2010 年增加了 13.94%，比"十二五"期间增加了 15.12%，比近 5 年（2012—2016 年）增加了 10.74%；比上年同期略有下降（受气候因素的影响），下降幅度为 1.86%。在天然草原禁牧区，通过对干旱荒漠、重要水源涵养地和草地类自然保护区、退牧还草工程项目等禁牧区监测数据进行综合分析，全疆天然草原禁牧区鲜草产量比实施补奖政策前的 2010 年提高 32.66%；比"十二五"期间提高了 28.68%，比近五年（2012—2016 年）提高了 17.47%，比上年同期降低 1.35%（受气候因素的影响）。从各大类天然草原单产看，天然草原禁牧效果显著，其中山地草甸类、温性草甸草原类、温性草原类、温性荒漠草原类草地效果较显著。在天然草原草畜平衡区，2017 年全疆天然草原鲜草产量比实施补奖政策前的 2010 年提高了 26.53%；比"十二五"期间提高 19.54%；比近五年（2012—2016 年）提高了 12%；比上年同期降低 2.5%（受气候因素的影响）。从各大类天然草原单产看，山地草甸类、温性草甸草原、温性草原类增幅明显，效果显著。

　　黑龙江省草原年均鲜草总产量 1 000 万吨，干草总产量约 400 万吨。2017 年，黑龙江省 6—7 月草原牧草生长的关键时期，黑龙江省牧区草原发生了严重旱情，但与前 5 年的平均水平相比，草原产草量仍提高 0.55 个百分点。

　　甘肃省草原动态监测显示，2017 年底，全省鲜草产量 4 124.4 万吨。禁牧区平均鲜草产量 131.7 千克/亩。草畜平衡区草原平均鲜草产量

179.7 千克/亩。

西藏自治区草原资源与生态监测结果显示，2017 年，全区天然草原鲜草产量 9 705.6 万吨，比 2011 年增加 959.1 万吨，全区草地总生物量和鲜草生物量均达到近三年来最大值。

河北省 2018 年项目县平均天然草原鲜草产量达到 210～240 千克/亩，同比增长三成多。以丰宁县、沽源县及塞北管理区为例，2015 年丰宁县全境草原平均鲜草产量 3 642 千克/公顷，比禁牧前分别提高了 26.8%；沽源县和塞北管理区全境草原天然鲜草总产量较近 5 年平均值分别增加 3.45% 和 1.85%。

山西省右玉县自 2012 年实施补奖政策以来，加大了天然草地的禁牧管护措施，大力推进草原承包责任制，至 2016 年底天然草地承包到户面积达 5.2 万公顷，平茬补植饲用灌木草地 2.53 万公顷，种植多年生牧草 0.4 万公顷，累计种植一年生牧草 2.93 万公顷，加快了草原生态的恢复进程。监测显示，2017 年山西全省天然草原鲜草产量为 1 525.1 万吨。

以 2014 年实地监测为例，吉林省十个补奖县市草原每公顷鲜草产草量为 1.47 吨，比政策实施前提高了 6.2%。以通榆县为例，2014 年 8 月草原监测显示，全县草原产草量达到 80 千克/亩，比禁牧前增加了 1 倍。

2017 年，云南全省天然草原每公顷鲜草产量为 10 302.29 千克，可食牧草鲜草产量 8 365.46 千克，较 2010 年政策未实施前分别提高 21.53% 和 29.64%。同年全省鲜草总产量 13 980.21 万吨，可食牧草鲜草产量 11 351.93 万吨。

新疆生产建设兵团 2015 年天然草原鲜草总产量 13.64 万吨，较上年增加 2.9%。随着禁牧、休牧、草畜平衡制度进一步完善，禁牧区牧草产量较 2010 年增长了 45%，草畜平衡区牧草产量较 2010 年增长了 15%，草原生态环境得到逐步改善。

2015 年草原监测显示，黑龙江农垦总局草原补奖政策实施区天然草原产草量达 85.9 千克/亩。

三、天然草原载畜能力

随着补奖政策的实施，全国天然草原的载畜能力不断增加，2017 年增至 25 814.22 万羊单位，比 2010 年增长 7.5%。根据图 3-3 显示的全国天然草原载畜能力变化情况。自 2011 年实施补奖政策以来，全国天然草原的载畜能力总体呈增加趋势，除了 2014 年载畜能力有明显的下降趋势外，其余年份的草原载畜能力较前一年份均呈增长趋势，2017 年全国天然草原载畜能力达到最大值。2014 年作为增长过程中的一个下降拐点，与当年的干旱、降水偏少等气候原因有较大的关系。总体来看，随着补奖政策的实施，我国草原生态发生积极的变化。但由于草原生态系统不够稳定，比较脆弱，极易受到降水等气候因素及利用方式的影响，且由于地理、自然、历史和人为等其他方面的原因，我国草原保护建设仍存在一些突出的矛盾和问题，草原的持续好转需要经历较长的过程，草原生态保护建设的任务依然艰巨。

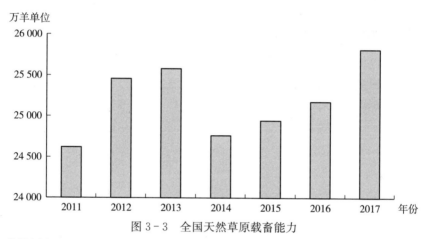

万羊单位

图 3-3 全国天然草原载畜能力

数据来源：2011—2017 年《全国草原监测报告》。

四、天然草原牲畜超载率

近年来，农业部和全国各草原牧区不断加大草原保护建设力度，在补奖政策及草原保护建设工程的推动下，草原承包经营不断稳定和完善，基本草原保护、禁牧休牧、草畜平衡、征占用审核审批、野生植物采集管理等制度逐步落实，草原畜牧业生产方式加快转变。全国各草原牧区以实施补奖政策为契机，不断加大棚圈和人工饲草地的建设力度，积极推进牲畜品种改良、舍饲半舍饲圈养、优化畜群结构等，有效减轻了天然草原的放牧压力，天然草原的利用更趋合理，草原超载率持续下降。监测显示，全国重点天然草原牲畜超载率由 2010 年的 30% 降至 2017 年的 11.3%，降低近 19 个百分点，向实现草畜平衡的目标更近了一步，同时有效遏制了全国草原生态环境恶化的趋势。2017 年全国 268 个牧区半牧区县天然草原的平均牲畜超载率为 14.1%，其中牧区县平均牲畜超载率为 15.6%，半牧区县平均牲畜超载率为 9.4%，与 2010 年未实施补奖政策前相比分别降低 29.9%、26.4% 和 37.63%。

从动态的角度来看，自 2011 年实施补奖政策以来，全国重点天然草原平均牲畜超载率、全国 268 个牧区半牧区县天然草原平均牲畜超载率、牧区县平均牲畜超载率和半牧区县平均牲畜超载率总体呈阶梯状的下降趋势，变化趋势较为一致，2011—2013 年间下降幅度较大，2013 年之后下降趋势较缓。载畜率的持续降低，意味着补奖政策中禁牧和草畜平衡的政策目标正逐步实现，在一定程度上减轻了天然草原的放牧压力，对于草原生态环境的保护与恢复起到一定的促进作用（表 3-1、图 3-4）。

表 3-1　全国天然草原平均牲畜超载率变化

单位：%

年份	全国重点天然草原	268 个牧区半牧区县	牧区县	半牧区县
2011	28	42	39	46
2012	23	34.8	34.5	36.2
2013	16.8	21.3	22.5	17.5
2014	15.2	19.4	20.6	15.6
2015	13.5	17	18.2	13.2
2016	12.4	15.5	16.6	12
2017	11.3	14.1	15.6	9.4

数据来源：2011—2017 年《全国草原监测报告》。

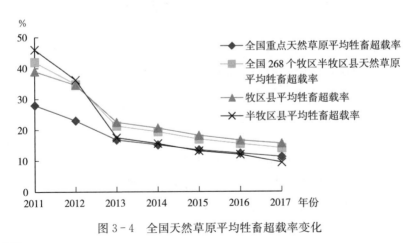

图 3-4　全国天然草原平均牲畜超载率变化

各项目省区自实施补奖政策以来，禁牧效果显著，天然草原的超载率也呈现不同程度的下降趋势。如四川省 2017 年全省牧区牲畜超载率为 9.23％，牲畜超载率下降 36.58 个百分点，基本达到草畜平衡。其中，甘孜州超载率 10.87％，阿坝州超载率 8.50％，凉山州超载率 8.48％；新疆天然草原超载率由实施补奖政策前 2010 年的 33％降至 2017 年的 8.7％，降幅明显。

第三节　经济效益

2011 年以来，补奖政策实施区的畜牧业得到快速发展，地区经济发展状况保持了良好的发展态势。本节主要从牲畜养殖量、牛羊出栏量、畜产品产量、畜牧业生产总值、农牧民收入及畜牧业发展方式等角度对补奖政策实施以来所取得的经济效益进行评价。

一、牲畜养殖量

补奖政策实施以来，全国各草原地区严格按照"生产生态有机结合、生态优先"的基本方针，在保护草原生态环境的前提下，按照"禁牧不禁养，减畜不减肉"的要求，积极引导广大牧民转变生产经营方式，发展现代草原畜牧业，加快现代草原畜牧业建设步伐，草食畜产品的供给得到有效保障。表 3-2 显示了补奖政策实施以来，全国 268 个牧区半牧区县的

表 3-2　全国 268 个牧区半牧区县牲畜养殖情况

单位：万头、万只

年份	大牲畜年末存栏数	牛年末存栏数	牦牛年末存栏数	绵羊年末存栏数	山羊年末存栏数
2011	3 496.847 4	2 938.702 6	1 070.634 7	7 868.723 1	3 100.582 2
2012	3 446.363 2	2 892.718 2	933.345 1	8 055.993 1	3 036.073 8
2013	3 434.359 2	2 890.531 8	1 200.396 5	8 391.064 7	2 868.229 4
2014	3 494.946 5	2 925.929 0	1 239.517 4	8 886.668 6	2 943.196 9
2015	3 456.307 0	2 886.545 6	1 246.851 0	9 167.876 4	2 932.309 7
2016	3 487.620 7	2 934.526 6	1 308.770 4	9 357.628 7	3 005.434 5
2017	3 374.797 2	2 840.949 8	1 346.470 3	9 235.117 0	2 903.787 3

数据来源：2012—2018 年《中国畜牧兽医年鉴》。

大牲畜、牛、牦牛、绵羊和山羊的年末存栏数。2017 年大牲畜年末存栏数为 3 374.797 2 万头，较 2011 年减少 3.49%；牛年末存栏数为 2 840.949 8 万头，与 2 011 相比减少 3.33%；牦牛年末存栏数为 1 346.470 3 万头，较 2011 年增加 25.76%，年末存栏数总体呈增加的趋势，且变化幅度较大。绵羊年末存栏数为 9 235.117 万只，和 2011 年相比，增加 17.36%，总体呈明显的上涨趋势；与绵羊年末存栏数量的变化趋势不同，山羊年末存栏数总体呈一定的下降趋势，2017 年山羊年末栏数为 2 903.787 3 万只，较 2011 年减少 6.35%。

自 2011 年实施补奖政策以来，河北、山西、内蒙古、辽宁、吉林、黑龙江、四川、云南、西藏、甘肃、青海、宁夏、新疆等 13 省区和新疆生产建设兵团、黑龙江农垦总局通过开展人工草地、牲畜棚圈、储草棚、围栏等基础设施建设，加快生产要素优化配置，推广适度规模的标准化集约化养殖，不断推动传统草原畜牧业向现代草原畜牧业发展，在生态优先的背景下牲畜养殖量发生了一系列变化。

内蒙古自 2011 年实施补奖政策以来，草原生产经营方式逐步改善。2015 年起，内蒙古以草牧业试点为抓手，大力促进全区草牧业发展，目前已在 17 个旗县实施草牧业试验试点项目，通过开展牧草和家畜良种繁育、天然草原生态修复、优质饲草料基地建设、基础设施建设、草牧业物联网信息化建设、草畜产品加工及家畜粪污无害化处理等措施，逐步实现改善草原生态、提升牧草供给、生产优质高效畜产品、培育新型经营主体的目标。2017 年，内蒙古牧区半牧区草原年末大牲畜、牛存栏数分别为 717.52 万头、550.58 万头，较 2011 年分别增加 15.33% 和 16.78%；绵羊、山羊年末存栏数分别为 3 619.83 万只、1 489.37 万只，与 2011 年相比分别增加 38.85% 和 3.75%。

四川省抓住补奖政策的实施契机，大力开展以建设人工打贮草基地、"两棚一圈"、牲畜改良点，培育现代家庭牧场、牧业专业合作社、畜产品加工企业，发展草原观光旅游为主要内容的现代草原畜牧业试点示范，以点促面推动传统草原畜牧业转型提质增效。2017 年底，全省牧区半牧区大牲畜、牛、牦牛年末存栏数分别为 643.75 万头、556.57 万头、369.24 万头，较 2011 年分别减少 10.89%、10.19% 和 10.81%；绵羊、山羊年末存栏数分别为 378.64 万只、394.54 万只，与 2011 年相比分别减少 6.56% 和 10.12%。

西藏补奖政策的有效落实，促进了各地（市）探索建立草场入股、牲畜入股、草场租赁、联户、转包等草场有偿使用的新模式。着力加强人工草地和牲畜棚圈等基础设施建设，以牧民合作经济组织为载体，优化生产布局，积极引导和鼓励牧民规模化生产、产业化发展，促进生产经营方式转变。全区舍饲半舍饲率超过50%，规模化、标准化养殖场数量逐年增多，年出栏50只羊和10头牛的牧户比例超过10%。截止到2017年底，全区牧区半牧区大牲畜和牛年末存栏数分别为447.95万头、412.83万头，其中牦牛年末出栏数为372.35万头，与2011年相比增加254%；绵羊和山羊年末存栏数分别为480.46万只、258.36万只，较2011年分别减少22.79%和41.46%。

青海省在核减570万羊单位超载牲畜的基础上，实现了"禁牧不禁养，减畜不减肉"的政策目标。2017年全省牧区半牧区县大牲畜、牛、牦牛年末存栏分别为494.25万头、475.31万头和456.35万头，较2011年分别增加9.69%、10.32%和9.72%；绵羊、山羊年末存栏分别为971.84万只、123.52万只，与2011年相比分别减少11.53%和29.09%。

宁夏回族自治区自实施补奖政策以来，保障了草原禁牧制度的推行，促进了全区人工饲草地大力发展，草原畜牧业综合生产能力、标准化规模养殖水平、生产效率、质量安全水平均有效提高，具体变现为综合生产能力提高：2017年全省牧区半牧区县大牲畜和牛年末存栏分别为28.18万头和25.39万头，较2011年分别增加15.4%和32.3%；绵羊、山羊年末存栏分别为237.05万只、30.90万只，与2011年相比分别增加19.68%和85.81%。

新疆地区补奖政策的实施，为转变草原牧区生产生活方式、带动草原畜牧业发展、稳定和提高农牧民收入提供了强有力的支撑。2012—2016年，新疆维吾尔自治区为了推进草原畜牧业转型，结合补奖政策，从绩效考核奖励资金中按不低于70%的比例安排资金用于草原畜牧业转型示范工程建设，共计安排国家资金8.5655亿元，带动社会投资15亿元以上。草畜牧业转型示范工程扶持对象主要为牧民种植养殖合作社、草畜联营合作社、家庭牧场、畜牧业龙头示范企业四个方面，资金主要用于棚圈建设、牧业加工机械购置、人工饲草料地建设、天然草原围栏改良、饲草料储备设施建设等方面。2017年全区牛羊规模化养殖比重43.72%，较上年增长3.33%。2017年牛羊舍饲率较上年提高3.2个百分点，2017年比2016年新增标准化暖圈136万平方米；2017年畜牧业机械保有量比2016年畜牧业机械保有量增加2600台（套）。截止到2017年底，全区牧区半牧区县年末大牲畜、牛、牦牛存栏数分别为303.64万头、208.95万头、17.13万头，其中大牲畜和牛年末存栏数与2011年相比分别减少4.51％和10.4％，牦牛存栏数较2011年增加29.27％；绵羊年末存栏数为1350.59万只，较2011年增加14.35％，山羊年末存栏数为209.61万只，与2011年相比减少20.64％。

黑龙江在补奖政策的引导下，牧区草食牲畜饲养由传统放牧向舍饲圈养，由分散饲养向规模化、标准化饲养"两个转变"的步伐明显加快，养殖效益明显提高。截止到2017年底，全省牧区半牧区大牲畜和牛年末存栏数分别为219.51万头和208.57万头，与2011相比分别减少29.96％和29.94％；绵羊年末存栏数为372.23万只，较2011年增加4.46％，山羊年末存栏数为43.91万只，与2011相比减少6.6％。

甘肃省自补奖政策实施以来，草原畜牧业的发展方式加快转变。在落实禁牧、草畜平衡制度和年度减畜任务的同时，全省各地充分利用草牧业、粮改饲、退牧还草等项目资金，重点扶持标准化规模养殖、人工草地建植、舍饲棚圈、秸秆饲料加工利用等关键环节，积极推进农牧结合、草畜结合等发展模式，加快转变草原畜牧业发展方式，促进传统畜牧业转型升级。2017年底，全省人工种草面积累计达到165.33万公顷，苜蓿面积达到70万公顷，秸秆饲料化利用量达到1 400万吨。在保证饲草支撑的同时，全省畜牧业生产继续保持稳定增长的良好局面。2017年底，全省牧区半牧区县大牲畜、牛、牦牛年末存栏数分别为202.24万头、169.02万头、122.63万头，与2011年相比分别增加11.82％、12.67％和7.02％；绵羊、山羊年末存栏数分别为831.35万只、238.85万只，较2011年分别增加44.62％和39.16％。

河北省在补奖政策的推动下，半牧区畜牧业生产结构不断调整和优化，规模化经营逐步推进。2017年底，全省牧区半牧区县大牲畜和牛年末存栏数分别为82.23万头、69.94万头，与2011年相比分别增加3.98％和6.39％；绵羊年末存栏数为166.53万只，较2011年增加58.17％，山羊年末存栏数为8.49万只，与2 011相比减少26.95％。

吉林省通过实施补奖政策，草原畜牧业的发展方式得到进一步转变，政策初见成效。全省各县市围绕"禁牧不禁养、减畜不减收"的目标，加快推进畜牧业生产方式转变，舍饲等经营方式得到普遍推行和接受，畜牧业循环经济得到发展和壮大，为牧区半牧区持续发展创造了良好条件。2017年，全省半牧区县大牲畜、牛年末存栏数分别为79.83万头、59.49

万头；绵羊年末存栏数为 499.56 万只，较 2011 年增加 9.59%，山羊年末存栏数为 48.53 万只。

辽宁省半农半牧区，通过补奖政策的实施，促进低效散养向规模化养殖转型升级，增加了就业机会，吸纳了农村剩余劳动力，促进了畜牧业产业结构的优化布局，对于推动畜牧产业化、带动贫困地区致富、发展县域经济具有重要意义。2017 年辽宁半农半牧县年末大牲畜存栏数为 124.34 万头。牛年末存栏数为 77.08 万头，较 2011 年增加 9.69%；绵羊、山羊年存栏数分别为 291.66 万只和 38.31 万只，与 2011 年相比分别增加 25.58% 和 29.99%。

云南省以实施补奖政策为契机，加强基础设施建设，转变草原畜牧业生产方式，提高舍饲圈养比例，减轻天然草原放牧压力。2017 年，新增标准化圈舍 215 万平方米，总量达 9 335.1 万平方米，比 2010 年增 1 505 万平方米；青贮氨化窖 85 万立方米，总量达 2 521.67 万立方米，比 2010 年增 595 万立方米；储草棚 55 万立方米，总量达 683.95 万立方米，比 2010 年增 385 万立方米；肉牛规模养殖比例达 19.37%，比 2010 年提高 9.2 个百分点；肉羊规模养殖比例达 33.93%，比 2010 年提高 12.1 个百分点；奶牛规模养殖比例达 49.24%，比 2010 年提高 14.8 个百分点。2017 年，云南省半农半牧区年末大牲畜存栏数为 28.04 万头，牛年末存栏数为 24.64 万头。牦牛存栏数为 8.43 万头，较 2011 年增加 13.36%。绵羊年末存栏 5.31 万只。山羊存栏 17.82 万只，较 2011 年增加 9.45%。

新疆生产兵团按照提出的"快速增加总量，优化畜种结构，发展规模养殖，强化产业带动"的总体要求，兵团及各师已累计投入各类资金 3.2 亿元，扶持推进标准化规模养殖场建设及良种母畜购入工作。截至 2015 年，兵团达到存栏能繁母羊 3 000 只以上规模化养殖企业 62 个，存栏能繁母牛 500 头以上规模养殖企业达到 18 个，存栏 300 头以上奶牛场达到 150 个。绵羊改良 180 万只，牛改良 15 万头，其中推广多胎肉用羊改良 45 万只，畜禽良种化率达到 70% 以上。2015 年牛羊饲养总量 752 万羊单位，较上年增加 8%；舍饲饲养量 289 万羊单位，较上年增加 6%。

二、牛羊出栏量

图 3-5 反映了自 2011 年实施补奖政策以来，全国 268 个牧区半牧区县牛、羊出栏情况。2017 年牛出栏 1 162.14 万头，羊出栏 9 280.02 万

只，较2 011相比分别增加2.7%和15.08%。从变化趋势来看，2011—2017年，全国268个牧区半牧区县牛出栏数量的变化呈"V"字形，以2013年为分界点，在2013年之前，牛出栏的数量持续下降，至2013年减至最小值1 067.28万只，2013年之后，牛出栏数量总体呈增加的趋势，除了2017年稍有下降之外，其余年份牛出栏数量较前一年份均有所增加。2011—2017年羊出栏数量总体呈上涨的变化趋势，除2012年和2017年出栏数量有所减少之外，其余年份羊出栏数量均以不同的幅度得以增加。2011—2013年羊出栏数量的变化幅度不明显，但2013年之后以较大的幅度进行变化，尤其是2016年羊出栏数量达到最大值9 494.69万只。

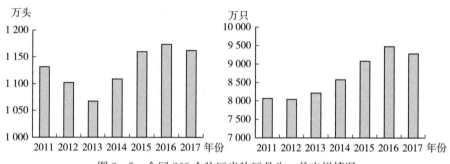

图3-5　全国268个牧区半牧区县牛、羊出栏情况

数据来源：2012—2018年《中国畜牧兽医年鉴》。

　　补奖政策实施以来，各省区牛羊数量出现不同程度的增加。图3-6显示了自2011年实施补奖政策以来，全国各主要省区牧区半牧区县牛出栏数量的变化情况。就年度牛出栏数量而言，截止到2017年，内蒙古、西藏、甘肃、青海、宁夏、河北、辽宁、云南和山西牧区半牧区县牛出栏数量分别为291.95万头、107.06万头、58.80万头、138.88万头、34.84万头、54.43万头、65.33万头、4.44万头和0.92万头，与2011年相比，分别增加8.6%、37.42%、42.37%、29.97%、17.01%、43.67%、20.81%、31.95%和15.74%。出栏数量较2011年相比有所下降的省份有黑龙江、四川、新疆和吉林，出栏数量分别为109.85万头、126.77万头、114.13万头和54.73万头，较2011年分别减少11.67%、27.64%、7.9%和37.3%。从变化趋势来看，自2011年以来，内蒙古年度牛出栏数量始终高于其他省份，出栏数量居于首位，且总体保持增加的态势；四川省牛出栏数量变化趋势明显，2013年出现较大幅度的减少，之后出栏数量保持缓慢增加的趋势；其余省份牛出栏数量变化幅度较为平缓，总体保持增加的趋势。

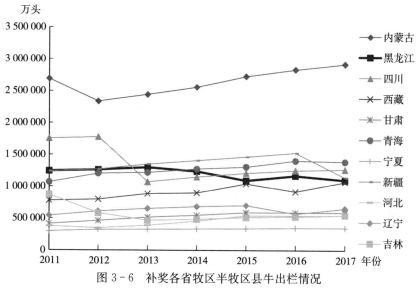

图 3-6　补奖各省牧区半牧区县牛出栏情况

数据来源：2012—2018 年《中国畜牧兽医年鉴》。

图 3-7、图 3-8 显示了 2011—2017 年各省区牧区半牧区县羊出栏数量的变化情况。截止到 2017 年底，除了四川和西藏羊出栏数量有所减少之外，其余省区羊出栏数量得以不同程度的增加。内蒙古和新疆年度羊出栏数量始终高于其他省份，是重要的畜牧业生产基地。2017 年，内蒙古、

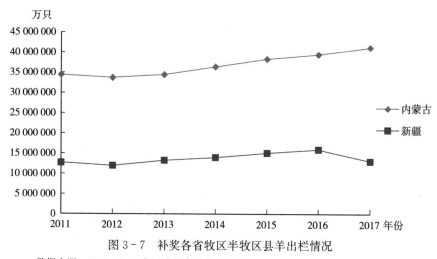

图 3-7　补奖各省牧区半牧区县羊出栏情况

数据来源：2012—2018 年《中国畜牧兽医年鉴》。

新疆、黑龙江、甘肃、青海、宁夏、河北、山西、辽宁、吉林和云南牧区半牧区县羊出栏数量分别为 4 124.72 万只、1 308.75 万只、308.71 万只、632.88 万只、626.73 万只、380.70 万只、230.96 万只、32.05 万只、529.57 万只、450.97 万只和 9.88 万只，与 2011 年相比，分别增加 19.81%、2.75%、13.64%、65.45%、7.63%、26.32%、51.15%、29.22%、50.23%、7.48% 和 33.62%。从变化趋势来看，各省区年度羊出栏数量总体保持增加的发展态势。

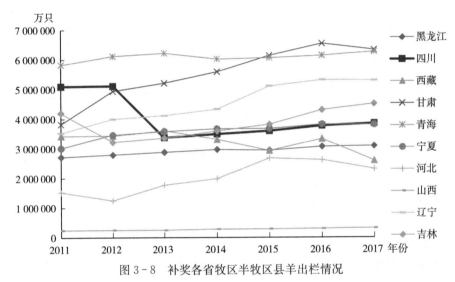

图 3-8　补奖各省牧区半牧区县羊出栏情况

数据来源：2012—2018 年《中国畜牧兽医年鉴》。

三、畜产品产量

补奖政策实施以来，全国 268 个牧区半牧区县的草原畜牧业发展方式加快转变。2017 年牛肉和羊肉产量分别为 161.93 万吨、152.37 万吨，与 2011 年政策刚实施阶段相比，分别增加 10.03% 和 13.55%。从牛、羊肉产量的变化趋势来看，2011—2017 年牛、羊肉产量总体呈增加的趋势。其中，牛肉产量除了 2013 年和 2016 年有所减少之外，其余年份产量均在增加，且在 2017 年牛肉产量达到最大值。羊肉产量在 2011—2013 年变化幅度较小，呈平稳波动的态势，但在 2013 年之后，即 2013—2016 年羊肉产量呈线性增长的趋势，变化幅度较大，2016 年羊肉产量达到最大值 158.316 5 万吨。由于 2017 年羊出栏数量的减少，导致当年羊肉产量下降。2017年全国268个牧区半牧区县的奶产量为662.34万吨，与2011年相比减少30.67%；毛产量为27.23万吨，较2011年增加25.18%。从动态的角度来看，2011—2017年奶产量在2015年之前变化幅度不大，2015年后奶产量不断减少。毛产量以不同的变化幅度逐年增加，在2017年达到最大值（图3-9）。

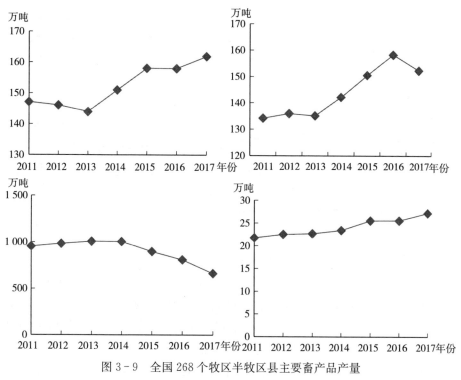

图3-9　全国268个牧区半牧区县主要畜产品产量

数据来源：2012—2018年《中国畜牧兽医年鉴》。

　　各省区畜产品数量不同程度的增加。图3-10表明了补奖各省区年度牛肉产量的变化情况。就各省区牧区半牧区县牛肉产量而言，在2011—2017年间，除了黑龙江、吉林和四川地区牛肉产量与2011年相比有所减少之外，其余省区牛肉产量均较2011年有所增加。截止到2017年底，内蒙古、西藏、甘肃、青海、宁夏、新疆、河北、辽宁、云南和山西牧区半牧区县的牛肉产量分别为45.40万吨、14.78万吨、5.20万吨、12.44万吨、5.27万吨、17.65万吨、8.69万吨、11.54万吨、0.52万吨和0.13万吨，较2011年分别增加36.03%、26.29%、47.73%、51.39%、24.32%、4.16%、43.36%、31.97%、28.59%和15.46%。从变化趋势来看，内蒙古牛肉产量始终高于其他省区，是全国牛肉供应的重要保障，且自 2011 年以来，产量始终保持增加的态势，2017 年产量达到最大值。其他省区牛肉产量除了部分年份产量有所下降之外，其余年份呈稳步增长的发展趋势。

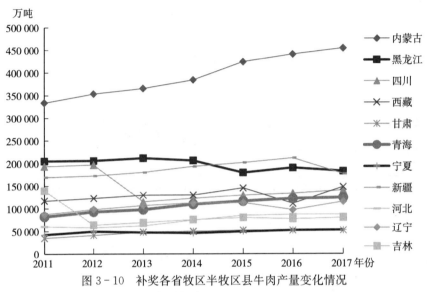

图 3-10　补奖各省牧区半牧区县牛肉产量变化情况

数据来源：2012—2018 年《中国畜牧兽医年鉴》。

　　图 3-11、图 3-12 显示了各省区自 2011 年实施补奖政策以来，牧区半牧区县羊肉产量的变化趋势。截止到 2017 年，除了新疆、四川和西藏羊肉产量较 2011 年有所减少之外，其余省区羊肉产量与 2011 年相比均得以增加。2017 年内蒙古、黑龙江、甘肃、青海、宁夏、河北、辽宁、吉林、云南和山西年度羊肉产量分别为 69.42 万吨、5.09 万吨、8.94 万吨、10.80 万吨、5.25 万吨、3.34 万吨、8.92 万吨、8.20 万吨、0.17 万吨和 0.49 万吨，与 2011 年相比，分别增加 21.47%、10.28%、75.67%、17.46%、26.18%、43.18%、63.32%、25.22%、28.96% 和 28.01%。从总体变化趋势来看，内蒙古和新疆的羊肉产量要远高于其他省区，是重要的羊肉供应基地。就内蒙古而言，自 2011 年以来，羊肉产量逐年增加，在 2017 年产量达到最大值。新疆羊肉产量虽 2017 年有所减少，但总体保持较稳定的增加趋势。其余省区羊肉产量除了部分年份有所下降之外，总体呈现增加的态势。

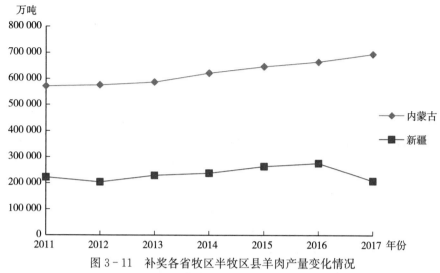

图3-11　补奖各省牧区半牧区县羊肉产量变化情况

数据来源：2012—2018年《中国畜牧兽医年鉴》。

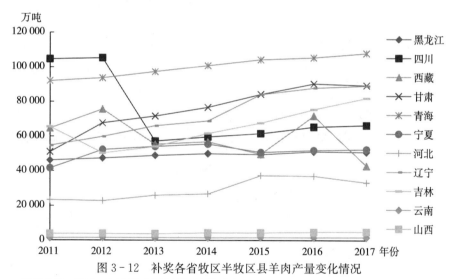

图3-12　补奖各省牧区半牧区县羊肉产量变化情况

数据来源：2012—2018年《中国畜牧兽医年鉴》。

各省区其他畜产品产量如奶产量和毛产量等，也相应发生了变化。2017年，四川、西藏、甘肃、青海和宁夏牧区半牧区县奶产量分别为27.68万吨、27.76万吨、14.39万吨、23.47万吨和2.08万吨，与2011年相比分别增加2.67%、66.09%、20.92%、47.48%和161.01%。内蒙古、黑龙江、新疆、河北、山西、辽宁、吉林和云南牧区半牧区县奶产量分别为216.77万吨、199.51万吨、45.79万吨、50.30万吨、0.89万吨、

32.61万吨、19.73万吨和1.34万吨，较2011年分别减少21.13%、40.74%、54.53%、26.38%、11.79%、17.79%、67.39%和6.22%。就毛产量而言，内蒙古、甘肃、青海、宁夏、山西和云南牧区半牧区县毛产量分别为11.31万吨、6.41万吨、1.33万吨、1.47万吨、0.40万吨、0.05万吨、0.01万吨，较2011年分别增加20.63%、25.84%、2.11%、24.84%、20.15%和2.5%；黑龙江、四川、新疆、河北、辽宁和吉林牧区半牧区县毛产量分别为0.98万吨、0.57万吨、2.61万吨、0.34万吨、0.56万吨和1.18万吨，与2011相比，分别减少29.66%、23.43%、20.61%、37.96%、22.7%和42.01%。

四、畜牧业生产总值

表3-3显示了自2011年实施补奖政策以来，全国畜牧业产值、农林牧渔产值及国内生产总值的变化情况。畜牧业产值总体保持较稳定的发展态势，除了2017年产值有所下降之外，其余年份产值均处于增加状态，2016年产值增至最大值30 461.2亿元。农林牧渔产值和国内生产总值呈逐年增加的发展趋势，2017年农林牧渔产值和国内生产总值达最大值，分别为109 331.7亿元、827 121.7亿元，较2011年分别增加38.68%和69.04%。总体来看，补奖政策的实施，在保护和恢复草原生态环境的同时，加快转变了现代草原畜牧业的发展方式，使畜牧业发展水平总体保持增加的发展态势。

表3-3 全国各类产值变化情况

年份	全国生产总值（亿元）	畜牧业产值（亿元）	农林牧渔产值（亿元）
2011	489 300.6	25 194.2	78 837.0
2012	540 367.4	26 491.2	86 342.2
2013	595 244.4	27 272.4	93 173.7
2014	643 974.0	27 963.4	97 822.5
2015	689 052.1	28 649.3	101 893.5
2016	743 585.5	30 461.2	106 478.7
2017	827 121.7	29 361.2	109 331.7

数据来源：2012—2018年《中国统计年鉴》。

各省区自2011年实施补奖政策以来，地区畜牧业产值得以不同程度的变化。截止到 2017 年，除了辽宁和吉林省畜牧业产值较 2011 年有所下降之外，其余省区的畜牧业产值均较 2011 年得以增加。其中，四川、河北、黑龙江、云南、辽宁、内蒙古、吉林和新疆等地区畜牧业产值较大，2017 年各地畜牧业产值分别为 2 199.7 亿元、1 735.8 亿元、1 701.7 亿元、1 289.5 亿元、1 289.2 亿元、1 200.6 亿元、982.4 亿元和 748.5 亿元，其中四川、河北、黑龙江、云南、内蒙古和新疆畜牧业产值较 2011 年分别增加 3.41%、3.69%、43.01%、59.55%、20.26%和 80.36%；辽宁和吉林省畜牧业产值较 2011 年分别减少 15.25%和 8.57%。其余省份如山西、甘肃、青海、宁夏和西藏地区的畜牧业产值较小，分别为 358.8 亿元、309 亿元、183 亿元、155.7 亿元和 92.2 亿元，较 2011 分别增加 21.34%、46.72%、53.39%、59.53%和 70.43%。

五、农牧民收入

表 3-4 反映了 2004—2017 年间全国 268 个牧区半牧区县人均纯收入及牧业收入的变化情况，用以分析补奖政策的实施对牧区和半牧区县人均收入的影响。从图 3-13 和图 3-14 可以看出，2004—2017 年牧区和半牧区县的人均收入和牧业收入均持续增长。2017 年牧区县人均纯收入均值为 7 374.41 元/人，较政策实施前人均纯收入的平均水平 3 350.81 元/人，增加 120%；政策实施后半牧区县人均纯收入均值为 7 559.53 元/人，与政策实施前的人均纯收入平均水平 3 371.68 元/人相比，增加 124%。总的来看，补奖政策的实施极大地促进了全国 268 个牧区半牧区县农牧民收入水平的提升。一方面是因为补奖政策补贴资金的发放直接提高了农牧民的收入水平；另一方面，补奖政策的实施，加大了政府对畜牧业发展资金的投入力度，使传统畜牧业的生产方式得到快速转型，畜牧业生产效率得以提升，从而促进了地区畜牧业的快速发展，促进了当地农牧民增收。

表 3-4　全国 268 个牧区半牧区县收入水平变化

时间		牧区县			半牧区县		
		人均纯收入 （元/人）	牧业收入 （元/人）	牧业收入比重 （%）	均纯收入 （元/人）	牧业收入 （元/人）	牧业收入比重 （%）
实施前	2004	2 421.46	1 965.92	81.19	2 338.96	1 089.17	46.57
	2005	2 777.15	2 250.76	81.05	2 544.51	1 128.96	44.37
	2006	3 029.60	2 323.71	76.70	2 709.78	1 307.80	48.26

（续）

时间		牧区县			半牧区县		
		人均纯收入（元/人）	牧业收入（元/人）	牧业收入比重（%）	均纯收入（元/人）	牧业收入（元/人）	牧业收入比重（%）
实施前	2007	3 180.00	2 379.00	74.81	3 314.00	1 581.00	47.71
	2008	3 685.31	2 255.83	61.21	3 825.19	1 590.85	41.59
	2009	4 228.58	2 525.42	59.72	4 177.85	1 630.99	39.04
	2010	4 133.60	2 419.80	58.54	4 691.50	1 957.30	41.72
	均值	3 350.81	2 302.92	70.46	3 371.68	1 469.44	44.18
实施后	2011	5 464.40	3 579.10	65.5	5 361.40	2 328.00	43.42
	2012	6 111.20	4 012.70	65.66	6 221.30	2 684.70	43.15
	2013	6 485.40	4 137.50	63.80	6 993.30	2 788.30	39.87
	2014	7 123.10	4 874.80	68.44	7 772.60	3 144.00	40.45
	2015	7 800.40	5 133.00	65.80	8 154.90	3 284.30	40.27
	2016	8 462.60	5 615.90	66.36	8 826.50	3 505.60	39.72
	2017	10 173.80	6 739.40	66.24	9 586.70	3 871.60	40.39
	均值	7 374.41	4 870.34	65.97	7 559.53	3 086.64	41.04

数据来源：2005—2018 年《中国畜牧兽医年鉴》。

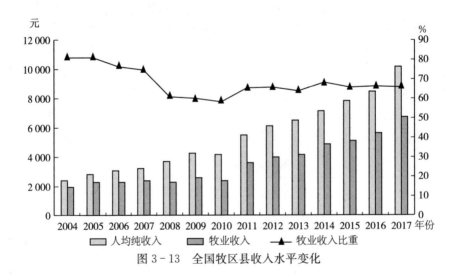

图 3-13　全国牧区县收入水平变化

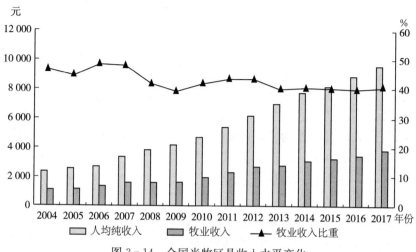

图 3 - 14　全国半牧区县收入水平变化

2004—2017 年全国 268 个牧区半牧区县的人均牧业收入保持稳定增长的趋势。2011 年实施补奖政策以来，牧区县人均牧业收入平均水平为 4 870.34 元/人，较政策实施前的人均牧业收入平均水平 2 302.92 元/人，增加 111%；政策实施后半牧区县农牧民牧业收入平均水平为 3 086.64 元/人，与补奖政策实施前的牧业收入平均水平 1 469.44 元/人相比，增加 110%。表明补奖政策的实施对提升牧区、半牧区县农牧民牧业收入水平效果显著。同时，牧区、半牧区县农牧民的牧业收入占人均纯收入的比重在实施补奖政策以后有所下降，这也说明补奖政策的实施，一方面促进了农牧民收入水平的提升；另一方面降低了农牧民对畜牧业的依赖程度，政策的实施使得农牧民有更多从事其他行业的机会。且在 2011—2017 年间牧区、半牧区县牧业收入占人均纯收入的比重总体处于稳定的状态，变化幅度较小，意味着补奖政策的实施，并没有因为禁牧、减畜等大幅降低牧业的收入水平，相反政策的实施加快了全国草原地区畜牧业生产方式的转型升级，使得牧业收入占人均纯收入的比重保持在较稳定的水平。

各省区实施补奖政策以来，牧民收入增收效果明显。内蒙古自治区补奖政策资金使农牧民的政策性收入提高了 829 元，带动了全区牧民收入水平的稳步增长。结合精准扶贫政策，内蒙古补奖资金向全区 44 个贫困旗县进行倾斜，涉及资金 29 亿元，特别是在草原牧区的部分贫困地区，提高禁牧补贴标准，实现了生态补偿脱贫一批的目标。2017 年内蒙古牧区半牧区县牧民人均纯收入为 10 723.45 元，较 2011 年增加 70.36%；其中牧业收入为 6 250.061 元，较 2011 年提高 68.9%。

四川省补奖政策的实施惠及三州牧民 103 万户、412 万人。2017 年四川省牧区半牧区县牧民人均纯收入为 10 876.12 元，较 2011 年提高 151.01%；其中牧业收入为 3 186.76 元，较 2 011 提高 97.08%，增幅明显。此外，据统计，2014 年三州牧业人口较 2010 年增加 107.015 8 万人，牧区农牧民人均纯收入为 6 250 元，较 2010 年增加 3 630 元，每年补奖政策性人均增收 230 元，成为助推农牧民增收的重要因素之一，调动了农牧民群众保护草原生态和发展畜牧业生产的积极性，基本实现了减畜不减收的政策目标。

西藏自治区禁牧补助和草畜平衡奖励资金直补到户，增加了牧民的政策性收入，牧民年人均农牧民补助奖励政策性收入近 3 000 元，改则、双湖等牧区县人均享受补奖政策的收入平均 5 000 元；聘用有劳动能力及意愿的贫困人口和农村低保人口转为草原监督员，让低收入农牧民群众共同参与生态保护建设，有力促进了生态补偿脱贫。选聘为草原监督员的建档立卡贫困户收入年增加 3 000 元；吸纳贫困户参与草牧业基础设施项目建设，增加农牧民收入，促进了协调发展；在抓政策落实、增加牧民政策性收入的同时，加大畜种改良和人工种草力度，优化畜群结构和增加饲草料供给能力，提高农牧民科学种养水平，促进产业增收。2017 年西藏牧区半牧区县牧民人均纯收入为 11 196.9 元；其中牧业收入为 7 156.315 元，增幅明显。

青海省通过补奖政策的全面实施，逐步改变了过去分散经营，以畜牧业为主、采集业为辅的收入结构。2017 年全省牧区半牧区县牧民人均纯收入为 8 070.40 元，较 2011 年提高 96.37%；其中牧业收入为 6 119.26 元，较 2 011 提高 77.53%，增幅明显。2017 年牧民人均纯收入中政策性收入达到 3 017 元，比第一轮草原生态保护补助奖励年人均增收 429 元。加上全省草原生态管护补助牧民人均增收的 1 125 元，由补奖政策直接和间接带来的农牧户收入增幅非常显著。该政策已成为精准扶贫，农牧民增收的重要途径。补奖政策的实施不仅挖掘了畜牧业生产潜力，促进了二、三产业稳步发展，而且增加了牧民收入，实现了生态好转、牧业发展、农牧民思想转变、收入稳步提高等多方共赢。

宁夏农村居民 2017 年人均可支配收入 10 738 元，同比增加 886 元，增长 9%，增速比上年全区（8%）高 1 个百分点，比 2017 年全国

（8.6％）高 0.4 个百分点，比 2017 年全区城镇居民（8.5％）高 0.5 个百分点，连续 9 年高于城镇居民收入增速，超额完成年初确定的年度增长目标。从农民收入构成看：四项收入构成继续呈现"四个增长"的态势。其中：工资性收入 4 224 元，同比增长 8.1％，占可支配收入的 39.3％，拉动可支配收入增长 3.2 个百分点；经营净收入 4 252 元，同比增长 8％，占可支配收入的 39.6％，拉动可支配收入增长 3.2 个百分点；财产净收入 324 元，同比增长 11％，占可支配收入的 3％，拉动可支配收入增长 0.3 个百分点；转移净收入 1 938 元，同比增长 12.9％，占可支配收入的 18.1％，拉动可支配收入增长 2.3 个百分点。从农民收入排位看：增幅位次在全国、西部和西北省份的增幅排位均有所上升，在全国 31 个省份中排第 11 位，比上年排位上升 9 位；在西部 12 个省份排第 9 位，比上年排位上升 1 位；在西北 5 个省份排第 3 位，比上年排位上升 1 位。收入位次继续稳居全国 31 个省份第 25 位、西部 12 省份第 6 位、西北 5 省份第 2 位，也是 2017 年全国 3 个首次突破万元大关的省份（西藏、陕西、宁夏）之一，且收入水平位居 3 省份之首。从城乡收入差距看：城乡居民收入差距呈逐渐缩小的态势，全区城镇居民人均可支配收入 29 472 元，同比增长 8.5％，农村居民收入增速快于城镇居民，城乡居民收入比由 2016 年的 2.76 缩小到 2017 年的 2.75，较上年缩小 0.01。补奖政策通过发放禁牧补助直接增加了农牧民的政策性收入，受到了广大农牧民的普遍欢迎。草原生态保护补助奖励资金均采取"一卡通"方式直接发放到农牧户手中，仅已落实的禁牧补助资金户均获得政策性收入 498 元。

新疆地区补奖资金精准发放到户，牧民政策性收入普遍提高。通过补奖政策摸底调查和精准到户推进，解决了基层资金发放中出现的诸多矛盾和问题，每年全区草原补奖资金 24.77 亿元，牧民通过领取禁牧补助资金和草畜平衡奖励资金，直接增加了政策性收入，保障了农牧民畜牧业生产和稳定增收。2017 年新疆牧区半牧区县人均纯收入为 11 546.96 元/人，与 2011 年相比增加 94.52％；人均牧业收入为 5 114.09 元，较 2011 年提高 87.95％。图 3-15 反映了 2011—2017 年新疆牧区和半牧区县人均纯收入的变化水平。总的来看，半牧区县的人均纯收入要高于牧区县的人均纯收入，二者变动情况较为一致，除了 2014 年收入水平有大幅下降之外，其余年份的收入水平均不断增加，2017 年收入水平达到最大值。2014 年收入水平的锐减与当年严重的旱灾有关，受灾面积严重，导致牧草产量大幅下降，严重影响了农牧民的收入水平。

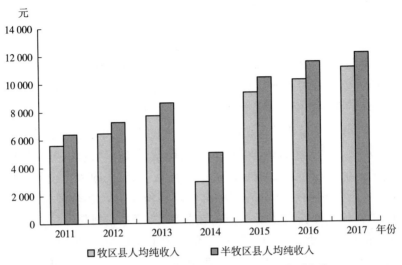

图 3-15　新疆牧区半牧区县人均纯收入水平变化

数据来源：2012—2018 年《中国畜牧兽医年鉴》。

黑龙江补奖政策的落实增加了牧区农牧民的直接收入。据统计，2012—2015 年，黑龙江牧区每年享受禁牧补贴和牧户生产资料综合补贴政策的共计 19.8 万户，两项补贴户均年增加收入 1 300 元。从全省牧区情况看，随着牧区草原生态改良建设力度的不断加大，特别是新一轮补奖政策的实施，草原生产力水平不断提高，牧区草原承包经营者牧草直接经济收入明显增加。2017 年黑龙江省牧区半牧区县牧民人均纯收入为 8 501.27 元，较 2011 年提高 18.62%；其中牧业收入为 4 583.64 元，较 2011 提高 37.99%，增幅明显。

甘肃省自 2011 年补奖政策实施以后，促农增收效果明显。甘肃省新一轮补助奖励总资金 11.025 亿元，政策覆盖全部草原地区，惠及 310 万户，1 200 多万农牧民，其中，20 个牧业县补奖总资金 7.97 亿元，政策惠及 65 万户，270 多万农牧民，户均补助 1 226 元。甘南州农牧民人均增收在 500 元以上，玛曲县人均增收达到 2 086 元。与第一轮政策相比，新一轮补奖资金全部直补到户，直接增加了农牧民的现金收入，有力地促进了生态补偿脱贫。2017 年甘肃省牧区半牧区县牧民人均纯收入为 6 973.98 元，较 2011 年提高 118.4%；其中牧业收入为 2 451.69 元，较 2011 提高 78.56%，增幅明显。

河北省补奖政策的实施促进了农牧民增收。2017 年，河北省半牧区农牧民人均纯收入为 5 169.6 元/人，较 2011 年的人均纯收入水平相比，增加 72.46％；人均牧业收入为 2 607.6 元/人，比 2011 年增加 105.86％，增收效果明显。

右玉县作为山西省唯一的半农半牧区，自 2012 年补奖政策实施以来，对农牧民的生产、生活起到了改善作用，促进了农牧民增收。禁牧补助、农牧民生产资料综合补贴的发放，直接增加了农牧民的转移性收入。2015 年，右玉县牧户户均补奖金额为 521 元，虽然补贴金额不是很高，但是在一定程度上对农牧户的生活起到了作用。2016 年右玉县城镇居民可支配收入 21 132 元，全县牧民人均可支配收入 6 588 元，较 2015 年的城镇居民可支配收入 19 974 元和牧民人均纯收入 6 180 元，分别提高 5.79％和 6.6％。

吉林省补奖政策的落实也促进了农牧民增收。2017 年，吉林省半农半牧区农牧民人均纯收入为 9 175.3 元/人，与 2011 年的人均纯收入水平相比，增加 45.78％；人均牧业收入为 4 015.3 元/人，比 2011 年增加 35.08％，增收效果较明显。

辽宁省自实施补奖政策以来，半农半牧区农牧民增收效果显著。2017 年，半农半牧区人均纯收入水平为 11 342.7 元/人，牧业收入为 4 273 元/人，较 2011 年分别增加 56.38％和 34.52％。图 3-16 显示了 2011—2017 年间农牧民人均纯收入、牧业收入及牧业收入占人均纯收入比重的变化趋势。人均纯收入总体呈增加的趋势，除了 2014 年稍有下降之外，其余年

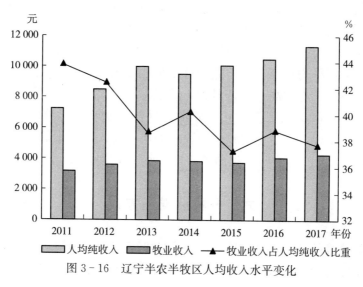

图 3-16　辽宁半农半牧区人均收入水平变化

份人均纯收入水平均在增加。人均牧业收入逐年递增，2017年增至最大值。牧业收入占人均纯收入的比重在波动中向前发展，总体呈下降的趋势，意味着农牧民对畜牧业的依赖程度有所下降，积极寻求其他的就业机会。

云南省自实施补奖政策以来，草原牧区农牧民增收效果明显。2017年，云南省半农半牧区农牧民人均纯收入为9 495.8元/人，较2011年的人均纯收入增加159.26%；人均牧业收入为4 778.6元/人，比2011年增加142.15%。2017年，全省草原畜牧业实现农业产值425.2亿元，农业增加值170亿元，带动农牧民增收148.8亿元，人均增收1 034元。同时，仅政策补贴就直接为全省农牧户增加收入58 155万元。如迪庆州香格里拉市格咱村委会，户均补奖政策收入达5 405元，最高的户达9 038元，草原畜牧业已成为全省农村经济发展的主导产业。

新疆生产建设兵团实施补奖政策项目前牧民主要收入为草原畜牧业收入，包括牛羊出栏收入、代牧收入等；落实补奖政策后，收入来源明显呈现多元化：除了草原畜牧业收入外，大部分牧工家庭有了新的收入来源，主要包括打工收入、种植业收入、农区舍饲育肥收入、国家补奖政策收入等，牧工的生产生活有了一定的改善。2015年，兵团团场农牧工总数7.9万人，家庭人均纯收入1.09万元，比上年增长了16.2%。

黑龙江农垦通过实施补奖政策，垦区经济效益大大提高，农牧户得到了实惠，促进了垦区牧草产业的发展。特别是通过种植苜蓿，显著提升了天然草原的单位产出效益。以绿色草原牧场为例，全场1.47万公顷草原中，1.04万公顷天然草原平均亩效益为50元左右。而同等气候条件下，2 333公顷旱作苜蓿平均亩效益为195元，是普通草原的近4倍；2 000公顷喷灌苜蓿，平均亩产500千克的苜蓿地块2万亩，亩效益405元左右。亩产量达600千克的高产核心地块667公顷，苜蓿草平均蛋白含量18%以上，亩纯效益达到了520元，分别比旱作苜蓿亩效益高210元和325元。从牧户来说，享受补奖政策的牧户平均年收入由原来的16 466元/年提高到现在20 101元/年，提高了3 635元/年，增长22.1%。

六、畜牧业发展方式

补奖政策的落实，使草原牧区的畜牧业发展方式加快转变，促进了地区畜牧业经济的健康快速发展，同时带动了地区其他产业的发展。

青海省利用绩效奖励资金加大后续产业扶持，加强了牲畜棚圈、储草棚、围栏等畜牧业基础设施建设，畜群和畜种结构调整，促进传统草地畜牧业向规模化养殖、集约化经营的现代生态畜牧业发展。目前，全省已组建961个生态畜牧业合作社，牧户入社率和牲畜、草场整合率分别达到72.5％、67.8％和66.9％，其中从天然草原转移到合作社或养殖场进行舍饲半舍饲养殖的牲畜达300多万羊单位，草食畜牧业发展方式明显发生变化。依托牧民合作经济组织为载体，优化生产布局，积极引导和鼓励牧民规模化生产、集约化经营、产业化发展，促进生产经营方式转变。同时，通过合作社股份制改造，生态畜牧业发展从数量型向兼顾数量、质量型转变，从单一的养殖向种养加一体化、一二三产业融合发展。

宁夏回族自治区自实施补奖政策以来，畜牧业生产方式的转型升级也在不断加快。补奖政策的实施，保障了草原禁牧制度的推行，促进了全区人工饲草地大力发展，草原畜牧业标准化规模养殖水平、生产效率、质量安全水平均得到提高。标准化规模养殖水平提高体现在畜禽标准化规模养殖比重达到67.8％，提高了2.2个百分点，标准化规模养殖已经成为全区现代畜牧业发展的主力。生产效率提高表现在群体改良、高效繁殖、平衡日粮、精准化饲养、精细化管理等多项技术快速推广，奶牛单产7 800千克，肉牛胴体重235千克，肉羊胴体重18.2千克，达到国内先进水平。质量安全水平提高体现在畜产品质量安全监测合格率保持在99.5％以上，饲料监测合格率达到99.7％，生鲜乳违禁添加物抽检合格率连续9年保持在100％，生鲜乳主要指标达到欧盟国家标准。

河北省半牧区在补奖政策的推动下，畜牧业生产结构不断调整和优化，规模化经营逐步推进，出现了"四增四减"，即种植户增加，分散养殖户减少；饲草料种植面积增加，其他农作物种植面积减少；大牲畜增加，小牲畜减少；大规模养殖户增加，小规模养殖户减少。草食畜全面禁牧，草食畜规模养殖比重进一步提高，人工饲草基地增加、"粮改饲"进程加快，农作物秸秆转化利用比例提高，不但降低了牲畜的饲养成本，也避免了燃烧秸秆带来的二次污染，同时畜牧业固定资产投资增加、机械化水平有所提高，抗灾减灾能力明显增强，农牧结合更加紧密，有效促进了畜牧业转型升级和提质增效。

山西省右玉县自2012年补奖政策实施以来，畜牧业生产经营方式得到明显转变，提高了草地畜牧业综合发展水平。草原禁牧使右玉县的畜牧业生产方式由自由放牧为主转变为舍饲为主。生产方式的变化，尽管带来了饲养生产成本的上升，但推动了畜牧业生产经营方式的转变。体现在以下四个方面：一是养殖技术的水平得到不断提高。禁牧之后，大大推动了自由放牧向舍饲圈养转变的步伐，转变了畜牧业生产方式。全县草食家畜集约化舍饲养殖达到65%以上，使养殖方式进一步向精细化方向发展，科学的饲养管理、繁殖改良、肉羊育肥等先进实用技术得到大范围的推广和应用，大大缩短肉羊的出栏时间和出栏体重，有效地提高了养羊的经济效益，促进了农牧户的增产增收。二是牲畜出栏和周转速度大幅提高。2016年绵羊平均出栏率远远高于2011年平均水平。一方面受近年羊价大幅波动的影响，另一方面，禁牧后养殖成本大幅提高，促使农牧户加快了牲畜出栏的步伐。三是补奖政策的落实使农牧结合更加紧密。禁牧之后，农牧户为了降低购买饲草饲料的成本，大部分都扩大了种植业规模，多数农牧户反映增加了种植业的活动时间，并且在调查中了解到绝大多数农作物都作为饲料自留供养羊使用。同时丰富的作物秸秆得到充分转化利用，不但降低了牲畜的饲养成本，还避免了燃烧秸秆带来的空气污染。可见，禁牧政策使得种植业和畜牧业更趋一体化。四是畜牧业集约化、产业化和标准化程度得到进一步提高。全县通过养殖大户为龙头，带动全县新发展了一大批养殖园区，有效地提高草食畜生产效率，同时建立草产品加工厂，进一步提高牧草、秸秆利用率，也解决了周边部分人员就业压力。

新疆生产建设兵团实施补奖政策以来，在草原畜牧业生产转变方面取得了初步成效。具体表现在以下几个方面：一是草原畜牧业发展方式初步改变。加快转变草原畜牧业发展方式，推进草原牧区畜牧业从粗放型向质量效益型转变，实现草原畜牧业可持续发展，提高草原畜牧业发展质量和畜产品产量。通过以建立新型畜牧业生产经营模式为目标，以提高草原畜牧业生产效益为核心，以增加牧工收入和保障市场供给为出发点和落脚点，大力开展科学放牧、人工种草、舍饲圈养等技术措施，实现草原畜牧业向"冷季舍饲、暖季放牧"的生产方式转变。通过整合生产资源，转移富余劳动力，提高草原畜牧业生产的组织化程度和生产效益，为草原畜牧业转型创造条件，以实现生态良好、牧工增收、牧业增效的目标。二是畜群畜种结构进一步调整优化。兵团各团场根据实际情况制定出了一系列的有力措施，采取调整畜种、畜群结构、发展优质畜种，扩大母畜存栏比例，提高繁育率，实施小畜换大畜工程、加快出栏、转变生产养殖模式等措施，整体的畜群畜种结构日趋合理，牲畜良种率和出栏率稳步提高。畜群结构的变化表现在：2010年兵团年末存栏牛36.84万头，其中能繁母牛 19.41 万头，占 52.69％；2014 年兵团年末存栏牛 44.37 万头，其中能繁母牛 30.38 万头，占 68.74％，比 2010 年增加了 15.78％。2010 年兵团年末存栏羊 427.76 万头，其中能繁母羊 278.39 万头，占 65.08％；2014 年兵团年末存栏羊 530.55 万头，其中能繁母羊 431.44 万头，占 81.32％，比 2010 年增加了 16.24％；其中能繁母羊的增长比 2010 年增长了 14.96％。从畜群结构来看，能繁母畜的比例趋于合理。从畜种结构来看，绵羊比例上升了 0.39％，牛的比例下降了 0.19％，其他牲畜变化不大，在各师、团场的政策引导下，整体的畜群畜种结构日趋合理。三是规模养殖逐步推进。截至 2015 年年末，兵团已累计建成较大型规模养殖场 1 310 个，规模养殖户 2 530 户，奶牛规模养殖水平分别达到 70％，肉牛肉羊规模养殖水平相对较低，分别为 50％和 30％。随着兵团城镇化建设及现代农业的推进，兵团全面推进畜牧业的提质增效和现代化养殖，高标准高起点发展畜牧产业，规模场物质装备和科技应用水平不断提升，大力推行饲喂、饮水、通风、清粪的全程机械化，总体机械化率达到 74％以上，信息化技术在奶牛生产中得到广泛应用，生产水平提高幅度较快，奶牛单产水平由 2005 年 3.7 吨提高到了接近 6 吨，高产奶牛群体达到了 8 吨以上，牛羊养殖水平也得到较大幅度提升。

第四节 社会效益

补奖政策的实施，对项目省区劳动力转移、文化教育、精准脱贫和政策宣传等方面产生了重要影响，在一定程度上提高了农牧民自觉保护草原生态、加强草原建设、落实草畜平衡和禁牧制度等意识。本节将以不同政策实施地区为例，研究补奖政策所带来的社会效益，分析政策实施对农牧民草原生态保护意识、牧区劳动力转移、民族团结、边疆稳定及和谐社会构建等方面的影响。

一、草原生态保护意识明显增强

2011 年以来，补奖政策逐渐被广大草原牧区的农牧民所熟知、所信赖、所赞赏。政策推动下的草原生态保护意识不断增强，极大地激发了农牧民保护与恢复草原生态的热情。

内蒙古自治区自补奖政策实施以来，农牧民草原保护意识从"要我保护"向"我要保护"转变，草原畜牧业生产思路从"多养羊"向"多挣钱"转变，从"多养"向"精养"转变，牧民真正成为保护草原的主体。

四川省自补奖政策实施以来，草原保护制度全面推行。全省牧区2.12亿亩可利用草原全部承包到户，禁牧和草畜平衡草原均已划定为基本草原，禁牧和草畜平衡制度全面执行，草原执法监管工作得到加强，广大牧民群众依法治草兴草意识和自觉性得到提高，开创了牧区草原工作的新局面。

西藏通过政策宣传、实施体验、参与监管，广大农牧民群众对草地的生态地位和作用有了新的认识，保护草原生态的意识逐步增强。

甘肃牧民群众对补奖政策的认知度进一步提高，主动参与意识增强，从"要我保护草原"变为"我要保护草原"，树立了保护优先、绿色发展的生态意识，进一步调动了农牧民保护建设草原的积极性，促进了草原资源的可持续发展。新一轮补奖政策的逐步落实，把党中央、国务院关于生态文明建设的新理念传递到了牧区，使广大农牧民群众看到了政策的延续性和稳定性，增强了保护建设草原的信心。

河北进一步坚定了基层管理部门和管理者对草原生态保护建设的信心，强化了农民的草原生态保护意识，农牧民看到国家实施草原生态保护战略的决心，对草原新政的信任感明显增强，并形成了良好的预期。

二、牧区劳动力加快转移

补奖政策的实施，在一定程度上促进了牧区劳动力的转移。劳动力的转移一方面缓解了草原的承载压力，另一方面也加大了牧民与外界的交流，拓宽了收入增加渠道，推动了当地经济的发展。

以宁夏地区典型的以牧业为主的盐池县、农牧交错的海原县为研究对象，通过实地调研了解到，当地在实施禁牧和补奖政策后，走访的牧民中近50%认为劳动强度有所减少，劳动力出现剩余，57.1%的劳动力选择外出务工来增加收入，用以补贴家用和就医看病。外出务工加强了农牧民与外界的交流，丰富和拓宽了农牧民的思想境界，转变了传统的思想观念，从根本上改变了传统的农村劳动力职业结构，提高了农牧民生产技术水平，开拓了中青年眼界和思路，推动了当地的经济发展。

新疆维吾尔自治区在补奖政策实施阶段，把加快牧区人畜转移作为推进草原畜牧业转型的工作重心，支持各地开展草原所有权、使用权、经营权分离试点，促进草原流转，鼓励家庭农牧场规模经营；扶持草畜联营合作组织发展和家族联户生产，优化牧区草场、牲畜、设施以及劳动力资源配置，推广划区轮牧、围栏放牧，实现草原连片经营，解放富余劳动力，转移牧业人口，极大地提高了农牧民的组织化程度和资源优势的整合力度，加快了农牧民富余劳动力转移，扩展了农牧民收入渠道，提高了农牧民收入，增强了畜牧业整体竞争力。

新疆生产建设兵团随着补奖政策的实施，农牧区人口从分散居住的草原到相对集中的园区、团场（社区）或条件较好的地方居住，这种由分散到集中的变化，使牧户的家庭居住条件因此改变，交通通讯、文化卫生以及医疗、教育、就业条件等得到明显改善。

三、草原生态保护执法力度不断加大

补奖政策的实施，使草原生态保护的执法力度不断加大，在一定程度上强化了政策实施效果，对草原生态的保护与恢复起到重要的保障作用。

青海在补奖政策实施之后地区生态管护力度得以强化。2016 年新增草原生态管护岗位 8 623 个，全省草原生态管护员总数达到 22 517 个，初步建立了点成线、网成面的管护体系，进一步加强了对禁牧和草畜平衡区的核查监管力度，确保政策落实效果。同时，全省通过项目综合检查、执法专项督查、禁牧减畜等工作加大了草原生态保护监管力度。

黑龙江通过实施补奖政策，摸清了牧区草原资源现状，为加强草原保护管理工作奠定了基础。对 15 个牧区县的县域草原资源进行清查，建立了草原权属基础档案，明确草原使用权单位 1 322 个，核发草原使用权证书 1 120 个；依法划定基本草原 95.73 万公顷，制作了县级 1：10 万和乡级 1：5 万草原资源分布图。按照草原承包地块、面积、合同、证书"四到户"要求，依法废除了违法草原承包合同，完善了不规范和短期合同，落实了未承包草原经营制度，建立了草原承包档案。牧区草原共计签订 2.47 万份草原承包合同，涉及草原承包户 19.8 万户。

四、民族团结和社会稳定显著增强

补奖政策的实施，改变了传统草原牧业的生活和生产经营方式，促进了地区经济的快速发展，极大地改善了地区的生产生活条件，牧民生活水平进一步提高，促进了地区民族的团结及社会的和谐稳定。

宁夏地区通过实施草原补奖政策和牧民居住点的建设，使农牧民稳定下来，随着生态环境和生活条件的改变，牧民改变了"逐水草而居"的生活习惯，舍饲圈养的发展使得从放牧中解放出来的劳动力"有事可做，有力可使"，消除了社会不稳定因素，增强了民族团结和社会稳定。

西藏自治区通过实施补奖政策，促进了当地草原生态保护建设和草牧业发展，建设牧道、桥涵、高寒牧区棚圈、人工饲草地、牧草繁育基地、草产品加工点、建设牲畜原种场等，夯实了草地畜牧业可持续发展的重要物质基础，极大地改善了农牧区生产生活条件，促进了农牧民群众增收、农牧区经济的发展、社会的和谐稳定与草原生态恢复，进一步增强了党和国家的向心力、凝聚力。此外，广大农牧民群众对政策实施效果十分满意，在惠民政策受益中深怀感恩之情，保护生态安全、加快脱贫致富奔小康的愿望日益强烈。

五、脱贫攻坚成效明显

补奖资金的发放，在一定程度上助推了脱贫攻坚目标的实现，农牧民基于补奖政策转移性收入的增加使得部分省区脱贫攻坚的任务取得显著成效。

以云南省为例，补奖政策在全省 109 个县（市、区）实施，覆盖 82 个贫困县（市、区）（国家级贫困县 73 个、省级贫困县 9 个），占全省 88 个贫困县的 93.2%。云南省认真按照国家和省级产业扶贫工作方案，指导贫困县优选草原畜牧业转型升级、草牧业试点等项目，把发展基础好、带动能力强、并与建档立卡户建立紧密利益联结机制的牛羊产业发展项目纳入补奖政策绩效考核奖励资金重点支持范围。2017 年，中央财政支持云南省草原生态补奖政策绩效考核奖励资金 28 909 万元，其中，支持 82 个贫困县 21 835 万元，占 75.5%，如西盟县以实施草原生态补奖政策为契机，创新体制和机制，引进三江并流公司，带动肉牛产业发展，为没有主导产业的贫困乡（镇）、村培植骨干产业，建立了"政府＋企业＋合作社＋贫困户"的产业扶贫模式，助推扶贫攻坚。在全县规划建设肉牛标准化规模养殖场（小区）13 个，目前已建成 9 个，存栏肉牛 5 700 头，在建 4 个，存栏肉牛达 12 000 头，带动 1.2 万余名贫困人口参与到肉牛养殖、优质牧草种植等肉牛产业的各个环节，该产业可实现人均增收 3 350 元以上。

六、牧民政策总体满意度逐年提高

补奖政策实施以来，牧区传统畜牧业生产方式不断转型升级，提高牧民生计水平的同时，实现了"减畜不减收"的政策目标。基于调研结果，发现多数牧民赞成补奖政策的实施，且随着政策的不断深入，牧民对政策的满意度逐年提高，对政策的期望度也逐渐加大。

2016 年内蒙古草原牧区的入户调研结果表明，近九成农牧民支持补奖政策的实施，认为该政策利于生态环境的改善，同时提高了农牧民的生产生活水平。新疆在 2015—2018 年连续四年对自治区内不同市（县）牧民进行了满意度调研，结果表明，牧民对政策实施认知度和满意度不断提高，期望值也逐年攀升。2013 年，在宁夏回族自治区牧区走访调查中发现，盐池县和海原县受访农牧民中对草场恢复的满意度达到 85％左右。2015 年第一轮草原补奖结束时，甘肃省对 98 户农牧民进行了入户调查，农牧民对补奖政策的实施效果满意度达到 100％。云南省自 2016 年底开始增加了农牧民政策效应的评价调查，结果显示 97.60％的受访农牧户对政策实施效果表示满意。

第四章 反响与期待

草原是我国陆地生态系统中面积最大的生态屏障，在生态保护和建设中占有极其重要的战略地位。党的十八大明确提出要大力推进生态文明建设，努力建设美丽中国，实现中华民族永续发展。习近平总书记在中共中央政治局第六次集体学习时也指出，"保护生态环境就是保护生产力，改善生态环境就是发展生产力"。十九大报告中强调，中国共产党人的初心和使命，就是为中国人民谋幸福，为中华民族谋复兴，号召全党永远与人民同呼吸、共命运、心连心，永远把人民对美好生活的向往作为奋斗目标，实现"百姓富"，再造"生态美"。

补奖政策实施以来，取得了显著的生态、经济、社会效益，为促进草原生态环境持续改善和加快建设美丽中国作出了重要贡献。本章基于多年来政策第三方效益评价调研组开展入户调查获得的基础数据，结合近年来国内外关于补助政策方面的文献资料，分析了农牧民对实施补奖政策的不同环节的认知度和满意度，以期为各级政府部门采取针对性措施以进一步优化和完善现行政策中的薄弱环节提供参考。

第一节 政策认知满意度

一、政策认知度

补奖政策在设计之初充分考虑了草原生态保护和农牧民增收，将资金的近90%直接补贴农牧民，以增加农牧民的政策性收入，同时，支持发展现代草原畜牧业，以增加农牧民的家庭经营收入，实现各项内容、各个环节的相互补充和相互衔接，是一项功在当代、泽被千秋的民生工程和德政政策。

政策第三方效益评价，采用随机入户调研方法，针对政策实施后，农牧民的满意度设置问卷，分别调查收集了户主及家庭生产生活等基本情况信息，主要包括：年龄、受教育程度、家庭总人数、牲畜总头数、草场面积等指标。受访者对政策实施效果的认知，主要包括政策实施后对草原生态的改善、对其生活的改善、对生产的改善等；对政策实施内容的认知，主要包括草原载畜量（草畜平衡/禁牧区）合理程度、补奖标准（草畜平衡/禁牧区）合理程度、补奖年限的合理程度等；对政策执行过程的认知度，主要包括政府对政策的宣传频次、补贴发放情况等。

通过了解调查受访者对补奖政策的认知度高低，并分析其影响因素，对完善政策内容，增加政策普识度和宣传力度，提高政策实施效率具有重要意义。现对补奖政策实施区域，如新疆维吾尔族自治区、内蒙古自治区、甘肃省、宁夏回族自治区等部分农牧民对补奖政策认知度的调研结果进行分析。

（一）新疆

新疆在 2010 年奖补政策出台之前就已经建立了比较完善的草畜平衡监管制度，奖补政策的落实和奖补资金的发放，尤其是草畜平衡奖励资金的发放，对于牧区农牧民来说是"迟到"的奖励。通过对补奖政策实施、内容、执行的认知度的调研（表 4 - 1）。

表 4 - 1　补奖政策认知度调查表

一级指标	二级指标	指标赋值及说明实际值
调研的农牧民生产生活的基本特征	受教育程度	1＝无；2＝小学；3＝高中；4＝中专；5＝大专及以上
	家庭人口数	实际值
	牲畜头数	实际值
	草场面积	实际值
对政策实施的认知	政策实施后对草地生态的改善	1＝无变化；2＝小幅；3＝中幅；4＝较大幅；5＝大幅
	政策实施后对生活的改善	1＝无变化；2＝小幅；3＝中幅；4＝较大幅；5＝大幅
	政策实施后对生产的改善	1＝无变化；2＝小幅；3＝中幅；4＝较大幅；5＝大幅
对政策内容的认知	草地载畜量（草畜平衡/禁牧区）合理程度	1＝严重偏少；2＝偏少；3＝基本符合；4＝偏多；5＝严重偏多
	补奖标准（草畜平衡/禁牧区）合理程度	1＝过低；2＝偏低；3＝合理；4＝比较高；5＝过高
	补奖年限的合理程度	1＝期限过短；2＝期限比较短；3＝期限合适；4＝期限较长；5＝期限过长

（续）

一级指标	二级指标	指标赋值及说明实际值
对政策执行的认知	政策的宣传频次	1＝完全没有；2＝很少有；3＝常有；4＝较多；5＝非常多
	补贴发放及时程度	1＝非常不及时；2＝不及时；3＝不清晰；4＝及时；5＝非常及时

新疆拜城县和温泉县有 70％的受访者认为补奖政策实施后草原生态有所好转，25％的受访者认为变化不大，5％的受访者认为当地的草地生态整体好转，局部恶化，主要原因是当地前一年的气候干旱和草地管理保护措施不完善等导致了草地质量变差。另外，从收入维度来看，调研的 80 个样本牧户，户均补奖收入 1.05 万元，占其户均收入的 16.7％，其中，拜城县 40 个牧户户均 1.25 万元，占 18.4％，温泉县 40 个牧户户均 0.78 万元，占 15.2％。补奖资金已成为农牧民收入的主要来源之一。

此外，尼勒克县、和静县有 90％以上的受访者对补奖政策表示清楚或非常清楚。尼勒克县、和静县分别有 45％和 18％的农牧民希望对禁牧区实行季节性禁牧，有 20％和 55％的农牧民认为禁牧区可以打草利用，另有 30％和 20％的农牧民表示枯黄期可以放牧。木垒县有 92.86％的受访农牧民认为补奖政策非常有必要继续实施，所有受访农牧民均认为补奖政策有必要继续实施，但普遍认为草原补奖政策需要进一步扩大实施范围，提高补助和奖励标准，依法明确草原权属，实现承包地块、面积、合同、证书"四到户"，落实草原生产经营和保护建设责任。

新疆草原站对补奖政策效益的评价，选取了北疆温泉县和南疆拜城县为调查样本区域，拜城县和温泉县草原禁牧面积分别为 12 万公顷和 13.71 万公顷，草畜平衡面积分别为 57.10 万公顷和 21.48 万公顷。95％的受访者对补奖政策表示满意，90％的受访者认为禁牧、草畜平衡对草原生态环境的保护具有积极的促进作用，75％的受访者愿意对草原进行维护，牧区农牧民已充分认识到实施奖补政策、保护草原生态的重要性，对补奖政策的理解力和执行力普遍提高，主动参与意识不断增强。70％的走访农牧民明确知道补奖政策包括的主要内容，30％的牧户对补奖政策中有关牧草良种补贴、牲畜良种补贴的内容不太清楚，但对整个禁牧补助、草畜平衡奖励以及农牧民生活补贴是知道的，主要原因是牧草良种补贴和牲畜良种补贴并没有全覆盖。

关于草地退化的主要原因，有 35％的农牧民认为是由于超载过牧；40％的农牧民认为是对草场维护不够重视所致；25％的农牧民认为是滥开滥垦、挖矿、占地等所致。大多数牧户（80％）表示会控制牲畜养殖头数；只有少部分牧户（15％）表示仍然会增加养殖头数。大多数牧户（85％）认为，牲畜养殖数量越多，家庭收入就越高。有 90％的农牧民认识到有必要对草地进行维护。其中 25％的牧户对草地进行过有意识的维护。如温泉县安格里格乡的农牧民将自己的夏季放牧场分为两片，每年只利用其中一片，进行年度间的分区禁牧。对草场维护采取的措施中，较多牧户（80％的牧户）希望通过围栏（主要集中在打草场上），靠草地地力自然恢复。有 60％的牧户愿意采取适度放牧以恢复草地植被。但只有 25％的农牧民愿意投入资金对天然草场进行维护，其主要原因是资金缺乏（70％的牧户）。有 70％的牧户牲畜数量没有减少，25％的牧户牲畜数量略有减少，5％的牧户牲畜数量有所增加。50％的牧户常年四季游牧，40％的牧户只在暖季进行放牧，还有 10％的牧户只在夏季进行放牧。

2016 年新疆草原站在对新疆补奖政策效益研究中，选取了北疆阿勒泰地区的福海县和塔城地区的沙湾县 2 个典型县的 2 个乡 4 个牧业村为调查样本区域。福海县、沙湾县草原禁牧面积分别为 30.67 万公顷、2.13 万公顷，福海县、沙湾县草畜平衡面积分别为 113.63 万公顷、28.64 万公顷。福海县奖补政策实施后有 74.8％的受访户认为草场产量提高；沙湾县 48.0％的受访户认为草场产量明显提高，草原生态环境改善。

昌吉市和木垒县分别有 76.32％和 88.1％的受访者对补奖政策了解非常清楚，其余 23.68％和 11.9％的受访者表示对补奖政策也有所了解，总体知晓率为 100％。参与调研的受访者普遍认为草原补奖政策的社会效益、经济效益及生态效益显著，新疆各地（州）、县（市）现行的禁牧和草畜平衡制度合理，草原监督管理落实到位，对补奖政策落实的总体满意度高。同时，昌吉市和木垒县分别有 68.42％和 69.05％的农牧民表示草原监理部门在执行草畜平衡制度过程中，每年核定一次牲畜存栏量，而分别有 31.58％和 28.57％的农牧民认为仅在补奖政策实施之初核定过一次。关于"合理载畜量如何确定"的问题，两个县（市）的农牧民有不同的看法：昌吉市农牧民更倾向于按照青贮量、人工种草面积和天然草原长势，确定暖季载畜量，这部分受访者的比例占50%；而木垒县的农牧民则更倾向于按照天然草原的产草量确定合理载畜量，这部分被调查者的比例占80.95%；两个县（市）认为按自产牧草和外购牧草之和确定合理载畜量，并根据储草量确定冷季载畜量的做法是较为合理的受访者比例均不到10%；另外，两个县（市）分别有7.89%和2.38%的农牧民认为应该按上述之外其他的方法确定载畜量。上述结果说明了两个县（市）农牧民在畜牧业生产方式方面可能存在明显的差异。昌吉市和木垒县分别有84.61%和97.67%的受访者反映相关部门对超载过牧的牲畜会采取强制出栏、超载罚款、核减补奖资金等强制措施控制草畜平衡区放牧牲畜数量；有15.39%和2.33%的农牧民认为草畜平衡区超载过牧的行为不会受到任何惩罚（表4-2）。

表4-2　昌吉市、木垒县牧民对草畜平衡区监管感知

单位：%

项目	问题	昌吉市比例	木垒县比例
对超载过牧的牲畜采取的措施？	A. 强制出栏	46.15	53.49
	B. 超载罚款	33.33	39.53
	C. 核减补奖资金	5.13	4.65
	D. 没有具体措施	5.13	2.33
	E. 其他	10.26	—

　　昌吉市和木垒县的农牧民普遍认为草畜平衡制度实施以来草场利用向良性循环方向发展，昌吉市和木垒县分别有31.58%和69.05%的受访者认为草场恢复得很好，分别有63.16%和30.95%的农牧民认为草原有所恢复。总体来看，2个县（市）97.47%的受访者认为草原生态得到恢复，2.53%的受访者认为草原没有恢复，农牧民反映局部区域存在超载现象，但是超载区域面积小，这些区域主要集中在人口密集区域（表4-3）。

　　在入户调研的过程中，对受访者生产生活的基本特征以及政策实施效果、政策内容、政策执行的认知度进行了摸底调查，从农牧民社会特征分析来看，不同年龄、性别、民族，以及受教育程度的农牧民对补奖政策的认知度有所差异。年龄较大的农牧民群体对补奖政策的满意度较年轻人

表 4 - 3 农牧民对草畜平衡效果自我评价

单位：%

项目	问题	昌吉市比例	木垒县比例
草畜平衡放牧后草场状况如何?	A. 草场恢复得很好	31.58	69.05
	B. 草原有所恢复	63.16	30.95
	C. 草原没有恢复	5.26	0
	D. 仍未得到很好利用	0	0
	E. 恶化了	0	0

高，出现这种现象与不同年龄阶段的收入构成有很大的关系，年轻人的主要收入来源呈现多元化，包括外出打工、商品交易（虫草、菌）等途径；年龄较大的调研对象其劳动能力下降，收入的来源相对单一，奖补资金是主要来源之一，但也存在随着户主年龄的增加，其对政策的了解程度较低，难以接受新鲜事物，进而造成对政策满意度降低的现象。总体来说，随着户主年龄的增加，对补奖政策的期待越高。

（二）内蒙古

2013 年，调研组选取在内蒙古鄂尔多斯市鄂托克旗和乌审旗开展随机入户调研，从结果来看，草原补奖面积分别为 204.53 万公顷、76.31万公顷，两个旗农牧民对政策的认知程度不同。鄂托克旗所有的受访者中，100%的受访者都了解休牧补贴政策，87.1%的受访者了解生产资料补贴政策，64.5%的受访者了解良种补贴政策，51.6%的受访者了解禁牧补贴政策。也就是说这 4 个政策在该地区农牧民中的认知普及率依次为休牧政策＞生产资料补贴政策＞良种补贴政策＞禁牧补贴政策。乌审旗农牧民了解最多的是禁牧补贴，普及率为 80%，其次为休牧补贴和生产资料补贴政策，普及率分别为 34.3%和 31.4%，了解最少的是良种补贴政策，普及率仅为 20%。

2018 年，对内蒙古自治区锡林郭勒盟农牧民的调查发现，当地农牧民基本上对补奖政策有一定的了解，非常了解政策的人数还是占少数的，牧户基本上都知道国家这样的政策，但是对该政策的具体内容了解有限。大部分农牧民了解补奖政策的渠道依赖于乡镇、嘎查领导的宣传，也有部分农牧民是通过电视报纸等渠道得知这一政策的，农牧民对国家政策的响应是十分积极的，农牧民有意愿去详细了解政府的政策，但由于了解的渠道比较单一，农牧民往往接收不到较多的信息。锡林浩特市、东乌珠穆沁旗、克什克腾旗的禁牧面积分别为30.79万公顷、26.47万公顷、83.63万公顷，占各市、旗草地面积比例分别为21.46％、6.68％、55.87％，草畜平衡面积分别为104.36万公顷、356.87万公顷、66.05万公顷，占各市、旗草地面积比例分别为72.75％、90.10％、44.13％。当问及退化草场应采取什么样的措施来进行生态保护建设时，有18.56％的农牧民认为通过禁牧（围封退化草场，靠自然的力量）恢复退化草原植被，但需要政府足够的补奖资金支持。可见，绝大多数农牧民保护草原生态意识很强烈，认为草原生态保护还是非常必要的，但他们也认为草原生态保护的前提是改善草原畜牧业的生产经营方式，解决农牧民最基本的生产生活问题。目前，牛、羊、骆驼等草食动物养殖仍是广大牧区半牧区的支柱产业和农牧民的主要收入来源，补奖政策实施之初牛羊活畜价格持续高涨，加剧了政策减畜与农牧民增收之间的矛盾，导致农牧民即使拿着国家补奖资金但仍然在草畜平衡区超载，在禁牧区偷牧。另外，禁牧后农牧民从放牧点转移出去，形成大面积的无人区，还导致禁牧区偷牧、夜牧、偷采野生植物等破坏草原生态环境的现象时有发生。

2018年年底，调研组从受访户对禁牧和草畜平衡的自我评价可以看出，85％以上的受访户对禁牧和草畜平衡的实施表示必须履行；锡林浩特和东乌旗的受访户对禁牧和草畜平衡的实施表示无所谓的分别为10％、14.29％和10.00％、5.56％。锡林浩特和东乌旗的受访户中，3.33％和5.56％的受访户对草畜平衡的实施表示不想履行。锡林浩特和东乌旗的受访户对禁牧和草畜平衡的实施态度表示好的分别为90.00％、85.74％、86.67％和88.88％；受访户对禁牧和草畜平衡的实施态度表示一般的分别为10.00％、14.29％、10.00％和5.56％；锡林浩特和东乌旗的受访户对草畜平衡的实施态度表示不好的分别为4.30％和7.96％。锡林浩特和东乌旗的受访户对禁牧和草畜平衡的实施效果表示好的分别为70.00％、71.44％、90.00％和88.89％；受访户对禁牧和草畜平衡的实施效果表示一般的分别为20.00％、14.28％、10.00％和10.00％；锡林浩特和东乌旗的受访户对草畜平衡的实施效果表示不好的分别为10.00％和14.28％（表4-4）。

2018年，调研组在评价内蒙古阿拉善盟补奖政策效益时，基于调查样本分析结果显示，超载牧户仅占样本数的8.33％，超载牧户的超载率平均10％左右，总体处于不超载水平。补奖政策第二轮实施以来，阿拉

表 4 - 4 农牧民对禁牧和草畜平衡效果的自我评价

单位：%

评价内容		禁牧		草畜平衡	
		锡林浩特	东乌旗	锡林浩特	东乌旗
认识	必须履行	90.00	85.71	86.67	88.88
	无所谓	10.00	14.29	10.00	5.56
	不想履行	0	0	3.33	5.56
态度	好	90.00	85.74	84.60	87.18
	一般	10.00	14.29	11.10	4.86
	差	0	0	4.30	7.96
效果	好	70.00	71.44	90.00	88.89
	一般	20.00	14.28	10.00	10.00
	不好	10.00	14.28	0	0

善盟在第一轮实施经验的基础上，精心优化方案并落实，加强了政策实施监管力度，家畜数量得到有效控制，草地生态状况逐年恢复，农牧民的生产生活没有因严格落实草畜平衡和禁牧政策而受到明显的影响。

2018 年调研组走访了阿拉善左旗、阿拉善右旗和额济纳旗，随机选取调研户，统计了调研户对草畜平衡和禁牧政策的感知评价，可以看出（表 4 - 5），三个旗的调研户中，60% 以上的调研户均表示草畜平衡政策的实施使得草地质量明显变好，阿拉善左旗、阿拉善右旗和额济纳旗表示草畜平衡政策的实施没有改变草地质量的比例分别为：21.74%，12.50%，24%。

表 4 - 5 农牧民对草畜平衡效果的感知评价

单位：%

项目	明显变好	没变化
阿拉善左旗	65.22	21.74
阿拉善右旗	70.83	12.50
额济纳旗	64.00	24.00

调研阿拉善左旗、阿拉善右旗和额济纳旗可以看出（表 4 - 6），多数受访户表示政策实施以来，禁牧后草地质量明显变好，其中所占百分比分别为 85.71%、100% 和 80%；禁牧后草地质量没有明显改变的受访户所占比例分别为 14.29%、0%，20%，在以上三个地方的调研来看，禁牧

政策实施以来，农牧民的认知感比较强烈。

表4-6　农牧民对禁牧效果的感知评价

单位：%

项目	明显变好	没变化
阿拉善左旗	85.71	14.29
阿拉善右旗	100.00	0
额济纳旗	80.00	20.00

（三）青藏高原

　　2018年，调研组在青藏高原区（西藏、四川、青海）开展的调查结果显示，从对该项政策的认知角度来看：95%的调研户知道有该项政策，他们对政策相关内容和规定的获取渠道更多的是依赖于当地乡镇基层技术人员的宣传。但是，在知晓该项政策的调研户中，仅有65%的农牧民清楚该项政策的实施目的、措施和要求；35%的农牧民仅仅知道补奖政策是一种资金补助政策，关于该政策的实施目的、措施和要求均表示不清楚。对受访者清楚该项政策的认知度和普及率的比较发现，农牧民对政策的实施认知排序依次为：草畜平衡>良种补贴>生产资料补贴>禁牧补贴，从以上结果来看，农牧民更多的是关注补助型和奖励型方式，对其家庭生产方式有帮助的草畜平衡认知度最高，其次是以良种补贴和生产资料补贴型政策的认知，禁牧补贴作为约束性补贴的选择性降低，农牧民对该政策的认知度也最低。

　　走访青藏高原地区发现，入户调研的农牧民有禁牧合同书和"一卡通"存折，由于各种草原项目补贴数额较大，他们仅对总金额比较清楚，但对生产资料补贴（每户500元）、禁牧补贴（20元/亩）、草畜平衡补助（2.18元/亩）、牧草良种补贴（10元/亩）的分项知晓率不到20%（表4-7）。

表4-7　政策实施内容认知度占比

单位：%

地区	合同书和一卡通	发放金额	分项补贴认知度占比			
			生产资料补贴	禁牧补贴	草畜平衡补贴	良种补贴
青海	100	95.6	17.5	10.4	19.6	18.2
四川	100	98.2	19.4	9.0	17.3	12.7
西藏	100	90.5	18.6	11.3	16.4	18.9

2017 年，调研组在四川省红原县和理塘县调研发现，自补奖政策实施以来，红原县和理塘县调研户对禁牧补贴均较为支持，支持度超过80％，分别为 91.7％和 83.3％，仅有 8.3％和 16.7％的调研户不认同在草场上实施禁牧，但是这部分受访者也表示，如果别人实施禁牧，自己也会配合政府落实禁牧（表 4－8）。红原县和理塘县都是四川省藏区畜牧业生产规模较大的县城，走访的调研户大部分愿意拿到补贴后实施禁牧或减畜。在调研的两县来看，红原县 58.3％的调研户，理塘县 70％的调研户表示，通过实施禁牧可以有效遏制当地草地退化的问题。但是红原县16.7％的调研户，理塘县 10％的调研户对通过实施草地禁牧来保护草场持有不同意见。红原县和理塘县的受访调研户对植被恢复继续开展放牧生产持有信心，100％的受访户表示，禁牧取消后非常愿意在自己草场内继续开展放牧生产活动。

表 4－8　部分调研区对禁牧补贴认知度

项　目		红原县		理塘县	
		人次	比例（％）	人次	比例（％）
对草原禁牧的态度	有必要，支持	55	91.7	50	83.3
	没必要，但只能服从	0	0	0	0
	不知道，服从	5	8.3	10	16.7
	没必要，不服从	0	0	0	0
补贴后，是否愿意禁牧或减畜	愿意	58	96.7	47	78.3
	不愿意	2	3.3	3	21.7
禁牧政策能否有效保护草场	能	35	58.3	42	70.0
	不能	15	25.0	12	20.0
	一般	10	16.7	6	10.0
植被恢复后，是否愿意再放牧	愿意	60	100	60	100
	不愿意	0	0	0	0

从以上的调研走访可以看出，草地是农牧民赖以生存的生产资料，农牧民对禁牧支持度较高，且有较大信心；同时可以看出，部分地区需要科学积极地引导宣传，让农牧民对该项政策有深刻理解和认知；另外，通过调研还发现农牧民普遍认为自己家庭草场生产力降低，亟待利用禁牧来保护草地。

农牧民获取信息的途径很重要，这关系到国家政策能否准确地被农牧民接收和接受，更影响到国家政策和办法的顺利实施。当地农牧民获取信息的途径为电视＞干部传达＞听他人讲＞网络＞其他途径（报纸、杂志等）。这是因为电视在调查样本户中已经很普遍，基本达到家家有电视的条件，县级电视频道对政策的宣传频次较高，是全县政策的主要信息源，也是最早信息源；其次，农牧民较忙，家庭中的青壮劳力有些长年在外务工，经常观看的电视节目多是连续剧等，与自己相关的具体政策的知晓大部分来源于乡村干部的宣传和邻居间的聊天，网络和报纸受条件所限，在当地作用不大。

（四）甘肃省

2014 年，中国草学会调研评价的 6 个样本县中，农牧户对补奖政策及林业补贴、养老保险、农机补贴等补奖政策了解比例较高，其中，对禁牧补贴、草畜平衡补贴政策的了解比例最高，达 95％和 87.7％。据调查，6 个样本县中，大多数农牧户对草原退化危害生产生活非常关注，很担心和有些担心的农牧户占调查样本户的 80.2％，对草原禁牧持支持态度的农牧户占样本户的 84.8％，44.7％的样本户认为畜牧业补贴和农业补贴是一样合理的，52.8％的样本户表示得到补助后愿意减少放牧家畜。有近一半的样本户表示不愿意减畜，原因是补贴少，不能满足生活开支（表4-9、表4-10 和表4-11）。

表 4-9　农牧民对补贴政策的态度

项　目	频　次			
	盐池县		海原县	
	人次	比例	人次	比例
关心国家草原政策	20	100％	21	100％
对奖补政策补偿满意	19	95％	18	85.7％
畜牧业补贴合理	2	10％	3	14.3％
农业补贴合理	1	5％	2	9.5％
一样合理	11	55％	8	38.1％
不清楚	6	30％	8	38.1％
与其他省份相比，对奖补资金满意的牧户	10	50％	12	57.1％
不了解其他省份情况的牧户	6	30％	9	42.9％
对奖补资金不满意的原因	认为本省补贴较少			

（续）

项　　目		频　次			
		盐池县		海原县	
		人次	比例	人次	比例
得到补贴后愿意禁牧或者减畜		18	90%	16	76.2%
不愿意减畜的原因		养殖的牛羊数量本来就比较少			
对国家落实政策的看法	很好	19	95%	18	85.7%
	一般	1	5%	0	0%
	很差	0	0%	1	4.8%
	没有看法	0	0%	2	9.5%
村干部落实政策的公平性	挺好	20	100%	16	76.2%
	一般	0	0%	3	14.3%
	很差	0	0%	0	0%
	没看法	0	0%	2	9.5%

天祝县按"禁牧不禁养、减畜不减肉、减畜不减收"的原则，力争任务落实到户、补助发放到户、服务指导到户、监督管理到户、建档立卡到户，表现出政府部门对政策认知的深刻性。天祝县调查的样本户中，100%的农牧民表示对国家相关草原政策、畜牧业有关政策是很关心的，这也从侧面反映了农牧民对草原生态环境的关心和重视。补奖政策在保护草地生态环境的同时，给农牧民提供一定的经济补偿来弥补由于禁牧、减畜等政策造成的部分牧业损失。根据调查结果显示，样本户中对补奖政策满意的达100%，农牧民反映"原来是给国家交皇粮国税，现在是国家发钱"，这说明农牧民认知层次是非常现实的，国家经济发展是推进草原生态保护的主要支撑。

（五）其他省份

2018年调研显示，宁夏回族自治区每年禁牧面积237.07万公顷。中宁县和同心县分别有83.7%和89.2%的调查户知道补奖政策的实施目的，但对于政策包括哪些方面或者说自己享受了哪些补贴并不清楚，如中宁县调查户仅有25.6%的调查户认为自己享受了草畜平衡奖励，其中宁夏为全省禁牧省份，没有实施草畜平衡补贴。在家畜良种补贴方面，两县调查户享有这项补贴的农牧户比较少（表4-12）。

表 4-10 调查户对各项补贴政策的了解情况

项目		禁牧补贴	草畜平衡补贴	生产资料补贴	家畜良种补贴	牧草良种补贴	林业补贴	养老保险	农机补贴	教育"两免一补"	围栏补贴	创业补贴	征用草原补贴	生态建设工程补贴	其他/家电补贴
玉门市	了解的户数	—	—	—	—	—	—	—	—	—	—	—	—	—	—
	百分比（%）	100	63.3	43.3	13.3	76.7	16.7	53.3	60	40	6.7	6.7	0	0	0
环县	了解的户数	30	28	13	25	30	7	15	12	17	2	1	4	1	0
	百分比（%）	100	93	43	83	100	23	50	40	57	7	3	13	3	0
永登县	了解的户数	22	21	7	5	17	2	23	17	12	0	0	2	2	0
	百分比（%）	73.3	70	23.3	16.7	56.7	6.7	76.7	56.7	40	0	0	6.7	6.7	0
民勤县	了解的户数	30	30	25	20	22	14	30	25	26	12	0	0	0	0
	百分比（%）	100	100	83.3	66.7	73.3	46.7	100	83.3	86.7	40	0	0	0	0
夏河县	了解的户数	29	30	30	4	30	11	27	10	26	2	1	0	0	0
	百分比（%）	96.7	100	100	13.3	100	36.7	90.0	33.3	86.7	6.7	3.3	0	0	0
天祝	了解的户数	30	30	10	0	15	30	30	30	30	20	0	5	0	11
	百分比（%）	100	100	33	0	50	100	100	100	100	67	0	7	0	37
平均	了解的户数	40.2	33.7	21.4	11.2	31.8	13.5	29.7	25.7	25.2	7.1	1.5	1.8	0.5	1.8
	百分比（%）	95	87.7	54.3	32.2	76.1	38.3	78.3	62.2	68.4	21.2	2.1	4.5	1.6	6.2

表4-11 调查户对补奖政策的了解程度

项目		玉门市 人次	比例(%)	天祝县 人次	比例(%)	民勤县 人次	比例(%)	永登县 人次	比例(%)	环县 人次	比例(%)	夏河 人次	比例(%)	合计 人次	比例(%)	平均比例(%)
对草原退化危害生产生活的担心程度	很担心	17	56.7	5	17	30	100	11	36.7	18	58.1	19	63	100		55.3
	有些担心	6	20	15	50	0	0	8	26.7	8	25.8	8	27	45		24.9
	不担心	7	23.3	10	33	0	0	9	30	5	16.1	0	0	31		17.0
	无所谓	0	0	0	0	0	0	2	6.7	0	0	3	10	5		2.8
对草原禁牧的态度	有必要、支持	30	100	30	100	28	93.3	25	83.3	10	32.3	30	100	153		84.8
	没必要，但只能服从	0	0	0	0	0	0	1	3.3	0	0	0	0	1		0.6
	不知道，但服从	0	0	0	0	2	6.7	4	13.3	21	67.7	0	0	27		14.6
	没必要、不服从	0	0	0	0	0	0	0	0	0	0	0	0	0		0
满意度	和本村住户相比 满意	26	86.7	20	66.7	7	23.3	9	30	8	26.7	28	93.3	98		54.4
	不满意	4	13.3	10	33.3	23	76.7	21	70	22	73.3	2	6.7	82		45.6
	和邻村住户一样	9	30	30	100	30	100	20	66.7			30	100	119		79.3
	不知道其他省份情况	30	100	6	20	8	26.7	1	3.3	0	0	27	90	72		40
	和农业补贴一样合理	25	83.3	2	7	20	66.7	12	40	10	33.3	8	26.6	67		44.7
	愿意	28	93.3	9	30	14	46.7	9	30			25	83.3	95		52.8
得到补助是否愿意减畜	不愿意	补贴少		生活成本高，开支大		年老且子女均上学者 无收入来源		养殖的牛羊数量本来就比较少		补贴少		补贴少不能满足家里生活开支		—		—

表 4-12　调查户对各项补贴政策的了解与享受情况（户数比例）

补贴种类	中宁县		同心县	
	知道	享受	知道	享受
禁牧补贴	83.7%	25.6%	89.2%	94.6%
草畜平衡补贴	25.6%	25.6%	0.0%	0.0%

　　对于禁牧，两县绝大多数调查户认为很有必要，支持政策的实施，获得补贴后，也愿意禁牧。但是对于是否愿意在草场恢复后再放牧的问题，中宁县有 93.0% 的调查户表示愿意，同心县则有 75.7% 的调查户表示不愿意再放牧（表 4-13）。

表 4-13　调查户对补奖政策的认识

项　　目		中宁县		同心县	
		人次	比例	人次	比例
对草原禁牧的态度	有必要，支持	42	97.1%	31	83.8%
	没必要，但只能服从	0	0%	0	0%
	不知道，服从	1	2.9%	3	8.1%
	没必要，不服从	0	0%	3	8.1%
补贴后，是否愿意禁牧或减畜	愿意	43	100	33	89.2%
	不愿意	0	0	4	10.8%
禁牧政策能否有效保护草场	能	39	90.7%	33	89.2%
	不能	1	2.3%	2	5.4%
	一般	3	7.0%	2	5.4%
植被恢复后，是否愿意再放牧	愿意	40	93.0%	9	24.3%
	不愿意	3	7.0%	28	75.7%

　　在山西省、吉林省开展补奖政策效益评价研究发现，80.6% 的右玉县农牧户、68.6% 的通榆县农牧户表示"禁牧补助"继续实施非常必要或有必要。与此同时，对农牧民草原生态保护的行为产生巨大的影响，尤其是草原生态保护意识进一步强化，主要表现在有 90.0% 的右玉县农牧户、96.9% 的通榆县农牧户愿意放弃 20% 以内的收入（表 4-14），希望草原生态得到尽快恢复和好转，意愿很强烈。

　　河北省、辽宁省半牧区草原生态保护政策效益评价，涉及沽源县、塞北管理区和建平县，草原禁牧面积分别为 40.67 万公顷、7.47 万公顷、0.82 万公顷、7.62 万公顷，占全省比例分别为 38.81%、7.13%、0.78%、

表 4 - 14 奖补政策对农牧户草原生态变化产生影响

地区	"补助政策"继续实施的必要性				为了草原建设愿意放弃的个人收入			
	非常必要	有必要	没必要	无所谓	30%以上	30%~20%	20%~10%	10%以下
右玉县	25.8%	54.8%	9.7%	9.7%	0.0%	10.0%	13.3%	76.7%
通榆县	21.8%	46.8%	28.1%	3.1%	0.0%	0.0%	6.3%	90.6%

15.12%，农牧交错带全部禁牧有利于草原生态环境的改善和植被恢复，促进草地生产力的提高。全面禁牧的固化造成部分禁牧草原资源的浪费，半牧区实施严格的禁牧政策以来，部分地区草原生态恢复的较好，如建平县从 2013 年开始草地植被覆盖率一直维持在 50%以上，补奖政策实施 5 年期间的平均值 50.8%，已经达到解除禁牧，转变为划区轮牧或是休牧方式的标准。一直实行禁牧，造成牧草浪费，也造成火灾隐患；但如果开了口子，允许放牧，甚至是划区轮牧或休牧，农牧民往往会无休止地放牧，搞不好前功尽弃，所以，探索划区轮牧或休牧的实现方式方法至关重要。截至调研年份，草原承包确权不彻底，半牧区草原承包基本采取联户承包的形式，保证了禁牧补贴合理发放和明确了草原生态保护责任，但没有有效地激活农牧民保护草原的动力。如在严格执行禁牧政策形势下，丰宁县和沽源县有 57.9%的农牧户表示本村偷着放牧现象严重或比较严重，49.5%的受访者表示自己经常或偶尔偷着放牧，50.1%的农牧户表示从不偷牧；建平县有一半的被调查户表示本村偷牧现象严重或比较严重，18.1%的农牧户表示自己经常或偶尔偷着放牧，81.8%的农牧户表示从不偷牧。

二、政策满意度

农牧民对补奖政策的满意度情况是衡量补奖政策实施效果的一个重要方面，补奖政策实施效果与其对政策的满意度息息相关。补奖政策的满意度主要体现在对补奖政策实施、补奖标准及发放形式、相关部门的监管工作和政策效果等的满意程度。影响农牧户对补奖政策满意程度的因素较多，较复杂，具体可包括年龄、民族、性别、文化教育水平、家庭人口数等个人特征，草场面积、牲畜数量、补偿额度、收入、生活支出等生产生活条件以及效益评价等因素。农牧民对补奖政策实施的满意程度直接影响生态保护政策的开展、取得成果的维护以及新一轮政策的有效实施，其对补奖政策的满意度在一定程度上表明政策的运行情况，所以了解政策实施区域农牧民的满意程度以及分析影响其满意度的因素具有重要意义。

（一）新疆

在新疆，通过对补奖政策满意度的调研发现（表4－15），95％的牧户对于补奖资金的发放形式表示满意和基本满意，只有5％的牧户不满意。不满意的牧民大多为贫困户或刚分家的小户，生产资料短缺、补奖资金较少。农牧民认为补奖政策的实施有利于草原的恢复。70％的农牧民认为补奖政策的实施对政府有利，90％的农牧民认为对草原有利，65％的农牧民认为对农牧民有利。75％的农牧民对补奖政策规定减少放牧和禁牧给予补贴奖励表示满意，30％的牧户对于补奖标准表示满意，但希望能增加一些，55％的农牧民对于补奖政策和补贴标准表示基本满意，5％的牧户对补奖政策不满意，主要是刚分家的牧户和没有草场的牧户，15％的牧户认为补奖标准比较低。还有多份调研显示，农牧民对补奖政策的满意度还与户主年龄显著相关，主要表现为青壮年对政策的满意度更高，而老年人偏低，主要原因是禁牧后，青壮年更多地选择外出打工，增加了其收入，而高龄农牧民中，补奖资金不足以弥补政策实施以来的农牧民在畜牧业生产经营中的损失。调研中也发现，受访者中男性（96.89％）对政策的整体满意度高于女性（94.73％），大部分女性受访者反映，随着物价上涨和生活成本的升高，补奖政策发放的资金购买力下降了。

表4－15　农牧民对补奖政策的认知及满意度调查表

序号	问　　题	选　　项	答案		
			A	B	C
1	您知道什么是草原补奖政策吗？	A. 知道　B. 基本知道　C. 不清楚	70	30	0
2	您对补奖政策的实施满意吗？	A. 满意　B. 基本满意　C. 不满意	75	20	5
3	您认为补奖政策对谁有利？	A. 政府　B. 草原　　　C. 农牧民	70	90	65
4	政府给您的禁牧草场的补助资金及补助标准满意吗？	A. 满意　B. 基本满意　C. 不满意	30	55	15
5	补奖资金发放的形式满意吗？	A. 满意　B. 基本满意　C. 不满意	60	35	5
6	您对政府让你减少放牧，给您补钱的措施满意吗？	A. 满意　B. 基本满意　C. 不满意	75	20	5

2017年新疆草原站对新疆草原补奖政策效益评价中，选取了新疆伊

犁哈萨克自治州尼勒克县和巴音郭楞蒙古自治州和静县进行入户调查，尼勒克县和和静县的禁牧面积分别为 4 万公顷、4.35 万公顷，草畜平衡面积分别为 55.39 万公顷、183.43 万公顷。尼勒克县 47 户农牧民中有 12.77％的农牧民认为禁牧区存在偷牧，和静县 41 户农牧民中也有 7.32％的农牧民认为禁牧区有偷牧现象。尽管和静、尼勒克县相关部门对禁牧区每周都进行巡查，但是由于管护面积大、管护人员有限，导致局部仍然存在偷牧现象。关于禁牧区制度执行效果 70％～90％的农牧民认为执行非常严格，所有受访农牧民对草管员的工作一致表示满意。尼勒克县 92％的农牧民认为禁牧区实现了完全禁牧，4％认为部分禁牧，和静县 85％的农牧民认为禁牧区实现了完全禁牧，5％认为部分禁牧。两个县分别有 74％和 51％的农牧民认为草场恢复得很好（很满意），分别有 14％和 34％的农牧民认为恢复还行，有 2.13％的农牧民认为不满意，草场缺乏利用。

尼勒克县理论载畜量为 400 万羊单位，实际载畜量为 277 万羊单位，和静县理论载畜量为 131 万羊单位，实际载畜量为 111 万羊单位，整体均无超载现象。根据问卷调查，90％的农牧民肯定草原监理部门在执行草畜平衡制度过程中，每年核定一次牲畜存栏量。关于"合理载畜量如何确定？"的问题，两个县分别有 68.09％和 24.39％的受访农牧民认为应该按产草量确定合理载畜量；分别有 19.15％和 26.83％的农牧民认为应该按自产牧草和外购牧草之和确定合理载畜量；分别有 4.26％和 36.59％的农牧民认为应该根据储草量确定冷季载畜量；分别有 8.51％和 12.20％的农牧民认为应该按青贮、人工种草和天然草原长势确定暖季载畜量。两个县的农牧民普遍认为草畜平衡制度实施以来草场利用向良性循环方向发展，尼勒克县和和静县分别有 51％和 65％的农牧民认为草场恢复得很好，分别有 36.17％和 24.39％的农牧民认为草原有所恢复，总体来看 85％以上的农牧民认为草原生态得到恢复，17％的农牧民认为草原没有恢复，2％的农牧民认为草原生态恶化了，农牧民反映局部区域存在超载现象，但是超载区域面积小，主要集中在人口密集区域。尽管严格按照草地合理载畜量标准继续推进草畜平衡制度落实，但仍然存在"整体欠载，局部超载"的现象，人均草场面积较小的牧户成为超载放牧的主要参与者，人均草场面积较大的牧户由于获得了更多的政策补贴，除了放牧他们还有更多保障生计的选择。2017 年两个县的减畜任务达成比例均为 100％，总体减畜任务达成情况较好，草场负荷整体减轻，植被生产力不断恢复，生态环境明显转好。

2018 年新疆草原站对新疆草原补奖政策效益评价中，选取了新疆回族自治州昌吉市、木垒县作为研究区，禁牧面积分别为 20.67 万公顷、22 万公顷，草畜平衡分别为 31.83 万公顷、109.62 万公顷。草原禁牧监管强度逐步增大，农牧民禁牧效果认知满意度高，昌吉市农牧民中有 78.95％的农牧民认为禁牧区不存在放牧现象，木垒县农牧民中有 71.43％的农牧民认为禁牧区不存在偷牧现象；两县（市）有 81.58％和 97.62％的农牧民认为当地禁牧制定执行地非常严格；有 94.73％和 100％的农牧民对草原管护员的工作表示满意。总体而言，农牧民对禁牧制度的执行、监管情况均表示满意（表 4－16）。

表 4－16　昌吉市、木垒县禁牧区监管情况

单位：％

项　　目		昌吉市比例	木垒县比例
村（嘎查）里的禁牧区放牧情况如何？	A. 很严重，几乎每户都偷牧	0	0
	B. 有些严重，大部分牧户都偷牧	0	0
	C. 不太严重，只有少数牧户偷牧	0	0
	D. 很少	21.05	28.57
	E. 从不	78.95	71.43
草原禁牧制度执行的。	A. 非常严格	81.58	97.62
	B. 一般	10.53	0
	C. 间断式执行	0	0
	D. 不严格	7.89	2.38
对护草员的保护草原监管工作。	A. 非常满意	73.68	95.24
	B. 基本满意	21.05	4.76
	C. 不满意	0	0
	D. 不知道	5.26	0

昌吉市 92.10％的农牧民认为禁牧区禁住了，2.63％的农牧民认为基本禁住了；木垒县 100.00％的农牧民认为禁牧区实现了完全禁牧。昌吉市和木垒县分别有 65.79％和 83.33％的农牧民认为草场恢复很好，很满意；分别有 26.32％和 11.90％的农牧民认为草场恢复还可以。总体而言，2 县（市）近 96％的农牧民对禁牧执行情况和效果持肯定态度（表 4－17）。

表 4 - 17　农牧民对草原禁牧效果的评价

单位：%

项　　目		昌吉市比例	木垒县比例
草原禁牧的结果 怎么样？	A. 禁住了	92.10	100.00
	B. 基本禁住了	2.63	0
	C. 季节性禁住了	5.26	0
	D. 没禁牧	0	0
对禁牧后草场状况 持什么样的态度？	A. 草场恢复得很好，很满意	65.79	83.33
	B. 还可以	26.32	11.90
	C. 不满意，草场缺乏利用	0	2.38
	D. 无所谓	0	0
	E. 其他	7.89	2.38

（二）甘肃

根据甘肃省甘南 6 县、肃南 1 县和天祝 3 个乡/镇 500 户农牧民的调查问卷分析发现，平均获得补偿额度最高的肃南地区中 70.3％的农牧民对补偿政策表示比较满意，而获得补偿额度最低的天祝地区的农牧民中，仅有 42.8％表示较为满意。可知，获得禁牧补贴和草畜平衡奖励金额越高的农牧民，其对该政策表现出较高的满意度。同一省份不同地区农牧民的满意度也不相同，调研组在甘肃省古浪县开展入户调研发现，在草原补奖政策实施后，受访者中有 90.2％（58.5％＋31.7％）的农牧民认为草场恢复得很好，很满意或是还可以。在草畜平衡政策实施后，天祝县农牧民对政策实施后草原状况较为满意，受访者中有 54％的人认为草场恢复得很好、29％的受访者认为草原有所恢复，认为恢复一般和不知道的人分别占受访者总数的 10％和 7％。

（三）青藏高原地区

调研组走访青藏高原地区发现，41％的牧户对政策表示不满意的主要原因为农牧民的收入减少，一部分农牧民认为补助奖励金给的太低，同时又因为近年来市场上牲畜价格过低，购买的饲草料量也越来越多，补助奖励金不足以弥补农牧民在畜牧业经营上的支出，这成为农牧民对补奖政策表示不满意的主要原因。还有一部分农牧民认为补助奖励资金发放不合理，政府没有根据所需对象准确的发放相应的补助奖励金，影响了农牧民对政策的满意度。依据牧户禁牧面积和草畜平衡区理论载畜量计算禁牧和草畜平衡后牧业损失发现，假若青藏高原地区某一天然草地的平均干草产量约为 45 千克/亩，国家标准羊单位日进食量为 1.8 千克干草，按 365 天计算，每年 1 羊单位则需要干草 657 千克，则合理载畜量约为 15 亩/羊单位。单位羊的经济价值为 50 千克×24 元/千克＝1 200 元，以藏区长成标准羊单位周期为 3 年计算，则草地的牧业产值为 26.7 元/亩/年。现阶段禁牧区内的饲草产量在 15 千克/亩左右，则因禁牧造成的经济损失分别为 8.9 元/亩，按禁牧标准的 1/4 计算得到草畜平衡标准为 2.2 元/亩，除青海省两调研县的补助相对较高外，四川省和西藏自治区执行的禁牧和草畜平衡标准分别为 6 元/亩和 1.5 元/亩。各调研区现有补奖标准难以补偿牧户禁牧和草畜平衡实施后的经济损失，农牧民积极性不够。多数牧户觉得补奖标准不能弥补草补政策后家庭的经济损失，禁牧和草畜平衡补贴标准都应有所提高。

西藏、四川、青海的调查显示，有 49% 的农牧民对草地资源的理解为雨水好草地资源就会变得更好，不需要去刻意的保护。而有 51% 的农牧民认为草地资源是需要保护和建设的，否则就会退化，可以看出当地近半数的农牧民对草地资源的理解不够深。因此，该地区农牧民对补奖政策的满意度明显低于甘肃、内蒙古和新疆等地。仅有 59% 的牧户对补奖政策表示满意，这些农牧民认为政策的实施为农牧民带来了很多的好处，在保护草原草场的同时也给广大的农牧民增加了收入，也有利于畜群结构的调整，从而达到草畜平衡。而有 41% 的牧户对政策表示不满意。其中一部分农牧民认为草场质量的下降不是放牧的过，主要原因在于政府和企业对草原资源的不合理开采，从而造成地下水位下降，导致生态失衡，最终使草地质量不断下降。从甘肃的走访调查发现，绝大多数农牧民对补奖政策满意度（80%～100%）较高，这一结果主要得益于农牧民对禁牧政策和草畜平衡政策的获取信息途径通畅。

（四）内蒙古自治区

内蒙古鄂托克旗和乌审旗调研的 66 户牧户中有 40 户持满意态度，满意度达到了 61%。但是，也有一些牧户持一般态度。从调研的两个旗县来看，补奖标准不同，鄂托克旗以草地为核算标准，而乌审旗划分草地时采用了"标准亩"，采用了以"人"或者"户"为补偿核算单位的做法，此外，政策落实的公平性，也会左右农牧民对补奖政策的整体满意度，因此，在管理中出现了频繁的分户等问题。

（五）其他省市自治区

山西省、吉林省补奖政策效益评价研究中，71.0%的右玉县农牧户表示草原产草量明显提高或有所提高，77.4%的农牧户认为生态效果比较好或非常好，没有人认为比较差。84.4%的通榆县农牧户表示草原产草量明显提高或有所提高，68.8%的农牧户认为生态效果比较好或非常好，没有人认为比较差（表4-18）。这与专业部门的监测结果相吻合。

表4-18 农牧户对补奖政策生态效果评价

单位：%

	产草量的变化情况				生态效果如何			
	明显提高	有所提高	变化不大	下降了	非常好	比较好	一般	比较差
右玉县	35.5	35.5	29.0	0	35.5	41.9	22.6	0
通榆县	40.6	43.8	15.5	0	31.3	37.5	28.1	0

从受访者的民族区别来看，少数民族受访者的满意度低于汉族，主要是由于少数民族受访者所拥有的草地面积较大，其生产、生活更加依赖于草地，对补奖政策有很高的期望值。但是，禁牧政策约束了养殖规模，禁牧补助偏低是主要影响因素（表4-19）。

从调研对象的文化程度分析来看，文化程度为初高中的受访者对政策的满意度高于小学及以下文化程度受访者，样本中受访者为小学及以下文化程度的居多，文化程度会影响农牧民对补奖政策的理解能力，农牧民文化程度越高，越会从长远的角度看问题，理解补奖政策实施的初衷及目的，用适宜的生产生活方式来精养细作，也能够在很大程度上提高家庭收入水平。而文化程度低的牧户，较看重目前自身需求和经济利益。

走访的不同区域数据来看，半农半牧区和农区农牧民对补奖政策的满意度高于牧区，主要是半农半牧区和农区农牧民的收入来源多元化，补奖资金对其生产、生活有一定的帮扶作用，但不是主要来源。然而，纯牧区农牧民长期依靠草地从事单一的畜牧业生产，国家实施补奖政策后，希望他们能够转变生产方式，但是，生活和生产方式转变会造成成本增加，目前对其收入产生了一定的影响。

表 4 - 19　补奖政策满意度影响因素

影响因素	项目	非常满意	满意	不满意
年龄	25~45 岁	47.65%	51.25%	1.10%
	45~60 岁	24.09%	75.45%	0.46%
	60 岁以上	13.70%	86.30%	0%
性别	男	24.24%	72.65%	3.11%
	女	25.40%	69.33%	5.27%
民族	汉族	34.18%	65.21%	0.61%
	非汉族	46.22%	48.57%	5.21%
受教育水平	小学及以下	18.27%	76.88%	4.85%
	初高中及以上	25.34%	73.46%	1.20%
调研区域	纯牧区	33.24%	62.24%	4.52%
	半农半牧区	15.73%	83.24%	1.03%
	农区	5.11%	94.25%	0.64%

　　农牧民作为"经济人"是利己的，通常是把自身利益放在首位，政策的实施到底能不能给他带来利益关系到农牧民对政策的支持程度。补奖标准是牧户最为关心的问题，农牧民会将之前畜牧业经营的收益与补奖政策实施后的收益进行比较，补贴标准越高，牧户获得的补贴收入就越多，以维持和提高家庭收入。

第二节　政策新期待

一、对提高农牧民政策认知的新期待

　　补奖政策是关系牧区生态、生产、生活的一项复杂而系统的工程。农牧民在其中扮演了十分重要的角色，其对补奖政策的认识程度是影响政策实施成效的重要因素。从 2011 年奖补政策实施以来，农牧民对政策的认识和理解在逐步提高，渠道变得更加丰富。但是，由于政策内容多、工作量大、实施范围广，以及我国草原牧区的现实情况千差万别，即使各地政府和相关部门做了大量的宣传工作，仍有部分地区的一些农牧民对该政策的理解和认识不够透彻，进而导致部分地区的政策效果不够明显。特别在一些偏远的民族地区，由于语言及受教育的程度等因素的影响使得其对政策的认知相对较少，这往往也是造成政策执行难以及成效较低的原因，政策宣传和解释将是下一步工作中的重点任务。

2013年在宁夏盐池县、海原县奖补政策入户调查发现，调查牧户对禁牧政策的了解基本达到100%；其次是对生产资料补贴的了解程度比较高，分别达到了85%和71%，对于休牧补贴政策，盐池县牧户了解较多，可能为牧业县的缘故，草地面积相对较多，故所占比例较高（表4-20）。同年，在内蒙古鄂尔多斯市鄂托克旗和乌审旗开展的入户调研表明，两个旗的农牧民对政策的认知程度也不同。鄂托克旗农牧民中100%的了解休牧补贴政策，87%的农牧民了解生产资料补贴政策，65%的农牧民了解良种补贴政策，52%的牧户了解禁牧补贴政策，也就是说这4个政策在该地区农牧民中的认知普及率依次为：休牧政策＞生产资料补贴政策＞良种补贴政策＞禁牧补贴政策。乌审旗农牧民了解最多的是禁牧补贴，普及率为80%，其次为休牧补贴和生产资料补贴政策，普及率分别为34.3%和31.4%；了解最少的是良种补贴政策，普及率仅为20%（表4-20）。所以，目前农牧民对国家和地方补贴政策的了解和认知还是不足，但是充分认知相关政策是实现政策目标的基础。所以需要进一步加大宣传，使农牧民清楚国家和地方政策，这样才能够更好地使政策有效地落实和执行下去，才能够实现补奖政策的阶段性任务和总体目标。

表4-20　2013年宁夏、内蒙古部分地区农牧民对奖补政策的了解及信息途径

单位:%

地区	宁夏		内蒙古	
	盐池	海原	鄂托克旗	乌审旗
补贴政策				
禁牧	100	95	52	80
休牧	65	10	100	34
良种	20	33	65	20
生产资料	85	71	87	31
其他	55	14	50	30

（续）

地区	宁夏		内蒙古	
	盐池	海原	鄂托克旗	乌审旗
获取信息的途径				
电视	95	86	84	54
干部传达	90	86	84	31
他人讲	25	38	71	29
其他	5	10	20	10

农牧民获取信息的途径很重要，这也关系到国家政策能否准确地被农牧民接收和接受，更影响到政策的顺利实施和成效。宁夏盐池县、海原县农牧民获取信息的途径为电视＞干部传达＞听他人讲＞其他途径（报纸、杂志等）。在内蒙古的两个旗县，电视在信息的传播中均起到了最重要的作用。鄂托克旗和乌审旗从电视获得政策信息的牧户比例分别为84％和54％，其次是干部的传达和宣传等。其中以电视和干部传达这两种方式最为普遍，占有的比例远高于其他途径。这也说明电视的普及以及在农牧民日常生活中的重要性，也为下一步相关政策的宣传提供了重要的参考。

二、对奖补政策长期实施和完善的新期待

奖补政策的实施确实对草原生态环境、农牧民的收入等方面产生了积极的作用，其在农牧民中的满意度也较高。补奖政策实施以来，牧户草场超载率有了显著降低，但部门地方草地超载现象依然严重。根据各地草原生长能力、人工草地面积等资源禀赋差异，综合考虑牧户保护草原生态环境机会成本的影响，机会成本较高的地区，相应的给予较高的补偿标准，反之，则以较低的标准进行补贴；同时，根据牧户超载程度和减畜数量进行补偿，对超载程度较高且减畜数量较多的牧户适当的提高补偿标准，鼓励其减畜。此外，农牧民是保护草原生态的主体，其参与草原生态补偿的行为很重要，直接关系到草原生态补偿政策的实施成效。但农牧民对草原补偿方案的设计、制定的参与度特别低。在项目实施过程中要赋予农牧民更多的话语权和自主选择权，政策实施的制定者、实施者和参与者应时刻

保持有效沟通,不断完善补奖政策的内容等。在入户调研过程中,农牧民均表达了对奖补政策实施的年限及持续性表达了关切。从调查的牧户情况来看,绝大部分农牧民希望补奖政策能长期执行,并期待补奖标准能有所提高。所以,应该重视尽快研究并提出草原补奖政策向草原生态补偿的长效机制推进的方案,尽快完善草地生态产品和价值评估的方法,切实实现草原保护。

同时也要尽快制定出台后续配套政策,进一步健全牧区医疗卫生、最低生活、养老保险等社会保障制度,解决农牧民禁牧后养老、医疗、助学、转移就业等问题,解除农牧民后顾之忧。同时,结合地区特色,加强农牧民劳动技能和职业技能培训,为劳动力转移和产业转型提供保障。

三、对草牧业生产技术的新期待

补奖政策提出了"禁牧不禁养、减畜不减收、减畜不减肉"的要求,如何才能达到这个目标,关键之一是必须转变生产方式,发展草牧业,改变靠天吃饭的局面,提高草牧业的生产效率和效益,因此,高效的草牧业生产技术就显得非常重要了。

虽然目前很多牧区也在推行草牧业示范工程,开展标准化、规范化及集约化的生产,但是其草牧业生产组织化程度仍然不高,部分合作社管理不规范,发挥作用不够,农牧民参与集约化经营积极性有所下降,收益不高。尽管草原补奖政策实施后草牧业生产经营的标准化、规模化、科技化有了一定的提高,但牧区绝大多数农牧民的草牧业生产经营模式还较为传统,导致草牧业产业化转型规模不够,标准化、规模化和科学化程度较低,使得草牧业经营水平依然有限。加之农牧民严重缺乏舍饲、半舍饲、圈养经验和技术,严重缺乏种植优质牧草技术,致使草牧业科技含量长期处于偏低的状况。

希望下一步加强政策的技术培训与宣传,引导农牧民转变思想观念、转变发展方式,坚持生态优先、保护和利用并重,科学合理利用草地资源,严格以草定畜,推进草畜平衡,大力推广舍饲、半舍饲生产经营方式。根据具体的实际情况,科学规划牧户畜群数量及结构,优化生产布局,把草畜平衡补奖与鼓励按畜储草的方案相结合,加快减畜步伐,保障农牧民禁牧不禁养,减畜不减收,逐步实现农牧民生产方式的改变。

四、对草原权属问题的新期待

实施和落实补奖政策的核心是草原承包面积。目前，我国草原大部分承包到户，但由于受当时草原技术手段等因素影响，造成与实际使用草原面积有一定误差。牧户之间的草场界线不明确、牧户草场面积不准确、草牧场使用权证的颁发不规范、牧户之间的草场纠纷不断、底数不清等问题仍然存在。特别是补奖政策实施以来，农牧民更加意识到草原的重要性。在内蒙古的调研中发现，因补奖资金的发放是以 1989 年的草原承包证为依据，当时承包证上为一个牧户多个成员，现在大多已成为各自独立的牧户，家庭成员之间因补奖资金分配形成的矛盾时有发生。近两年因落实补奖政策，加快了草原承包的进度，有一些地区划分草场时采用标准亩核算，都会不可避免的产生一些纠纷或争议。这些都给补奖政策的实施，以及社会稳定、和谐带来了一定程度的影响。

补奖政策是在草原承包的基础上实施的，应尽早开展草原确权承包工作，解决目前存在的争议问题。应尽快启动并完成天然草原资源详查，彻底搞清楚草原家底，同时完成草原确权工作，重新核准换发草原承包经营权证，为补奖政策实施奠定更加坚实的基础。

五、农牧民对美好生活的新期待

随着全面建设小康社会的需要，国家对牧区社会经济发展的扶持力度持续加大，农牧民的生活条件得到了极大改善，生活水平逐步提高，农牧民对美好生活的追求越加强烈。西南民族大学在四川阿坝州红原县开展了多年的入户调研，目前，当地的农牧民享有较为完善全面的政策补贴，有医疗、教育、生态环境、农业机械、老龄健康、产业扶贫、危房改造等十几项补助。道路交通大大改善，村村拥有硬化的道路，牧户家通了自来水、有了洗衣机、太阳能热水器、电视有信号、手机有网络。在调研的牧户中，67%的牧户购买了小轿车，90%的牧户拥有摩托车。红原县针对当地不同的牧户家庭情况打造了一整套完整的政策配套补贴制度。全县2018 年修建藏区新居共计 48 户，政府补助资金为 3 万元/户；实施了健康惠民政策，县级财政全额代缴建档立卡贫困户人口的参保金，确保了红

原县贫困人口城乡居民基本医保参保全覆盖，开展家庭医生签约服务达
100％，全县高血压、糖尿病、严重精神障碍、结核病规范管理率达60％
以上。通过系列政策保障大幅提高了牧区人民的生活条件，随着医疗条件
的完善和生活水平的提高，调研的红原瓦切镇牧区人口寿命延长，高龄、
长寿老人数量增多。如70岁以上老年人数增多且身体健康，各村80岁老
人增多，甚至出现了百岁的老人。当前，我国大部分牧区还属于欠发达地
区，农牧民对美好生活的向往，还需要国家更好地去落实和完善补贴
政策。

第五章 案例与经验

补助奖励政策是加快草原保护、建设生态文明、促进城乡区域协调发展的重要举措。自 2011 年实施以来，有关省区依托补助奖励政策，通过生态转移、联户经营、与企业合作、传统畜牧业转型、基于当地优势产业积极推动产业多元化发展等多种方式，显著转变牧民生活生产方式，牧民对草原保护和科学利用的意识逐步深入，牧区基础设施建设得到明显改善，传统畜牧业向现代畜牧业稳步发展，牧民收入有所提高，草原退化趋势得到遏制，产业得到有效促进，呈多元化发展趋势，政策的实施效果日益明显。本章基于补奖政策的调研数据和文献资料进行案例呈现，内容包括补奖政策对调研地区生态保护、牧业转型、脱贫攻坚等起到的重要作用和实施效果，以供参考。

第一节 生态保护案例

一、北塔山牧场牧民整体易地搬迁

北塔山牧场是以传统畜牧业为主的边境、少数民族聚集的团场，多年来天然草地退化严重，产业结构单一，发展落后，面临"生态保护"和"脱贫攻坚"的双重压力，为加大生态环境保护力度，全面落实补奖机制、退牧还草、脱贫攻坚等政策，北塔山牧场启动了牧民整体搬迁的生态置换工程，走出一条将草原生态补奖、良种补贴等优惠政策与脱贫攻坚有机结合的生态产业之路，草场载畜量得到严格控制，草原生态环境局部好转，牧区发展、牧业生产及牧民生活方式得到转变，实现了生态保护和牧民增收的双重效益。

（一）概况

新疆生产建设兵团第六师北塔山牧场位于新疆昌吉回族自治州奇台县境内的北部山地，东北与蒙古国接壤，边境线长达 126 千米（实际管理

69.114千米），西北与阿勒泰地区青河县相连，东南与昌吉州奇台县五马场乡毗邻。该地区自然降水稀少，蒸发强烈，剥蚀作用明显强化，其天然草地集中连片分布在北塔山山地及山前洪积——冲积平原，是整个北塔山区域天然草地的主体部分。牧场南北长约52千米，东西宽约74千米，土地面积22.5万公顷，其中，天然草地面积20万公顷，因受周围荒漠化气候影响，垂直分布结构简单，植物种类不多，草层低矮，生物量少。受特定的地形、气候、土壤等生态条件的控制，北塔山天然草地类型的垂直分布从山基至山顶分别是荒漠类、草原化荒漠类、荒漠草原类、草原类、草甸草原类、高寒草原和高寒草甸类。北塔山牧场天然草地受干旱威胁非常明显，在连续多年干旱和草地严重超载的双重打击下，草地大面积退化，草地植物种群密度减少，草群结构简化，产草量显著下降。

北塔山牧场始建于1952年，牧场总人口1 197户4 059人，其中哈萨克族3 738人，占总人口的91.93%，是以传统畜牧业为主的边境、少数民族聚集团场。多年来产业基础薄弱，基础设施落后、人才资源匮乏、发展方式粗放、经济结构单一。2011年经济总量仅为7 798万元，连队人均可支配收入为3 400元。在面临"生态保护"和"脱贫攻坚"的双重压力下，北塔山牧场深入探索在禁牧的同时如何带动群众脱贫，举全师之力找出路谋发展，根据国家相关政策，加大生态环境保护力度，全面落实草原生态补奖机制，启动了牧民整体搬迁工程，同时充分利用援疆资源、扶贫政策等促进北塔山牧场经济发展和产业转型。经济总量由2011年的7 798万元增长到2018年的6.15亿元，增长689%；连队人均可支配收入由2011年的3 400元，增加到2018年的1.5万元。

牧民整体搬迁工程是为了深入实施草原生态保护，落实补奖政策，同时解决山区草场退化、牧民生产生活困难而实施的生态置换工程。该工程从2013年开始实施，目前已经基本完成了两地的整体搬迁工作。将搬迁前牧民所承包的草场全部作为禁牧区，人均拥有禁牧草场46.67公顷，牧民人均享受补贴资金5 250元。两个搬迁连队中，农二连共有整体搬迁牧户265户，954人，职工人数106人，每个职工划分1.33公顷耕地，耕地共计588.33公顷。农一连转移安置101户，目前共有整体搬迁牧户101户，342人，职工人数59人，每个职工划分1.33公顷耕地，耕地共计223.33公顷。除了农一、二连整体搬迁外，还有部分牧民转移到102团，经过一系列的岗前培训之后在企业就业，现在已经在企业就业的有120余人，主要在养殖、农产品加工企业转换为产业工人就业。通过牧民和牲畜安置转移，草场载畜量严格控制，牧区发展、牧业生产及牧民生活方式得到转变，草原生态环境恶化得到好转，实现了生态保护和牧民增收的双重效益。

（二）做法

1. 统筹做好牧民搬迁地的规划利用，保障牧民生产需求

整体异地搬迁工程由于牵涉牧户多，牧场采取了前期调查规划、资源内部调配、搬迁逐步分批推进的方式进行。首先对平原绿洲区弃耕地进行修复和复垦，在耕地资源丰富，灌溉条件良好的区域进行耕地整体整治和连队硬件建设，同时在第六师内部进行耕地内部调配，复垦弃耕地和内部调配耕地共 811.67 公顷，统一规划设计和安装了节水灌溉系统，保证了牧民整体异地搬迁后的耕地需求。改建 3.5 千米卡哈提引水干渠，建成草建连 20 万立方米水库一座，建设完成育肥养殖圈舍多座。统一设计、集中修建了牧民搬迁配套住房，共 366 栋、29 280 平方米，配套建设硬化路面 20 千米，改造水电管网共计 5 000 米。通过努力，北塔山牧场定居点基本实现了"三通"（通水、通电、通路）、"四有"（棚圈、人工饲草料地、住房、园林地）、"五配置"（技术服务站、学校、卫生院、文化室和商贸设施配套）。

2. 科学合理制定搬迁模式，逐步完成由游牧向定居转变

北塔山牧场采取的是村落集中、插花分散两种形式。村落集中定居模式主要是在条件相对较好的地方大力进行定居点建设，将部分牧民统一安排在一起。内部根据牧民特长进行分工，有的从事牧业，有的专事种植业、零售、运输等行业。在这种模式下，牧民生产、生活设施较齐全，便于进行集约化经营，有利于施展个人特长。插花分散定居模式主要是将部分牧民转移到红旗农场农二连、奇台农场农一连，主要从事种植业和民族刺绣业，还有部分转移到一〇二团，主要在企业就业。在这种模式下，牧民起点高，生活、生产条件改进快。

3. 调整哈萨克游牧民族的生产方式，逐步实现产业结构多元化、生产方式集约化

随着草原生态保护的加强和草原补奖政策的贯彻落实，北塔山牧场在完成了牲畜安全转移安置后，开始实践冬春舍饲，夏秋放牧、山下育肥、山上繁育。调研区一户贫困户表示，"过去养羊靠天吃饭，年头好羊就肥点，现在连队鼓励我们发展育肥羊，同时国家还给草场补贴，在好政策的

帮扶下，收入大幅提高了。"另一方面，生态置换工程加速了家庭承包经营、企业、其他经济组织成为主要推动畜牧业发展的力量。2013 年，北塔山牧场建设有机羊肉生产加工厂，肉类有机产品得到认证，"北塔山"有机品牌顺利注册，逐步实现了农牧产品生产、加工、流通一体化。此外，北塔山生态置换工程改变了当地单一发展方式，经营呈现多元化。每个定居家庭只需部分牧民放牧，剩余劳动力可在家从事种植业，牧民不再单纯从事放牧，开始发展种植业，构建起以农增牧、以牧推农的新型农牧业发展模式。2018 年，牧场各类农作物种植面积共达 1 126 公顷，农作物总产量共 5 562 吨，相当数量的牧民走上了一业为主、兼业经营的道路。哈萨克传统刺绣蕴含着浓厚的民族特色，但一直处于手工制作的原始状态。2013 年，北塔山畜牧三连成立妇女之家刺绣厂，将零散的生产户集中起来，购进数个绣花机，重点进行传统手工技艺的学习培训生产，实现了机绣，大大提高了生产效率，提高了产品质量。目前，这一产业规模不断扩大并已初显效益，成为哈萨克牧民扩大就业、增加收入的重要途径，推动实现职工群众收入多元化，大大带动了牧民的脱贫致富。同时牧场加大推动富余劳动力外出务工力度。2018 年，北塔山牧场开展劳动力转移技能培训 8 次，共 520 人参加。仅北塔山牧场农二连，当年外出务工人员有 78 人，从事放牧打短工、开饭馆、搞修理、挖苁蓉等，直接增收 70 余万元。

4. 补奖政策与"退牧还草"工程结合，改善局部生态环境

北塔山牧场"退牧还草"工程涉及面积 800 平方千米，占牧场可用草原面积 36.8%，其中，休牧 507 平方千米，禁牧 293 平方千米，在禁牧区域内改良补播 247 平方千米，建设围栏 900 千米。2013 年，牧场完成退牧还草 3 333 公顷。同时及时向牧民发放了草场补助款，禁牧、休牧的推进，使牧场草原植被覆盖率、植被高度、鲜草产量显著增加，初步改善了局部生态环境。

5. 牧场进一步加大生态保护力度，加强护边员队伍建设，在有效提高了草场、公益林管护力度的同时，成为牧民增收的重要途径

北塔山牧场地处中蒙边境，自建场以来，北塔山牧场同驻军一起，在边防线上站岗放哨，守卫着祖国 126 千米的边防线，一直担负着屯垦戍边的历史重任。同时，北塔山牧场有国家公益林 4.2 万公顷，其中北塔山海拔 2 300～2 600 米的阴坡谷地分布有斑片状针叶林存在，场部以南存在有大面积的梭梭灌木林，这些公益林对维护北塔山生态环境起到了重要的作用。目前，北塔山牧场拥有后备役民兵 698 名。民兵中护边员 691 名。在管控的 70 千米边境线上每隔 200 米设置一个护边站，护边员定期轮岗驻守巡逻，每名护边员每月发放护边补助 2 400 元。北塔山牧场设置有专门管理公益林的林管站，以林管站牵头，通过在牧民中选拔，共安置护林员 73 人，牧场 89% 的贫困家庭中至少有一名护边员，每名护边员每月发放护边补助 2 000 元。通过上述措施，既加强了当地生态环境保护，又增加了牧民尤其是贫困户牧民的收入。

（三）启示

1. 因地制宜，创新模式，探索出一条将草原生态补奖、良种补贴等优惠政策与脱贫攻坚有机结合的生态产业之路

北塔山牧场根据地理位置、资源条件、社会经济等情况，统筹布局，在贯彻落实国家草原生态保护和补奖政策的背景下，启动了牧民整体搬迁的生态置换工程。该项工程大大改变了当地生态资源的利用方式，草场实行禁牧、草畜平衡后，全面落实"人、草、畜"三配套项目，构建优良饲草饲料地，改变冬春草场为夏秋利用，草原利用期随之调整为半年，实现从常年放牧向季节性放牧的转变，有效减轻了天然草场压力，加大了植被恢复面积，遏制了部分草原恶化趋势，促使局部草原生态回归良性循环。同时，生态置换工程改变了哈萨克游牧民族的生产方式，草原畜牧业逐步实现从传统向现代的转变。牧民收入显著提升且多元化，改变了以往单纯发展畜牧业的现状，充分挖掘团场有利资源，开拓多种就业门路，形成哈萨克牧民群众养殖、种植、打工、创业多元增收的格局。

2. 异地搬迁是系统工程，要提前做好科学规划和牧民思想引导

北塔山牧场在进行村落集中式定居之前，邀请国内行业专家和设计单位进行详细周密的调研，考察山区定居点周边的气候、水文、土地、交通等资源，核算定居区的生态承载能力，并制定详细的规划设计方案，前期进行了住房、交通、水利、电力、给排水等一系列的规划设计和建设，并考虑定居后的畜牧产业以及其他产业的发展，使得山区定居工程能够切实落实推进，实现了牧民"定得下，稳得住，可发展，能致富"。同时，异地搬迁最重要的基础是正确引导牧民从思想上接受，实现牧民生产方式转换的心理适应。由于集中定居和整体异地搬迁使牧民生产和生活方式发生了彻底变革，很多牧民在心理上难以接受，因此，牧场在工程实施前和实施中，通过加强汉语培训，增强对牧民的财政补贴力度，展开"面对面，心贴心，实打实"服务定居牧民行动，引导牧民解放思想，使牧民在思想和心理上能够接受集中定居和整体异地搬迁。

（四）建议

1. 推进"现代畜牧业＋现代服务业"的产业发展模式

积极发展畜牧业，种养结合。一方面，建设高标准饲草料基地，一是收回土地，通过土地置换，物质补偿，清理草场等手段，收回已交至承包单位的国有集体土地，收回已改变用途、非法开垦的草场，依法自愿有偿地进行饲草料地流转。二是普及常规种草技术，牧场以种植苜蓿、玉米饲草料为主，种植过程精耕细作，推广科学栽培灌溉施肥检查新技术，推行牧草收获技能。另一方面，促进科学养畜，加大冷冻精液配种、胚胎移植等先进科技推广。引进优良品种，优化畜种结构，发展季节畜牧业，重视牲畜疫病防治工作，完善防疫体系建设，健全畜产品生产、加工、销售体系，发展骨干龙头企业，提升传统畜牧业的活力，推进现代畜牧业的发展。

发展现代服务业。坚持因地制宜，利用当地资源禀赋，全力发展生态旅游，民族特色文化等服务业。一方面，大力发展旅游业，根据当地条件，自由发展以山区风光，沙漠荒漠、地质奇观岩画长廊为主，边境民族风情，边防风情为辅的边境旅游业。另一方面，借助旅游业发展契机，发掘展现哈萨克民族文化，拉动旅游纪念品、餐饮住宿、土特产等周边产业发展。挖掘哈萨克族特色馕、肉、奶制品市场潜力。开发牧家乐旅游产业。创建哈萨克商业一条街等，大力销售具有本民族民俗风情的农副产品。

2. 完善财政资金投入力度、方式

首先，缘于地方牧民能力有限，政府必须增大资金投入。有关部门应对哈萨克族牧民所处区域整体情况进行深入调查，根据其经济发展水平等实际情况，进行有差别的国家生态补贴。根据草场保护、良种良畜推行程度等设立不同的生态补奖标准。对于基础设施配套服务设施建设，要给予专项资金支持。在建设定居点过程中，要根据牧民实际承受能力，制定有差别的安置形式，设计不同层次的建房套型，以供牧民选取，减轻自筹资金压力。其次，充分利用当地有利资源条件，着重增进项目资金整合，加大以工代赈资金投入，变输血为造血。最后，完善贷款体制，放宽贷款条件，提高贷款额度，降低贷款利息，延长贷款时间，优先给予牧民创业启动资金扶持，如小额担保贷款、畜牧业贴息贷款、创业基金等，以鼓励年

轻人带头创业，率先致富。

3. 推进草地生态修复

加大生态环境保护建设力度，合理利用草原。主动宣传引导，提高、培育牧民草地保护意识，增强参与生态建设的主动性和责任感，做到认识到位。推进退牧还草工程建设，完善农牧民补奖政策，重点实施改良、补播、棚圈等基本建设，着力保护荒漠植被。完善草原承包经营制度，加强草原管护，丰富监督执法手段，推进生态文明制度建设。加强自然灾害监测防御体系建设，增强草原生物灾害、虫鼠病害的防治力度。合理利用天然草场，将可持续利用量作为设定家畜饲养量的标准，实现以草定畜、生态平衡、经济发展、牧民增收、保护草原生态的目标。

4. 扎实开展培训工作

解决哈萨克游牧民贫困问题的根本是提高其科学文化水平，培养掌握科学技术的新型牧民，拓宽就业渠道，加快致富步伐。一方面，积极开展科技技能的培训，健全培训体系，落实培训职业技能鉴定补贴，加强对牧民技能双语等的培训力度，以提高牧民适用技术的能力，栽培一批牧民科技骨干队伍，发挥其示范引路作用。还可以外聘专家企业技术人员，以进行技术质量监督，培植当地技术人才，拓宽培训途径。不仅要注重通过培训班教育，而且要注重发挥广播电视报刊书籍等多渠道作用，鼓励青年牧民积极接受高等教育，提升自身修养，学习先进技术，积极回归团场。另一方面，有效开展转移牧民劳动力培训工程，依托矿山企业重大项目建设旅游服务业，引导富余劳动力向二、三产业的有序转移。

二、阿拉善牧区转移与生态保护建设

阿拉善盟是祖国重要生态防线的前沿，近年来生态屏障功能受损严重，为此，阿拉善盟实施了战略转移，其中，牧区人口转移成为阿拉善盟近 20 年生态得以修复的关键。在转移过程中生态移民生计问题随之而来，阿拉善盟借助国家生态保护政策的实施，按照国家投入、项目统筹的方式推进农牧民转移、转产和安置工作，草原生态保护、牧民生计以及畜牧业产业得到有效改善。

(一) 概况

阿拉善盟具有十分特殊的地理位置，位于内蒙古自治区最西部，地处呼包银榆经济区、陇海兰新经济带交汇处。东与乌海、巴彦淖尔、鄂尔多斯三市相连,南与宁夏回族自治区毗邻,西与甘肃省接壤,北与蒙古国交界,边境线长 735 千米。东西长 831 千米,南北宽 598 千米,总面积约 27 万平方千米,占内蒙古自治区总面积的 22.8%。在阿拉善盟的国土上,1/3 是沙漠,1/3 是戈壁,1/3 是草地,生态脆弱区占到整个面积的 94%,其涵盖全盟的 3 个旗均被纳入国家重点生态区名单,适宜人类生产、居住、生活的区域不足 6%。

阿拉善盟是祖国的重要生态防线的前沿,近年来生态屏障功能受损严重。从 20 世纪六七十年代开始,由于气候变化和人类的剧烈活动,阿拉善生态屏障功能严重衰减。1961 年西居延海干涸,1992 年东居延海干涸,同时两河周边的 12 个大小湖泊竭泽,16 个泉子及沼泽地消失。阿拉善的梭梭林面积在持续减少,从 20 世纪 50 年代的 113.33 万公顷减少到目前仅存 55.6 万公顷的天然残林。因此,阿拉善盟统筹全盟的经济、社会和生态发展,提出了重点进行"三个转移",即牧区人口向资源富集和综合条件较好的地区转移;工作重点在巩固农牧业基础地位的前提下,向城镇经济转移;在经济发展的主攻方面,搞好国有经济的同时,向非国有经济转移。其中,牧区人口转移成为阿拉善盟近 20 年生态得以修复的关键,转移人口的转型、就业、生计及发展,也成为社会关注的焦点。

阿拉善盟近一半的牧民实施了战略转移。至 2010 年末,阿拉善盟通过实施贺兰山退牧还草、退牧还林、生态公益林效益补偿、整村推进、移民扩镇,以及异地扶贫搬迁等工程,共搬迁转移农牧民 7 652 户 27 079人,占到全盟农牧民总人口的 36.34%。其中,安置到第一产业的移民4 800 户 17 307 人,占总移民数量的 63.91%,第二、三产业转移 1 869户 6 082 人,占 22.46%,安置未到位 983 户 3 690 人,占 13.63%。"十二五"末,全盟共搬迁转移农牧民 36 127 人,占到农牧民总数的49.86%。在战略转移过程中,生态移民也存在着很多难点问题。例如,据调查了解,搬迁农牧民收入渠道单一,收入水平偏低,移民生计堪忧。阿拉善盟借助国家生态保护政策的实施,按照国家投入、项目统筹的方式推进农牧民转移、转产和安置工作,将居住在生态脆弱、生存条件较差和边远地区的农牧民向城镇和生态农业区转移。从补奖资金中提取农牧民转移、转产和安置发展资金,每年 300 万元,三年共计 900 万元,牧民移民生计问题得到有效改善。

（二）做法

1. 阿拉善地区利用补奖政策解决生态移民生计问题，战略转移的成果得到有效巩固

针对生态移民生计问题，阿拉善盟根据实际不断优化补奖政策实施方案，以阿拉善左旗为例。第一轮（2011—2015 年）草原生态保护补助奖励机制实施中，禁牧区，拥有草原且完全禁牧的牧户，每人每年补助 13 000 元，拥有草原且饲养规定数量牲畜的牧户，每人每年补助 10 000 元，拥有草原和耕地且完全禁牧的牧户，每人每年补助 4 000 元。草畜平衡区，达到标准和要求的，每人每年奖励 4 000 元。同时设有良种补贴，种植一年生优良牧草，每亩每年补贴 10 元。当年种植的多年生优良牧草达到标准亩产的 5 年一次性补贴，每亩补贴 50 元。新建饲用灌木每亩每年补贴 10 元。2010 年以前保有面积达到标准亩产的饲用灌木，每亩每年补贴 10 元，补贴年限为 2 年。此外还设有牧民生产资料综合补贴和助学补贴等。

在实施新一轮草原生态补奖政策过程中，阿拉善盟对禁牧区、草畜平衡区等各项补奖有 1 000～2 000 元不同程度的提高，特别是将重点草原生态保护、建设区转移搬迁的牧民纳入补奖范围。搬迁移民在转移安置时，按照当时的政策，分配土地作为生产资料并转为农业户。在 1998 年二轮草原承包时，未划分草牧场，享受惠农政策外没有享受其他政策。2011 年，国家实施草原补奖政策，导致部分搬迁户多次上访要求享受草原补奖政策，存在社会不稳定因素。考虑到生态移民为该地区在草原生态保护中做出的巨大贡献和牺牲，在新一轮草原生态补助奖励政策中，重点解决了 1999—2003 年期间阿左旗实施生态移民工程搬迁至孪井滩的水磨沟搬迁移民、自治区实施两期 2 404 位移民扩镇扶贫开发项目搬迁移民，以及阿拉善经济开发区由于黄河水利枢纽工程、乌兰布和示范区和开发区因规划用地征占用草原的牧民等历史遗留问题，并根据具体情况制定特殊标准，切实让为草原生态保护与建设作出贡献的搬迁牧民受益。同时，从全盟政策覆盖情况来看，2016 年农牧民人均可支配收入为 16 746 元，享受政策的全部农牧民的政策性收入占到 29.3%，在禁牧区则可占到近 90%。

2. 阿拉善地区利用补奖政策助推草原生态保护取得明显成效

通过生态保护政策和重点项目工程的连续实施，全盟禁牧区累计减少 89 万只羊单位，草畜平衡区累计减少 13 万只羊单位，通过推进舍饲、半舍饲养殖设施及育肥技术，全盟牲畜数量基本维持稳定，农区养殖数量已经达到 45 万头只，天然草原生态压力明显减轻，草场植被得以自然修复，草原退化趋缓，防风固沙能力显著提高。据监测结果显示，2016 年阿拉善盟天然草原平均盖度 22.5%，平均高度达 12.49 厘米，平均干草产量达 14.35 千克/亩。草原面积比 2010 年增加 26.27 万公顷，生态环境向好，草原生态恶化的趋势得到整体遏制，林草植被涵养水分能力增强，降水量增加，气候条件明显改善。

3. 传统畜牧业转型取得重大成效，农牧业特色产业得到加快发展

补奖政策推进阿拉善农耕牧业优势特色产业得到加快发展。阿拉善盟制定了"稳羊、增驼、积极发展农区养殖业"的农牧区产业结构调整思路。在牧区重点实施了"稳羊增驼"生产模式，着力打造产业园区，形成资源有特色、产业有特点、产品有品牌的高端畜牧业发展格局。另外，阿拉善盟在 2016 年还印发了《关于推进农牧区经济结构调整加快农牧业优势特色产业化发展的指导意见》及相关配套政策，支持农牧民转移转产，在生态脆弱地区发展生态保护型沙产业"梭梭＋肉苁蓉"模式等，加大农牧业新型经营主体培育。目前，阿拉善盟已经形成规范的牧民合作社 230 余家，家庭农牧场 1 900 余家，生产专业户 130 余户，2 000 多户的产业示范户。

（三）启示

1. 生态脆弱资源瘠薄草原区战略转移具有十分重要的意义

阿拉善盟天然草原资源瘠薄，环境恶劣，随着牧区人口的增加和牧民对生活水平提高需求的增长，有限的牧区农牧业自然资源已经难以满足牧民维持生计的需要，过度利用引发草原退化和区域生态环境恶化已经成为现实。在现有的生产力水平和技术条件下，难以在短期内通过产业发展和升级来解决牧区人口压力，人地矛盾突出，战略转移是解决这一问题的根本所在，因此，阿拉善盟草原生态保护能获得如此显著成效，与战略转移举措是离不开的。

2. 补奖政策支撑和巩固了战略转移政策取得重要成效

在战略转移中，人是转移的主体，也是带来生存与发展后续并发症的重点要考虑的问题。阿拉善盟的移民搬迁之所以能够取得今天的成效，返乡、返贫、返牧人员非常少，重点是战略转移的政策和 2011 年以来实施的补奖政策起到了重要的积极作用。阿拉善盟充分利用补奖政策，一是解决了早期移民搬迁的众多历史遗留问题；二是在补奖政策下通过政策引导，继续推进战略转移；三是补奖政策不仅稳固战略转移的成果，使生态移民稳得住并逐步发展，更重要的是为当前牧区人口转移、土地流转、发展合作经营和林草沙产业等提供了资源条件和发展空间。总之，补奖政策助力阿拉善盟地区的战略转移，为未来草原牧区产业高质量发展开辟了空间，为维持和提升生态质量奠定了坚实的基础。

3. 补奖政策实施方案设计需要注重因地制宜

阿拉善盟实施的两轮补奖政策，其在政策设计上与其他省区、市等有明显的不同，其政策设计充分考虑了当地的实际情况，一是人均草地面积较大，且社区之间和社区内差异巨大。据调查了解，最大面积可达到 10 万公顷/户，最小面积人均不足百亩；二是盟内有近 50％的在战略转移中转变了牧民身份（大都转为农民），他们为阿拉善地区的生态保护和建设及社会发展做出了重大贡献和牺牲，应该承认历史事实，通过政府调节使其辖区内的生态移民获得合法的补奖；三是补奖政策要与地方政策形成合力。阿拉善盟补奖政策实施方案的设计，有效地保障和推进了区域战略转移政策，统筹推进了区域生态保护和社会经济的全面发展，补奖政策可谓功不可没，同时，在发展中也发现，阿拉善盟对补奖政策的依赖度很强，补奖政策的长效性直接影响到其未来 10～20 年的发展。

(四) 建议

(1) 政策持续实施并适度提标。阿拉善盟补奖政策的实施，效果十分明显，其社会经济和生态保护建设对补奖政策的依赖度很强，要巩固战略转移成果，全面推进阿拉善地区的生态保护，其对补奖政策的需求十分紧迫。同时，建议政策要建立长效机制（政策再持续 20 年以上），使得广大牧民能够从更长远的尺度来规划其发展，有利于战略转移政策的实施。另外，要根据地区社会经济发展适度提高标准。

(2) 生态脆弱地区牧民生计对补奖政策的依赖度高，战略转移地区的牧民牺牲利益最大，未来的发展中存在巨大困难及一系列不确定性问题。因此，在政策设计中要注重公平，并兼具一定的政策倾向性。

(3) 继续加强地方盟市、旗县在政策设计中的主导性，鼓励其围绕地区农牧业产业发展和生态保护，结合地区经济社会发展的重大决策部署，进行补奖政策的规划，实现国家政策和地方政策的合力。

(4) 对于草原牧区的生态脆弱、缺水区，在保障国家耕地红线的基础上，建议进一步加快、加大实施退耕还草，在政策和法律允许的范围内，将涉及的农牧民逐步并轨到享受补奖政策中来，以化解水资源超载带来的区域生态风险。

三、天山重要水源涵养区保护和生态旅游

调研区是当地重要的水源涵养区，为维护草原生态系统良性循环，促进草原生态环境稳步恢复和区域经济发展，打造最美草原，针对水源涵养区，依托国家草原生态保护补助奖励资金，实施牲畜转移安置工程，拓展草地经营途径，发展生态旅游，促进了草地经营和畜牧业方式改变，生态、社会和经济效益大幅提高。

（一）概况

调研区位于新疆昌吉市呼图壁县以南山区，呼图壁河西岸，东与县石梯子乡相邻，西与玛纳斯县塔西河乡接邻。南与巴州和静县接壤，北与大丰镇、五工台镇相连。区域总面积 2 062.96 平方千米，是天山山地重要水源涵养区。草地类型主要为山地草甸草原草地类，分布于山地海拔 1 800（1 600）～2 200（2 800）米的低山带阴坡和中山带阳坡。土壤为暗栗钙土和黑钙土。草地植被主要为羊茅、针茅、无芒雀麦、草地早熟禾、异燕麦、冰草等旱生、中旱生多年生禾草和万年蒿、新疆亚菊、紫花鸢尾、草原糙苏等中旱生杂类草以及黑果枸子、宽刺蔷薇、兔儿条、新疆圆柏等中旱生灌木类植物。草层高度 40～60 厘米，草群覆盖度 50%～90%，平均亩产鲜草 200 千克。牧草产量高，质量好，是当地主要冬季牧场所在地。由于该类草地地势独特，风景优美，当地政府将其作为重要的水源涵养地和旅游景区进行保护与开发利用，并将当地天然草地列为禁牧区和水源涵养区补助范围，以实现草地与水源地得到保护，生态、经济共赢的目的。

调研地区禁牧总面积为 13.15 万公顷，耕地面积 2 000 公顷，人均占有耕地 0.16 公顷，主要种植玉米、小麦等；草场 7.03 万公顷，人均草场 5.87 公顷。2016 年全镇人均纯收入 12 932 元。全镇共有农牧民 3 720 户 11 957 人。家畜最高牲畜饲养量达 42.8 万头只，年出栏牲畜 18.5 万头只，年末存栏 24.3 万头只，产肉 1.3 万吨，产鲜奶 1.9 万吨，绿色草鸡 30 万羽。引进优质肉用种公羊 22 只，完成肉羊定向改良 6.2 万只，牛冷

配改良 0.8 万头，新建成标准化动物疫情监测防控站、标准化养殖小区各 1 个，新建标准化圈舍 38 栋。紧紧围绕畜牧业调优种植业结构，种植玉米、苜蓿 1 400 公顷以上，占总播面的 65%，全镇共运行草畜联营合作社 6 个，入社牧户 217 户 1 045 人。

列入新一轮草原生态保护补助奖励政策的水源涵养区面积为 3 333 公顷，涉及 6 个村、736 户、牧民 4 256 人和牲畜 1.58 万头只。为维护草原生态系统良性循环，促进草原生态环境稳步恢复和区域经济发展，打造最美草原，针对水源涵养区，依托国家草原生态保护补助奖励资金，每年每亩给予 50 元的禁牧补助，3 333 公顷禁牧实施面积总计补助 250 万元。

（二）做法

1. 实施牲畜转移安置工程

按照草原生态保护补助奖励政策实施要求，为达到草地自我恢复和植被休养、复壮的目的，对雀尔沟镇康家石门子水源涵养区草地实施全年禁牧。县人民政府颁发了《禁牧令》，绘制禁牧区草地分布图和乡镇禁牧草地界限示意图，县与乡镇、乡镇与村层层签订了禁牧责任书，并在交通要道设立了禁牧标示牌 2 个。3 333 公顷水源涵养区天然草地实行禁牧后，原放牧牲畜采取以下几种途径进行了转移安置：

（1）向定居点和农区转移，采取种养结合，实行冷季舍饲、暖季放牧。将水源涵养区牲畜全部迁出，向牧民定居点和农区转移，实行冷季舍饲、暖季放牧。通过置换工程，使天然草地得以休养生息。2018 年，禁牧区涉及雀尔沟镇、石梯子乡等 410 户牧民 2 408 人，牲畜 3.64 万头只；水源涵养区涉及雀尔沟镇 9 个牧业小组 70 户牧民 464 人，牲畜 1.58 万只；禁牧区、水源涵养区涉及雀尔沟镇、石梯子乡、五工台镇的 480 户牧民 2 872 人，涉及牲畜共计 5.22 万头只，全部安排到定居点和农区舍饲圈养。

（2）短期育肥、快速出栏。将水源涵养区置换出来的牲畜，采用舍饲方法进行育肥快速出栏，以提高牲畜周转率，减少草地放牧家畜数量。

（3）小畜换大畜，土种换良种。通过牲畜品种改良工作，坚持"以大换小、以土换良、以粮换肉"的原则，减羊增牛，把黄牛改良、绒山羊改良和肉牛改良作为主要措施，以提高牲畜个体质量和饲料报酬，降低饲养数量，达到减畜增效的目的。

（4）新建和改扩建规模化养殖小区，种植优质饲草料，集中舍饲。通过草地畜牧业转型示范建设项目，2016 年开始，建设重点示范企业 1 个，新建标准化羊舍 6 667 平方米，青贮窖 10 000 平方米，牧草加工车间 1 000 平方米；建设草牧业示范合作社 6 个，种植高产优质苜蓿种子田 67 公顷，苜蓿草田 400 公顷，3 家草产品加工厂。通过重点示范企业和合作社的带动作用，全县 2017 年种植牧草面积达到 1 万公顷，其中苜蓿面积 4 000 公顷，青贮玉米面积 6 047 公顷，全县经合作社收获交易青贮达 20 万吨，苜蓿 1.5 万吨。

通过人工饲草料地建设，牧区生产基础设施建设、种植水平提升明显，青贮玉米亩均单产达 4.5 吨，果穗玉米单产可达 720 千克，有效地转变了牧民靠天养畜、常年游牧的传统生产方式，促进了牧区种植业、养殖业的技术改造和新技术推广应用以及经济增长方式的转变，减少草地畜牧业生产与草地生态保护之间的尖锐矛盾，通过草地生态置换，草地实现合理利用，植被开始得到逐渐恢复，生产力逐渐提高，为实现草地减压、恢复生态功能，保证草地畜牧业可持续发展奠定了坚实基础。

（5）禁止农区牲畜上山放牧。实行在哪繁殖，就在哪饲养的生产方式，坚决杜绝农区牲畜进入牧区放牧，同时也禁止以带牧形式获取一定收入的做法，在草地上严格按核定的载畜量放养。

2. 拓展草地经营途径，发展生态旅游

通过水源涵养区的建设，聚集周边固有的旅游资源，将水源涵养区内的康家石门子岩画、周边的丹霞地貌和呼图壁大峡谷，开发打造成旅游景区，通过劳动力转移，开设度假村等方式，扩增牧民多元化收入，同时通过旅游反哺生态环境。

3. 设置禁牧管护站，建立监测体系

为保证水源涵养区完全禁牧，确保草地"禁得住"，水源涵养区设立了管护站，派兼职管护人员，对禁牧草地进行管护，杜绝牲畜在禁牧区放牧。景区共设立了 4 个管护站：有依托白桦林度假村设立白桦林管护站，依托景区管委会设立景区中心管护站，依托小东沟林业管护站设立百里丹霞管护站，同时设立机动管护站 1 个，每个管护站配备管护员 2～3 名，每人每月发放工资 1 800 元。水源涵养区禁牧管护员工资纳入县财政预算，予以统一安排落实。

4. 经济效益大幅提高

水源涵养区实现全年禁牧后，促使草地经营和畜牧业生产方式的转变，通过以草地放牧改为生态旅游、以放牧饲养改为多形式的集约饲养，较大幅度地提高了牧民的经济收入。主要体现在：

（1）有效地转变了牧民靠天养畜、常年游牧的传统生产方式。通过牲畜转移置换，使封闭的游牧生产方式向多元化和外向型农业生产方式转变；使低效益的放牧畜牧业生产转变为种植业和特色养殖业；通过牧民的定居或农区养殖，优化了畜群结构，提高了畜产品经济，增加了牧民的收入。

（2）拓宽了农牧民增收的渠道。通过大量劳动力的转移，促进了牧区种植业、养殖业及旅游业的发展。水源涵养区资源丰富、得天独厚的自然景观优势，是开发旅游业先决条件。康家石门子壁画及丹霞地貌的开发，促进了当地旅游业的发展。2018 年间，旅游业发展兴旺，年内全镇接待游客超过 6.5 万人次，创收 600 多万元。

（3）种植业及特色养殖业增加了农牧民收入。转移出来的劳动力到牧民定居点或者农区，进行种植业及特色养殖。通过种植人工饲草料、中草药和养殖家禽、牲畜等，农牧民的收入除生态奖补资金外，再加上特色种植及养殖业带来的收入，年内人均收入较之前提高 20％。

5. 带来了良好的社会效益

（1）牧民生活环境改善。劳动力转移后，大量的牧民由水源涵养区迁至牧民定居点或者农区，不再进行放牧。牧民周边的生活环境，如交通、医疗、学校等条件均得到改善。如在饮食文化上，不再是奶茶与馕单一品种，通过种植蔬菜及特色养殖等技术，丰富了牧民的餐饮文化；在通讯交通上，水源涵养区内交通道路极其不方便，造成牧民看病难、上学难等问题突出。牧民迁出后，村村通道路，通水电，牧民的交通工具也由原来的马匹变为摩托车或者小汽车；在医疗卫生条件方面，改善了牧民看病难的问题，牧民生病后可以得到及时救助，不再需要长途跋涉；教育条件上，牧区人员零散，学校少，师资力量薄弱，小孩均呈"放养"状态，上学难甚至是不上学的情况司空见惯，迁入牧民定居点或农区后，增加了适龄儿童的上学机会，学习条件得到改善，提高了学生学习的积极性。另外，牧民的精神生活得到多元化发展，有机会参加各种娱乐活动，极大地提高了牧民精神生活水平。

（2）牧民对草原保护意识增强。水源涵养区禁牧后，草地植被恢复较好，旅游业的发展强势，牧民对补奖政策带来的效益、对奖补政策的认知程度、对草原生态保护的主动参与意识都得到了较大提高。50 元/亩的补贴标准不但增加了牧民的收入，同时禁牧后带来的生态效益和发展二、三产业获取的可观经济效益，让牧民看到了希望，愿意去保护草原。

（3）牧民技能培训力度加强，就业渠道逐渐拓宽。水源涵养区的劳动力转移至牧民定居点或者农区，随着草原旅游业的发展，牧家乐、民族刺绣、特色餐饮等形式的民族传统特色烹饪、手工艺品制作、畜产品加工等二、三产业在牧区得到了长足发展，牧民就业渠道拓宽。就业技能得到了培训，同时牧民有了一定的时间学习汉语，使汉语水平也得到了提高。

6. 生态效益显著

（1）草地植被恢复得到明显改善。水源涵养区禁牧后，通过天然草地自我修复和草原补播改良等生物措施，草场植被明显改善，植被平均高度达到 40～60 厘米、植被盖度达到 50%～90%，平均亩产鲜草达到 200 千克、比水源涵养区外提高 17.7%，植被生物量得到较大增加，草地生态系统自我调节能力增强。

（2）水土保持能力得到增强。禁牧后，草地的植被盖度与生物量均显著提高，通过植被、土壤对降水的截留与吸收，极大地改善了草地涵养水源的作用，对维持山地—荒漠—绿洲自然生态系统的格局、功能和过程起到关键性作用。既维护了山区草地生态的良性循环，同时也保证了平原农区灌溉水源的持续供给。

（三）启示

1. 禁牧是实现草地水源涵养建设效果的基本保证

从对案例的分析不难看出，草地水源涵养区的建设，首先应对草地的载畜量进行控制，甚至采取全部禁牧。如果草地在载畜量上不能以草定畜，肆意增加草地的放养数量，任何的建设与投入均将前功尽弃。

2. 实施草地生态置换工程建设

天然草地的减压与退化生态系统的恢复，必须创新草地畜牧业的生产方式，走草地专业化发展道路或开辟新的饲料资源，通过草地生态置换，从根本上解决目前普遍存在的超载过牧、破坏生态现象。

3. 依托草地生产的多功能性，积极开发二、三产业。通过开发旅游、生产加工和服务等新的行业，对牧区通过减牧、休牧的剩余劳动力进行分流

创建新的增收渠道，扩大人员的就业机会，确保剩余劳动力不会回流草地，重操旧业。同时，通过其他产业的发展，也可反哺生态环境的建设。

4. 多渠道资金整合推进水源涵养区建设

通过项目资金的捆绑，如牧民定居工程、抗震安居工程、牧区水利工程、天然草地退牧还草工程、牲畜标准化养殖小区建设等项目资金的整合，实现水源涵养区"转人、禁畜、转移生产力"，还草原一片蓝天。

5. 加大草地生态、经济共赢的宣传，严格草地保护的执法力度

大力宣传草地生态保护补助奖励政策实施的意义，严格草地保护的执法力度，是水源涵养区建设达到预期目的的基本保障。

6. 实施整体异地搬迁，推行定居工程

异地搬迁，推行定居工程是从根本上解决草地水源涵养建设过程中，草地不会再度受损的重要措施之一。由于牧民搬迁定居是一项系统工程，需认真做好规划，分批、分段地进行。同时，集中定居和整体异地搬迁打破了牧民的生产和生活方式，很多牧民在心理上难以接受。因此，在工程实施前和实施中，通过加强加大对牧民的心理疏导和一定的财政补贴，引导牧民解放思想，使他们在思想和心理上接受集中定居和整体异地搬迁。

（四）建议

1. 水源涵养区划分功能区

水源涵养区实行全年禁牧后，牲畜及大量劳动力进行转移至牧民定居点或者农区。依据该区域内天然草地合理利用及开发的实际情况，建议将该区划分生态保护区和生态旅游区两个功能区。

生态保护区主要以生态环境保护、生态恢复为主，该区域草地全年禁牧，但可以针对一些草地植被覆盖度、产草量高、适宜打草的区域设定天然打草场，供牧民进行打草储备冬季饲料。对一些植被覆盖度低、草地生产力低的草地重在保护、进行围栏封育；对生物多样性丧失、生产力极低的退化草地，通过草地修复、补播改良等措施进行草地生态环境的恢复和治理。生态旅游区主要以旅游开发为主，设置旅游开发区，划定一定区域，设置专用道路，以不破坏生态环境为前提，进行生态旅游、文明旅游。

2. 加大宣传力度

全面开展"草原生态保护补助奖励政策"宣传活动，加大对水源涵养区保护的重要性宣讲，邀请专家学者、草原行政管理人员、媒体记者等，通过课堂讲授、广播、电视、网络等媒体进行政策宣讲、技术宣讲等工作，提高草地保护、培育意识，增强参与生态建设的主动意识和责任感，

加强草原生态保护。

3. 加强监管和草地动态监测

为维护草原生态系统良性循环，要加大力度落实草原生态保护奖励政策。因此在水源涵养区要建立草地植被动态监测体系、草原生物灾害预警体系，定期监测草原生产等方面的动态信息，为掌握水源涵养区的健康发展提供依据。

4. 加大农牧民培训力度

主要包括语言培训和技能培训两个方面。提高牧民的文化素养，扩宽牧民就业渠道，培养现代化的新型牧民。一是培养牧民的国语水平，让更多的牧民能够走出去和外界进行交流，掌握就业技能。二是通过对牧民科学文化、科技知识的培训，提高牧民科技应用水平，建立起多元、规模、高效的现代畜牧业发展体系。

四、碌曲藏寨生态旅游

调研村落尕秀村是高原生态与草原风光完美结合的高原纯牧业村，过去这里的人们世代着逐水草而居的游牧生活，随着草原生态保护和补奖政策的深入落实，调研村落广开思路，把生态畜牧业与文化旅游业结合起来，形成了"旅游＋观光＋娱乐＋餐饮＋住宿＋购物"一体化的旅游产业发展链条，现已成为新时代中国藏区秀美生态乡村的样板之一。

（一）概况

调研区位于青藏高原东部，是优质草原区，天然草原资源十分丰富。天然草地总面积为 41.89 万公顷，可利用草地总面积为 39.73 万公顷。草地属于高原高寒灌丛草甸区。境内地形地貌及气候的变化，直接影响着植被的分布和自然配置，构成草地类型的多样性，草地划分为 4 类 9 组 13 个型。即：亚高山草甸草地类、灌丛草甸草地类、林间草甸草地类、沼泽草甸草地类、山地草原草地类。其中以亚高山草甸草地类和灌丛草甸草地类为主体，分别占全县草地面积的 39.86％和 41.01％。西部以亚高山草甸面积居多，并有一定数量的沼泽化草甸及小面积丘状沼泽，中北部以灌丛草甸为主，东北部有小面积林间草甸。

调研村落是海拔 3 300 米高原生态与草原风光完美结合的高原纯牧业村，全村共有 392 户 1 902 人，党员 60 人。过去这里的人们世代过着逐水草而居的游牧生活，靠天吃饭，随着草原生态保护和补奖政策的深入落实，调研村落广开思路，把生态畜牧业与文化旅游业结合起来，把生态保护与产业发展结合起来，形成了"旅游＋观光＋娱乐＋餐饮＋住宿＋购物"一体化的旅游产业发展链条。到 2017 年，以生态旅游第一藏寨的名片，华丽转身，成为新时代中国藏区秀美生态乡村的样板之一。2018 年底各类牲畜存栏 50 435 只（头、匹），人均可支配收入 9 198 元，牧民群众的生活稳步提高。

（二）做法

1. 充分利用生态补奖等政策，提高基础设施条件

回顾尕秀村 10 余年的建设和发展，政府先后整合落实各类项目资金 7 890.8 万元，群众自筹 826.3 万元，特别是近年来，通过实施禁牧、草畜平衡补助奖励政策以及牧民定居点项目、易地搬迁项目、棚户区改造项目等工程建设，全村基础设施条件得到了整体提升。先后建成游牧民定居点 392 户，投资新建了小学、村级综合服务中心、村级文化广场等一系列公共设施，并对先前搬迁到国道 213 线两旁的 195 户定居户提升功能，实施厨厕改造，购置节能锅炉、光伏发电设施，定居点巷道建设、文化广场、标牌标识合理布局，老街道、村史馆、智慧牧场高标准创建，实现了户内户外、村内村外的美化绿化和亮化提升，极大地改善了牧民群众的住房条件和村容村貌。

2. 充分利用生态补奖等政策，转变传统思维，推行多元化生态产业模式

依托生态补奖等惠农惠牧相关政策，加强宣传普及和奖励力度，转变牧民原有靠天吃饭的传统思想，积极调动牧民参与到美好家园的共建当中。该村采取"突出民族化、特色化、差异化，注重藏族文化元素与现代文化元素的深度交融"和"技能培训＋党员带头＋群众开办"的产业发展模式，党员户纷纷带头，高标准打造了特色鲜明、富有新意的牧家乐 67 家。党员致富带头人先后成立了旅游土特产开发有限公司，建成了电子商务中心。据了解，一年实现网上销售藏雪莲、牦牛肉制品、奶制品、藏族特色手工制品等销售额达 20 余万元。积极吸引省内外旅行社等企业长期运营合作，牵线企业同牧户合作并签订意向性协议，计划流转草场 6 667 公顷。同时，大力推动"三变"改革，创造性地探索出"5＋1"模式（即景区、度假中心、民间艺术团、牧家乐和电子商务中心＋光伏发电产业）；村民投入 29.7 万元现金入股村集体经济，通过贫困户 30％、一般户

40％、投资风险金30％的"334模式"进行投资分红；82户建档立卡贫困户以"扶贫帐篷"入股，年底每户分红3 600元。

村集体经济解决就业岗位146个，每人每年工资性收入15 000元；牧家乐户均净收入达3万元；在积极整合古城风貌、度假中心、牧家乐、民间弹唱艺术团及马队、电子商务等5大主体板块的基础上，依托光伏发电产业投资609万元注册成立投资公司，建成254户3 000瓦光伏发电设备，通过"公司＋牧户"的经营模式，分红资金达到90余万元，仅光伏发电一项户均分红收入达到2 500元；全村接待游客40万人次。综上所述，综合收入达730万元，农牧民人均可支配收入从2016年的6 700元提高到2019年的15 500元，增幅达30％以上，全村在2018年已整村脱贫。特别是在县委、县政府的扶持引导下，开办牧家乐的家庭从旅游服务业中得到了实实在在的受益，有些牧家乐收入甚至达到13万元，起到了很好的示范带动作用。尕秀村先后荣获"全国民主法治示范村""全国民族团结进步创建示范村""全省农村基层党建工作示范村""全州先进基层党组织"等荣誉称号。

（三）启示

案例村庄瞄准旅游产业发展前景，大力发展第二、三产业，采取"技能培训＋党员带头＋群众开办"的营业模式，让群众从牧场走向市场，从做家务走向做生意，许多群众把牲畜卖掉专门从事旅游服务业，草场得到休养、生态不断改善，实现了"青山绿水"与"金山银山"的双丰收，初步形成了村级"旅游＋观光＋娱乐＋餐饮＋住宿＋购物"一体化的乡村旅游产业发展链条，真正实现了"资源变资产、资金变股金、牧民变股东"。牧民从旅游产业发展链条中受益，起到了很好的示范带动作用。案例村庄的成功离不开当地政府的关心支持，离不开国家各项惠民政策的扶持，根据所在区域，因地制宜，发展优势产业、生态型产业，才能获得生态、经济双丰收。

（四）建议

由主导产业畜牧业成功转型升级为生态旅游业，调研村庄尕秀村被打造成"高原藏族第一寨"，在村容村貌及牧民的住宅条件上有了很大改善，因政府各种扶持项目及惠民补助，牧民的收入及生活水平上了新台阶，牧民对于国家通过补奖政策改善生态环境的认识已很深刻，认为保护草场改善生态环境是造福子孙后代的好事。但调研中发现：牧民的文化水平普遍较低，基本都是小学水平，妇女们的受教育程度低，卫生习惯差，虽然道路、花园、娱乐健身等外部公共场所都是卫生干净整洁，面貌一新，但大部分牧民家里的卫生条件一塌糊涂，脏乱差，十几年来几乎没变，感觉只能关起门来说话。因此，建议下一步的工作，在保证继续经济扶持的前提下，开展牧民生活习惯及改善家庭环境的培训及宣传，让牧民尤其是妇女从思想根源上改变生活习惯，改善生活水平，提高生活幸福指数。

第二节　牧业转型案例

一、家庭牧场优化资源配置提高生产效率

调研牧户在补奖政策实施以来，对草原生态保护的意识逐步增强，在补奖政策的支持、草畜平衡的指导下进行畜牧业生产，改变原来的超载过牧饲养方式，将草原保护和利用充分结合，合理规划草场用途，通过增加基础设施投入、建立饲草料地、合理划分牧刈草场、增加冷季饲草料储备等做法，有效增加饲草料物资储备，保障畜牧业生产，实现保质、增效、增收的目的。

（一）概况

锡林浩特市位于内蒙古自治区中部，是锡林郭勒盟盟府所在地，是我国典型草原的核心区域。锡林浩特市地势南高北低，地处中纬度西风气流袋内，属中温带半干旱大陆性气候，可利用草场面积 37.87 万公顷，林地 3.13 万公顷，耕地 1.7 万公顷，动植物资源多样，草原类型齐全。本调研对象是锡林浩特市某嘎查牧民，所在嘎查草原面积约 4.33 万公顷，其中常规禁牧区 800 公顷，草畜平衡区 4 万多公顷，嘎查人口约 300 余人。该牧民勤劳、朴实、能干也会干，曾多次被评为全市"两转双赢"带头人、劳动模范。全家 4 口人，承包草场面积近 533 公顷，其中打草场面积 67 公顷，另外租赁草场 267 公顷，现有基础母畜 420 只，现住房、水、电、草及暖棚、储草棚配套齐全。

（二）做法

在调查访谈中发现，牧场主人在多年的生产实践中，尤其在补奖政策

实施以来，对草原生态保护的意识逐步增强，他能够充分认识到草原是发展畜群的物质基础，是发展畜牧业的保障和最大支点，并且将此观点不断向周边牧户传播。在草畜平衡思想的指引下改变了原来的超载过牧饲养方式，将草原保护和利用充分结合，合理规划草场用途，在有限的草场资源下，充分利用各种手段和措施发展草业生产，通过增加基础设施投入、建立饲草料地、合理划分牧刈草场、增加冷季饲草料储备等做法，有效增加饲草料物资储备，保障有限的草场资源下发展适度规模的畜牧业生产，以提高家庭劳动力的利用效率，实现保质、增效、增收的目的。

一是建立饲草料基地，科学种植，为过冬牲畜贮备高品质草料，有效降低自然灾害风险，保障了多年来稳定养畜。近年来，饲草料基地以种植优质青贮玉米为主。饲草料基地建设初期，没有灌溉设施，完全采取旱作方式，据其估算平均每亩可产青贮600千克（鲜重），相当于6～10亩天然草地的产量，每年可为家畜储备青贮饲料50吨，相当于20吨的过冬青干草，凸显出生产成本低的明显优势。

二是不断加强生产基础设施建设，为提高饲草贮备提供保障条件。在饲草料的种植过程中，逐渐发现基础条件提升对提高饲草料地的产量和饲草品质有积极作用。为进一步提高高产饲料基地的生产能力，尤其是在干旱年份通过少量的投入以保障饲草料地的产量不至于大幅降低，牧户在饲草料地附近配备机井1眼，并购进柴油发电机一台，同时还铺设灌溉软管，从而使其建设的饲料基地具备了灌溉条件，大幅提升了饲草料地的亩产草量。同时，为有效提高玉米青贮饲料的质量、保证青贮饲料的营养价值，牧户建设了青贮窖2座，合计容量可以达到7万余千克。通过饲草料地的建设升级和配套设施的购置，使其饲草料的产量大幅提升，品质得以保障，目前每亩的青贮饲料产量可达到2.5～3.0吨，除了自己储备，还可以出售部分青贮饲料，实现了基础条件提升向经济收入的转变；同时，还有效保障了牲畜规模，减轻了家畜生产对天然草原的压力，保护了天然草场，使得草原植被得以恢复。

三是建立打草场，增加冷季饲草贮备。牧户根据自家草场的植被分布特征和放牧利用情况，选择植被盖度高、集中连片的草场67公顷进行割草。自留一定面积的打草场，可以大幅增加冷季和禁、休牧期的饲草贮备，减轻枯草期和返青期放牧对草场的压力，促进植被的生长，增加植被盖度，提高草场生产力水平。与此同时，为了提高生产效率，牧户针对割草场的建设，还配备了农用拖拉机一台、打草机、搂草机各一套，通过家庭劳动力完成秋季牧草收割、打捆、拉运等作业,每年节省成本近 2 万元。

四是有效整合周边土地资源,通过流转租赁草场,实施轮牧,缓减草场压力,促进自然修复。牧户充分利用草场流转方式,租赁草场 267 公顷(每年支付 3 万元租金),作为冷季放牧场。暖季在自家放牧场上放牧,租赁草场自然生长,经过暖季的休养生息,租赁草场植被盖度大,冷季时转场到租赁草场放牧,既节省了冷季贮备饲草,又使畜群得到了活动。同时,在放牧过程中,把草场划分为 13 个小区,将草场划分为冷季放牧场、暖季放牧场、打草场和休牧场。据他说"每年接完羔子,就在最小的小区里轮牧。羔子大了,换到大些的轮牧区里"。冷季放牧场 333 公顷,打草场 217 公顷,暖季放牧场 243 公顷,休牧区 17.33 公顷。暖季放牧场放牧时间从 5 月 21 日至 10 月 21 日,每小区放牧 8 天,放牧频率 3 次;冷季放牧场连续放牧,放牧时间从 10 月 22 日至 4 月 4 日。冷季饲草料不足部分由打草场、高产饲草料基地补给。通过实施划区轮牧,可使草场生产力提高 20%,为增加畜群、稳定发展畜牧业提供更为强大的物质基础。

五是不断学习掌握先进技术,加强饲养基础设施建设,提高生产效率以保障经济效益。在补奖政策及科学技术的指导下,该牧户积极参加各种技能培训,在生产实践中特别重视传统乡土知识与现代生产技术的融合。他积极选用伏草青贮技术,以增加饲草营养价值,在草畜转化环节,通过多年的生产总结,他们认为青贮伏草补饲羔羊,提高羔羊成活率,促进羔羊营养全面、均衡,提高肉质,提高出栏率。同时,他能够抓住机遇,利用京津风沙源治理工程项目,建设暖棚 16 间、羊圈 1 500 平方米,为科学饲养牲畜提供基础条件。基于先进的饲草料生产技术、科学合理的草场资源配置与利用,以及在接羔和草畜生产转化上下工夫,这些生产行为重点明确,技术有效,实现了真正的草畜平衡,极大提高了家畜单产,据估算每只羊的效益较其他牧户可高出 1/3,从而很大程度上提高了生产效益和收益。

(三)启示

本案例首先反映出的信息是,牧户在补奖政策的支持、草畜平衡的指导下进行畜牧业生产,改变原来的超载过牧饲养方式,不断提升畜牧业生产水平。

1. 严格执行草畜平衡要求，既保障了高效生产，同时保护了草原生态，促进了生态恢复

通过补奖政策支持，案例牧户不仅能清醒地认识到减畜的重要性，而且通过补奖政策支持优化了生产资料配置，实现了较好的生产效益。据估算，牧户每年的牲畜出售收入在 30 万元左右，农牧民补助奖励收入 2 万元左右，其当年投入生产成本 5 万～6 万元，生活支出 8 万元。且这一生产模式在极大程度上有效地规避了生产风险。

2. 合理评估草场质和量，制定草畜平衡与休牧政策，指导牧户科学生产，并鼓励有条件的牧场轮牧

从案例牧户分析来看，牧户在草原生态保护补助奖励政策规定的草畜平衡标准内饲养牲畜，同时，还下大力度增加饲草料储备，以有效减轻不同季节的草原放牧压力。另外，案例牧户根据每年不同生产季节，科学规划放牧，通过租赁草场的配置，使牧户的草畜关系达到了平衡，牲畜生产规模较为适中，依靠家庭劳动力可以完成畜牧业生产，无需常年雇佣羊倌等，有效降低了生产成本，实现了成本低、牛羊壮、单价高、风险小、效益好、生态优的良性循环联动。

3. 适度发展饲草生产，依托技术进步提高饲草料自给能力

案例牧户依托技术的不断进步，指导其充分利用有限的高产饲草料地，增加饲草储备，优化饲养家畜规模。同时，优化储备饲草料结构，实现玉米青贮和青干草的合理组配。据牧户提供的信息，近两年其经营的高产饲料基地的青贮产量可折合青干草 100 吨，打草场可贮备青干草近 90 吨。

4. 提高牧民爱护草原的意识，推动牧民自觉优化生产经营方式

案例牧户是保护草原，优化配置生产资源的典型代表。爱护草原是草原文化的重要组成部分，文化缺失、过度追求经济效益，是造成草原破坏性利用的关键。在广大草原牧区，强化牧民的意识形态，传承草原优秀的生态文化，对保护草原、构建和谐牧区十分必要。补奖政策的实施，应注重加大宣传力度，树立良好的模范典型，重塑新时期生态文明建设和爱护草原的价值观。

5. 加强牧民生产经营技能培训，为建设小规模现代化的牧场奠定重要知识技能保障

当前，以家庭为单元的畜牧业生产仍然是我国广大草原牧区的主体，且在一定历史时期，这一经营主体的主体地位难以彻底改变。因此，要实现草原畜牧业的现代化，必须打通家庭牧场这一关。本案例中涉及的牧民，不断学习和运用先进的知识和技术，优化资源配置，提高畜牧业生产水平，实现了生态和经济的双优目标，充分体现了知识技能保障对生产发展的促进作用和重要性。

（四）建议

1. 继续实施农牧民补助奖励政策，发挥补奖资金在生态保护和提高草牧业发展水平中的作用

通过补奖资金，鼓励牧户生产不断转型并朝着现代化方向发展，而现代化方向，必然是草畜平衡、高效优质的生产方式；补奖政策在鼓励牧户草畜平衡，并利用补奖资金优化生产方式方面起到了积极作用，因此，建议保留目前的生产方式，在国家政策落实鼓励"四到省"的情况下，把资金在牧户水平的使用自由度放到最宽。

2. 鼓励和引导牧民发展现代草牧业，提高生产效率和效益

2019 年开始落实的农牧民补助奖励政策削减了原来的绩效奖励资金，这部分资金在保障补奖政策实施，加强农牧民生产技能培训，调控农牧民发展现代畜牧业等方面均起到了十分重要的作用，该项资金通过政府调节，有效地激活了牧民获得的补奖资金，使一部分牧民积极调结构、转方式，实现了生态和经济的双赢。因此，建议在进一步提高补奖标准的同时，继续增加关于农牧民技能培训和鼓励产业发展等方面的配套资金，实现合理配置资金，提高政策实施效益，增加牧民畜牧业生产发展知识储备，激活牧民保护生态意愿的目的。

3. 不断优化草畜平衡和禁牧区布局，重点生态保护区应加大投入力度

在二轮补奖政策实施时，把锡林郭勒草原国家级自然保护区核心区、重要湿地保护区 87 万亩纳入到特殊功能区，补助标准每年 50 元/亩，补助资金 4 350 万元/年，要求不得有任何生产经营活动。建议在下一轮补奖政策实施时，锡林浩特市将锡林河两岸 1 千米范围的 5.15 万公顷、白银库伦遗鸥自治区级自然保护区核心区 1 667 公顷纳入到特殊功能区补助范围，并按现行标准落实盟市两级补助资金。

4. 根据经济社会发展情况和畜牧业生产收入水平，适度提高补奖标准

现阶段补奖政策中，禁牧补助标准 9 元/亩、草畜平衡奖励 3 元/亩。

2018年锡林浩特市牧区常住居民人均可支配收入26 307元，南部国有农牧场牧户人均草场47公顷、北部苏木镇牧户人均草场100公顷，草场租赁市场价格一般为12～30元/亩不等，禁牧补助远低于可支配收入和草场租赁价格，难以保障牧民的切身利益。2017年锡林浩特地区降水量仅为168.7毫米，历年平均降水量为263.5毫米，且气温逐年趋于上升状态，"十年九旱"的气候没有改变，使部分区域草场退化，尤其是城市周边约20千米范围内3.4万公顷草场出现不同程度退化。根据自治区发布的统一标准，锡林浩特市牧草地年产值从2011年的82.1元/亩提高到当前的158元/亩，提高了近2倍。鉴于以上情况，建议继续实行下一轮补奖政策，适当调整增加禁牧区范围，并考虑牧户生产生活需求，适度提高标准（地方建议草畜平衡区补助标准提高到每年每亩10元以上，将普通禁牧区补助标准提高到每年每亩20元以上）。同时，考虑到特殊功能区主要集中在南部国有农牧场，平均草场面积较小，多数牧户草场人均200～500亩，为确保补奖政策顺利实施，牧民收入不降低，建议将特殊功能区补助标准提高到70元/亩。

5. 强化草原生产力监测，加强草原利用科学决策管理平台建设

为合理利用草原并有效保护草原，提高草原资源信息化管理水平，实现对草原资源的实时监测和动态管理，建议在下一轮补奖政策实施项目中，增加草原资源动态监测信息化平台建设补助资金，以用于牧户草场利用与保护的动态管理平台建设。

二、联户牧民合作经营实现传统畜牧业转型升级

联户牧民合作社充分利用国家生态补奖和其他优惠政策、补贴政策等，扩大生产规模、推进联户生产现代化，同时还极大地减轻了因为生产活动对天然草原产生的外部压力，减少了生产行为对自然生态系统的损伤，使得区域生态得以维持和恢复。

（一）概况

案例调查对象是位于内蒙古自治区呼伦贝尔市呼和诺尔镇的一家牧民专业合作社。呼和诺尔镇土地面积4 579平方千米，其中可利用草场面积3 760平方千米。呼和诺尔镇气候属寒温带大陆气候，夏季温和短促、冬季寒冷漫长，雨热同期，有利于牧草生长发育。主要草场类型有草甸子草

原和典型草原，产量高、草质好，其中贝加尔针茅、羊草、线叶菊、大针茅是主要建群种和优势种。亩产干草平均为 100 千克左右。全镇总户数为 4 100 多人，呼和诺尔镇（包含蒙古族、汉族、达斡尔、满、回、朝鲜、鄂温克、鄂伦春等 8 个民族），纯牧业户 992 户，牧业人口 2 704 人，贫困牧户有 34 户 99 人。呼和诺尔镇下辖 1 个办事处、8 个牧业嘎查、1 个社区。

2012 年，由 5 户牧民成立合作社，进行联户经营，注册资金 50 万元，主要经营肉牛、肉羊、种公羊，并进行饲料加工（主要是合作社生产自用）。5 个牧户联户草场 2 133 公顷。建设初期联户配备牛 80 头，羊 800 多只，贷款 20 余万元。联户合作经营第一年仅仅依靠打草收入，当年打草 1 000 吨，主要用于联户家畜食用，没有获得明显的效益，处于原始资本积累和调结构、扩大规模阶段。自 2014 年开始，政府有关部门对联户合作社进行支持和帮扶。当年帮助联户合作社建设现代牛羊棚圈 1 200 平方米 2 个，1 500 平方米储草棚，并帮助打井、修建井房等，完善联户合作社生产经营急需的基础设施，另外，政府补贴的生产设备还包括饲料粉碎机（主要是玉米粉碎使用，饲料加工机械的补贴 50%），在建设种羊场方面，根据国家、自治区和地方有关政策，政府投入近 30 万元。据了解，上述基础设施自筹经费 21.5 万元，政府帮扶补贴 190 余万元，个人投资仅占基础设施建设总投资的 10% 左右，近 90% 来自惠农政策，极大地改善了联户合作社的生产条件，减少了生产风险，提高了生产效率。

（二）做法

1. 联户合作社根据市场需求不断调整和完善生产经营结构

2014 年、2015 年和 2016 年联户合作社主要选择羔羊短期育肥的生产经营方式，通过自产肉羊羔子的育肥、出售以获得经济收入。但是，由于肉羊市场自 2013 年以后价格持续降低，2014—2017 年是近年来价格最为低迷时期，每个羔子的市场价格仅在 300 元左右，加之 2015 年、2016 年和 2017 年连续干旱，天然草地植被长势较差、草地产量低，牲畜对草地的依赖性强，在生产过程中产生了大量的生态风险。同时，为了达到草畜平衡，实施舍饲和半舍饲的饲养方式，每年需要购进大量的青干草和饲草料，且该期间青干草的市场价格持续偏高。受动物产品市场价格、生产成本等影响，联户经营并没有获得明显的经济效益，在此期间，联户合作牧户的主要收入来源依赖于国家草原生态保护补助奖励政策发放的转移性收入，这部分收入（户均 3 万~4 万元）对维持牧户的生活起到了十分重要的作用，被认为是"保命钱"，对牧户联户经营避免破产起到了十分关键的作用。联户合作社根据成立以来的经营经验，不断分析研判市场需求，调整生产经营结构。自 2015 年开始，联户合作社瞄准短尾种公羊的自繁、扩繁项目，开始储备种公畜并通过扩繁后出售种公羊，效益逐渐显现；当年购入西门塔尔牛 70 多头，到 2019 年通过自繁扩大生产经营规模，已经达到 200 余头。

2. 联户合作社收益不断提高

据调查，2017 年以后联户合作社的生产收入来源主要包括以下几个方面：一是种公羊扩繁并出售收入。在获得政府部门颁发的相关经营许可证的基础上，联户合作社每年出售种公羊 500 只，每只的价格为 2 000 元（国家给合作社补贴 800 元/只），每年扩繁种公羊的毛收入在 100 万元左右。二是肉牛生产收入。每年牛群产犊 90 个左右，除了牛群更新和扩大生产规模外，每年可作为商品出售的牛犊在 50 个左右，按照当前的市场价格为 9 000 元/头，毛收入 45.00 万元，同时出售大牛 10 个左右，按照市场价格 1.50 万元/头，年毛收入约 15.00 万元。三是肉羊（羔子）收入。近年来，联户合作社在扩大牛、种公羊生产规模的同时，适度减少了肉羊的生产规模，每年出售的羔羊从联户合作社建设初期的 1 500 只育肥羔减少到 200 只，2019 年由于市场价格增长，每只羔羊出售达到 1 000 元左右，毛收入 20.00 万元。

3. 联户合作社能充分解放联户中其他牧户的劳动力

建立联户合作社后，在畜牧业生产中的各个环节都可以降低成本，提高生产效率。如在牧草刈割过程中，通过机械化等措施，可以有效降低人工费用、运输成本以及交易成本，同时也大幅降低了合作社的生产经营成本费用，另外，联户经营过程中人工成本降低显著，如在冬季舍饲喂养过程中，2 个雇工基本上可以完成饲养工作，这就有效地减少了原来散户需要 6~10 人的人工成本，解放其他牧户的劳动力，进行转产或者有更多的时间进行打零工，增补家庭收入。据调查，每个入社牧户较联户入社前年均增加收入 3 万~5 万元。另外，对于贫困户入社的，每年还可以额外获得一头牛的补助。

自从合作社成立以后，在地方政府的组织下，更加关心畜牧业生产以及相关的市场信息，经常参加市、旗组织的各种技术培训、市场产品展销会等，能够了解和掌握更多的先进技术和有价值的市场信息，为生产经营获得更好的效益提供了非常重要的帮助。同时，由于扩大了生产规模，合作社在品种改良、饲草加工、饲料配制、人工授精繁育等方面都提高了认识和生产水平；生产中先进技术更新和运用，实现了从传统的一家一户的收益依赖牲畜数量增长的生产方式逐步向质量提升的方向快速发展。

（三）启示

联户合作社经营可以充分利用国家和地方的优惠政策、补贴政策等，对扩大生产规模、推进联户生产现代化、提高生产技术和效率等都有极大地帮助。同时，联户合作社不仅提高了生产效率、生产效益，还极大地减轻了因为生产活动对天然草原产生的外部压力，减少了生产行为对自然生态系统的损伤，使得区域生态得以维持和恢复。天然草原资源得以保护和可持续利用，并在先进技术、牲畜保险等的支持下，有效规避了生产风险。

1. 传统畜牧业转型升级要依赖社区致富能手的带动

本案例为5个牧户的联户经营，以合作社的方式注册，并充分享受了国家政策和地方的支持。该案例启示我们，目前小规模的牧户生产已经不适应当下的生产力水平，草原畜牧业走向现代化，以质量和效率获得更多收益，摆脱传统的数量增长型模式，是草原生态保护建设的必然需求，而小规模牧户生产存在的先天性缺陷：一是规模较小，技术和设施的投入成本偏高、使用效率不足，难以在牧户尺度上推广应用；二是牧户的发展意识、生产技能受限，先进的生产理念和先进的生产技术在小户上难以推广；三是没有充足的资源可以整合，难以获得更多的市场或者有关政策的支持；四是小型牧户的生产在人力资源上有较明显的浪费，在土地资源、草地资源等方面难以合理统筹利用（轮牧、轮刈等）。因此，牧区的现代化生产和规模化发展，急需要有发展意识、经营头脑、掌握先进技术、有社会责任感的致富能手来带动发展，他们能够整合资源、不断学习、掌握先进技术、充分了解市场信息并作出科学发展的判断，同时，规模化的生产经营单元，还有利于在市场竞争中争取话语权，保障合法的权利和利益少受损害。

2. 要加强政策资金支持，重视提升草原畜牧业产业发展水平

案例分析结果显示，该联户合作社能够在市场波动、自然灾害等面前规避生产风险，并在市场行情好转的情况下获得大量的收益。表明农业或者牧业是弱势行业，其抵御自然灾害和市场波动的能力十分弱，随时面临断粮倒闭的生产风险，因此，国家和地方应该十分重视对农业和畜牧业的扶持力度，不应该像对待其他行业一样。对待难以在短期内根据市场或气候自适应调控生产经营的农牧业生产行业，一是要加大对农牧业的基础设施的投入保障，建立避灾救灾预案等，加强在政策和资金等方面的支持，二是重视提升草原畜牧业产业发展水平。从事草原畜牧业生产的大都是农牧民，涉及千家万户，他们虽然有丰富的生产经验，但大都局限于小规模、低效率的传统生产模式，这些生产方式大都不适于现代畜牧业的发展。因此，国家和地方应着力加强农牧民的技术培训、政策的宣传教育、新经营主体的培育、产业发展的综合规划设计等，不断推进草原畜牧业朝着现代化的方向加速发展，才能够提质增效，走出一条生态优先、绿色发展的新道路。

(四) 建议

1. 继续落实农牧民补助奖励政策，给传统草原畜牧业的生产方式转型吃下定心丸

传统的牧户畜牧业生产具有十分明显的保守性，牧民为了规避生产风险，维持生计，一般不接受新技术的应用、不接受合作经营、不接受产业转型、不离开草原等，他们比较眷顾于传统的数量增长型、保守型的畜牧业生产经营方式，其主要原因是没有固定的、稳定的收入来源，其生活对经营性收入的依赖过于强烈。农牧民补助奖励政策的实施，使农牧民的转移性收入增加，可占到农牧民人均可支配收入的30%～75%，部分地区可能更高，这样使牧民有了定心丸，极大程度上帮助农牧民规避了破产的风险，使他们开始敢于解放思想，探索新形势下的发展模式和道路。因此，建议应该继续加大农牧民补助奖励政策的实施力度，并建立长效机制，使广大农牧民在思想上解放出来，在经济上减少对畜牧业生产的依赖，尤其是数量增长推动收益增加型的传统低效畜牧业，使我国草原畜牧业在未来10～20年中有加快转型升级的资源空间和农牧民配合支持的机遇，趁势而行，一举取得草原畜牧业的跨越式大发展，并推进草原生态保护工作取得新成效。

2. 加大牧区新经营主体的培育，加强政策落实，提高支持力度

从案例来看，联户经营或合作社在当前草原牧区解放生产关系、发展生产力方面起到了非常重要的积极作用。因此，建议重视新经营主体联户、合作社等新型经济体的建设。但是，重要的是，以往很多调查发现，有些合作社没有发挥出其应有的作用，形同虚设，没有从根本上转变生产经营方式，并产生应有的经济和社会效益。因此，非常有必要尽快整治牧区合作社组织，对没有起到积极作用的合作社予以取缔，同时，考核确实在草原畜牧业生产、牧民带头发展和生态保护中做出积极努力并取得良好实效的新经营主体，对其予以更多的政策和支持，并不断引导联户或合作社，提升技术，适应市场，发挥其在规模、技术、成本中的优势，不断取得更好地经济效益和社会效益，尤其要鼓励合作社整村推进，带动社区群众共同发展致富。另外，在提升生产水平，增加农牧民收入的同时，要将生态保护、资源节约作为合作社考核的重要指标，以制度倒逼新经营主体走生态优先、绿色发展的道路，在生态保护方面，实行最严格的管理监督制度。

三、牧民专业合作社联合科研机构推动产业发展

调研牧民专业合作社属于国家级示范社，依托国家补奖政策、地方政策扶持和专家优势等有利条件，合作社实行禁牧、休牧、划区轮牧，建立"放牧＋半舍饲"制度，推行羊高效生态养殖示范，积极推动产业发展，助推脱贫攻坚工作。

(一) 概况

调研中了解到一家牧民专业合作社属于国家级示范社，成立于2011年，位于甘肃省甘南藏族自治州，注册资金300余万元，合作社拥有优质天然草场1 333公顷（1年生人工草地3.8公顷），依托一家专业研究机构开展羊品种改良、扩繁、推广等各项工作。建有标准化暖棚7座（共2 800平方米），羊用药浴池1座、兽药室1间、办公用房及宿舍6间，现有成员12户社员58人（其中管理人员8人，专职兽医人员2人，专职放牧人员37人，销售和信息收集人员5人，饲草料加工种植人员6人）的基础上，特聘9名博士、研究员、高级专业技术人才、兽医师组成专家服务团队，从技术和实践方面给予了有力的指导。

(二) 做法

依托国家补奖政策、地方政策扶持和专家优势等有利条件，合作社实行禁牧、休牧、划区轮牧，建立"放牧＋半舍饲"制度，推行羊高效生态

养殖示范。

合作社按照"民办、民管、民受益"的方针，初步形成了"服务社员、共谋发展、入社自愿、退社自由、地位平等、民主管理、利益共享、风险共担"的经营运行机制。以羊选育为基础，结合科研院所研究项目，依托国家补奖政策、地方政策扶持和专家优势等有利条件，实行禁牧、休牧、划区轮牧，改变了传统的放牧制度，建立了"放牧＋半舍饲"制度，轮牧草场为冷季草场和暖季草场，冷季牧场实行小区轮牧，从根本上改变了产出期短、消耗期长、掉膘损失严重，以及母畜比例、繁成率、成活率低和个体产量低，群体周转慢的状况。

合作社建有标准规范的种羊档案资料室，有完整系统的各类原始记录和统计分析资料，种羊系谱资料齐全；有完善的疫病防治、病死畜处理、粪污处理设施和技术措施，已取得省农牧厅颁发的《种畜禽生产经营许可证》，种羊生产基地远离人口聚居区，生产与生活区严格隔离，水源充足，洁净无污染，同时，在县牧业经济经营管理站的指导帮助下，与第三方财务公司签订协议，制定了完善的财务制度和台账。

合作社依托科研院所，进行羊的改良、扩繁、推广，向周边牧户进行优良羊品种的供种和复壮，同时对专业合作社社员及周边牧户开展科学养畜等综合技术培训，羊高效生态养殖示范，市场信息咨询等业务。围绕拓宽羊销售渠道，夯实养羊业基础，力争将该合作社建设成为种羊繁育、供种基地。同时，推广天然草场生态建设和合理利用，稳步实现牧民定居，通过四年建设，力争使合作社畜牧业走上产业化发展道路，实现草场生态良性发展。

合作社目前存栏羊 2 051 只（其中野生待驯化幼龄公盘羊 1 只，繁殖母羊 1 100 只，特级优质种公羊 48 只，一级以上种公羊 212 只，后备母羊290 只，后备种公羊 400 只），推行两年 3 胎繁育技术，加快了出栏周期，年繁殖羔羊达 1 000 只以上，出售优质种羊约 800 只（涉及新疆、西藏、青海等地）。其中 2018 年销售总额 108 万元，实现纯利润 85 万元。

合作社在自身发展壮大的同时，积极投身产业发展助推脱贫攻坚工作，围绕打赢脱贫攻坚战这一重点工作，响应企业、合作社带动贫困户增收致富的号召自 2016 年开始，合作社以直接带动的方式连续 3 年每年给14 户贫困户给予无偿帮扶资金共 4.2 万元（户均 3 000 元），每年给予 10户建档立卡贫困户 3 000 元的扶持资金，让更多贫困户早日走上致富的道路。2017 年、2018 年每年给小学补助资金 1 万元，主要用于贫困学生购买生活用品及学习用品等。2018 年自主开展结对帮扶工作，向 11 户贫困户发放油、米、面等价值共 6 300 元。

（三）启示

牧户专业合作社，有利于划区轮牧、分工放牧、集中围栏、提高草场利用率、人工半人工草场封育，减轻超载放牧，从根本上解决草场退化、沙化、黑土滩化等问题。广大牧民群众在长期生产实践中积累了丰富的草地放牧与草场合理利用经验，如划分季节草地，实行季节轮牧；在季节草场根据各类牲畜的不同放牧习性，因地制宜划分放牧地段，确定驻牧期限。如繁殖母羊放牧干燥阳山，母牛放牧沼泽草地，马、阉牛放牧高山草地等。不同季节采用"夏放高山、秋放半山、冬放沟湾、春放河滩"的放牧方法。草场承包后单家独户草场有限，制约了上述经验的推行，成立合作社则有利于科学合理地集中经营，扩大牧场载畜量，提高草地利用率；有利于加强饲草料基地建设，夯实畜牧业发展基础，加强草原生态保护与建设；有利于统一集中灭鼠、补播草种，保护草场。

合作社的组建还为开展草场沙化、退化，黑土滩化治理创造有利条件。在严重沙化、退化和黑土滩化的草场，合作社与牧户配合，实行禁牧，并签订禁牧合同。大大减轻了禁牧户人口与牲畜放牧的安置问题，有利于稳定禁牧户的生产和生活，不至于出现禁而不止现象。

合作社的饲养管理实行禁牧、休牧、划区轮牧，改变传统的放牧制度，建立了放牧＋舍饲制度，轮牧草场为冷季草场和暖季草场。冷季牧场实行小区轮牧，区内草地利用率控制在 60% 之内。每年 1 月，产羔前母羊开始补饲，从 4 月底或 5 月初实行全舍饲至 6 月底。暖季牧场即原来的夏季草场，实行地带型划区轮牧，每年从 7 月上旬开始到 10 月底结束，利用时间 80～90 天，草地利用率不能超过 60%。种公羊、繁殖母羊和后备羊进入冷季草场，其他羊淘汰出栏。这种放牧制度扩大了冷季草场的面积，进行划区轮牧有更大的周旋余地，使牧草在返青期和种子成熟期得到休养生息，达到了保护草原生态的目的。扬夏季青草期之长，避冬春枯草期之短，改单纯依赖天然草场全年放牧为夏秋放牧加冬春舍饲、半舍饲，从根本上改变了产出期短、消耗期长、掉膘损失严重，以及母畜比例、繁成率、成活率低和个体产量低，群体周转慢的状况。

牧民合作社对于改良牲畜品种、抑制畜种退化从两个方面发挥了关键性的作用。一方面，合作社建立后，各户牲畜统一组群放养，彻底改变了近亲繁殖的格局，从源头上避免了畜种退化的道路；另一方面，合作社的经济实力远较单家独户为强，在品种选育、疫病防治、平衡牲畜营养结构以及牲畜管理方面，均能有效抑制畜种退化。此外，还可以组建专门的畜种改良合作社，利用少数牧民的专业知识和技能，培育优良种畜，为其他牧户提供种畜服务，力争将优良畜种留给子孙后代。

（四）建议

从整体看，合作社在发展水平、运行机制等方面还存在一些问题。一是社员对专业合作社认识不够。由于社员普遍文化程度低，对合作社的作用和重要性认识不足，对如何发展合作社思考不多、行动力不强，市场、科技、协作能力不够高，在一定程度上制约了合作社的发展。二是资金投入不足，融资难度较大。资金匮乏成为制约合作社发展的重要瓶颈，由于牧业信贷风险较大，针对我社目前产业规模相对较小，自身实力较弱，缺少有效抵押的现状，商业银行提供金融服务的主动性不高。

合作社将紧紧抓住县委、县政府大力支持牧民专业合作社发展的有利时机，积极从各方面多渠道争取发展壮大资金，并对现有的基础设施进行升级改造。利用当前牧机具补贴等有利政策，购置补播机、铡草机、打捆机等适合发展的牧机具，进一步提高合作社抵御自然灾害的能力。针对合作社社员普遍文化素质不高的问题，积极组织社员和有意向入社的人员参与县农业农村局举办的各类合作社发展培训班，不断提高社员科学养畜技能和整体综合素质，在此基础上自发组织社员在专业人员的指导下开展自身培训工作。严格落实禁牧、草畜平衡制度，可利用草场中还有将近2 000只羊单位的拓展空间，在推行精细化养殖的同时，充分利用现有草场资源以发展养殖和租赁的方式促进合作社社员增收，并稳步提升贫困群众的帮扶带动数量。

四、"企业＋合作社＋农牧户"模式

合作社利用生态补奖等优惠政策整合牧户资源发展生产，通过家畜饲养、屠宰、加工以及餐饮等一条龙式产业发展模式，带动农牧民转型、增收。

（一）概况

本案例系企业带动合作社发展的模式。以合作社作为高标准养殖基地，整合农牧民土地资源、牲畜资源以及其他生产资料，带动农牧民发展致富。该公司成立于 2013 年，拥有天然牧场 3 267 公顷，养殖小区占地面积 6.7 万平方米，其中，标准化羊舍 10 座，共 1.2 万平方米，储草库面积 1 500 平方米，养殖规模约 12 000 只。公司采取了"企业＋养殖基地＋37 户牧民专业合作社"的发展模式，基地与牧户签订订单养殖协议，从牧民手中流转草牧场进行规模化养殖，极大地降低了单一牧户饲养的生产风险，保障了羔羊的收储数量，拓宽了畜产品的销售渠道，保证了产品质量，提高了生产效率和效益。该公司产品的主要销售渠道是为肉业公司供应初级畜产品。

（二）做法

合作社用优惠政策整合牧户资源发展生产，农牧民受益。利用较市场价格偏高的方法收购周边入社和没有入社牧民的产品或者租赁牧民的生产资料。如，草地入社的，每年以 15～20 元/亩分红标准支付给农牧民，较市场价格高出 2～3 元/亩；牧民的禁牧地收割的青干草，合作社收购价格为 1 200 元/吨，比市场价格高出 220 元/吨，且对合作社用牧民的基础母畜，每年支付 400 元的个头费，保证牧民家畜不受损失（如果出现死亡，由合作社以物形式赔偿）；同时，合作社在公司的统一管理下，积极吸纳入社牧民进入牲畜饲养基地工作，保证 2 口人每月收入可达 5 000～6 000元，且合作社为入社牧民提供一系列后勤服务，如接送其子女上学，护送入社牧民的家人就医等。据合作社估算，一户有 8 000 亩草畜平衡区草场的牧户，每年生态奖政策收入 35 800 元，200 只基础母畜入社，可获得 8万～10 万元收入，两口人在合作社打工，每年收入可达 6 万元，这样一个牧户年毛收入可达 17 万～18 万元，且收入稳定。经过几年的运行，入社牧民对合作社的依赖度提高，在合作社的帮助下，全嘎查贫困户实现全部脱贫。

公司重视产品质量，通过宣传和产品推介赢得高端市场。依托草原天然资源污染少的自然优势，通过家畜饲养、屠宰、加工以及餐饮等一条龙式产业发展模式，拉长产业链条，规避产业环节风险。产品连续八年获得有机认证，为提升企业产品品牌，赢得市场空间，稳定产品价格，获得市场竞争力提供了重要的保障。公司积极组织宣传活动，参加旗市组织的各种推介会，据了解，该公司已获得冬季运动会 3 万只羊的订单，国储9 000 只的任务。目前，以饲养基地建设为主的牧民专业合作社已整合土地资源 2 667 公顷，饲喂羊 9 000 多只，牛 400 多头。年毛收入 1 500 万元，其中成本约 60%，即 900 万元，合作社可获得 600 万元的利润，主要是饲养成本和给牧民的分红与奖励（奖励一般按照牧民入社基础母畜接羔数、重量等参数进行奖励），每个入社牧户平均可分到 10 万的分红收入。

（三）启示

1. 农牧民在企业与合作社的带动下获得稳定的收入

当前，农牧民仍然是草原畜牧业生产经营的主体，但是，单家独户的牧户在发展的过程中面临着诸多问题：一是抗灾、抗风险能力弱，很多牧户因为干旱、灾害等造成破产；二是整合资源的能力差，不能形成一定的生产规模，且缺乏足够的资金流转，产品质量难以得到有效保障，产品的质量和品牌提升受到阻碍；三是市场意识差，牧户生产经营多以传统的生产方式，对接市场需求的能力差，且多以出售原材料为主，在整个产业中付出成本最大，收益率偏低，承担风险最多；四是缺少市场话语权，在整个产业链条中，一家一户牧民的生产方式不能形成规模合力，在市场竞争中，往往会被生产加工环节卡脖子，在市场中因分散而难以形成话语权。农牧民参与合作社，尤其是"企业＋合作社"的复合运行模式，有利于充分保障牧民的生产利益。一般合作社均采取入社、退出自由的管理方式，且大多合作社会给予入社牧民相对优惠的待遇，比如生产资料整合中的价格、生活生产中的少量资金的帮扶等，而在该地区调查发现，不入社的牧民近 90% 有银行贷款或高利贷现象。企业与合作社的紧密结合，形成了较为稳定的产销结构，在市场价格不断波动的情况下，仍然能够规避很多的生产风险，获得较为稳定的利润，农牧民入社的生产资料作价、打工收入、入社分红等都可以得到保障，较不入社牧民有明显的优越感。

2. 企业带动发展质量型畜产品具有较大的市场空间

本案例涉及的企业在近年畜产品市场价格相对低迷的情况下，仍然有足够的发展空间，主要选择了优质优价的发展思路，其产品能够获得大订单、国储订单等。企业＋合作社的规模化发展模式，是发展质量型畜牧业的基础。一是企业要在市场上获得一席之地，其最主要的竞争优势就是产品质量和价格，而产品质量必须依赖于企业或合作社，他们能够在生产过程、产品加工中层层把关，而小户生产一般不具备产品质量防控的基本条件；二是企业和合作社一般都具有相对充足的资金，在产业发展过程中可以适度合理调配资金的使用，他们不仅重视生产环节的投资，且还十分重视产品的包装与宣传以及产品的深度开发与营销，从而不断拓展产品市场空间，提升产品品牌知名度，进而保障企业的长远发展。

3. 企业引导下的合作经营具有保质量增效益的作用

本案例充分说明，"企业＋基地＋农牧民合作社"在整合优势资源，促进草畜平衡政策实施和生态保护，加强科学规范管理，保障产品质量方面较牧户有明显的优势。产品质量是牧区畜产品提高价格、赢得市场的关键所在，它不仅需要在生产环节做到环境优质和科学生产，其价值的实现，还需要企业管理作为保障。近年来，内蒙古各级政府积极推动草原畜产品质量提高和品牌价值的提升。实践经验说明，企业引导、牧民参与、以饲养基地作为产品生产的基本单元具有明显的优势，既可以实现一定规模化，便于政府、市场监督管理，又能够通过企业信誉达到自我管控产品质量的目的。因此，应该注重培养牧区适度规模的合作社或者龙头企业，抑或企业＋合作社的新兴经营模式，推进自治区草原畜牧业的品牌发展战略。

4. 合作经营是牧区促进脱贫并防止返贫的重要措施

本案例分析发现，牧区合作经营有助于促进脱贫致富，并且减少牧民返贫风险。农牧民参与合作社后，其生产资料可以实现保护性利用和兑换出合理的、甚至更为优惠的价格，已获得资产性收入，其劳动力可以从家庭畜牧业中解脱出来，或是转产或是参与到合作社的生产活动中去，从而获得额外的工资性收入。另外，草原生态保护补助奖励资金可作为转移性收入增补家庭的收入。较牧户自营来看，牧户无需担负生产成本，没有生产风险，实现了零成本运行，并可以获得红利。因此，在此模式下，企业或者合作社的利益与牧民的利益休戚相关，企业和合作社的发展带动了牧民收入的稳定增长，尤其是贫困户，大都是因为家庭成员有巨大医疗支出，或因受自然灾害影响致贫等，这些牧户在合作社的"保险箱"里可以逐步实现脱贫，并在合作社的帮助下，实现收入的稳定增长。因此，规范并加强牧区合作经营，对有序发展牧区经济、社会，保护草原生态具有积极而重要的作用，应该得到充分重视。

5. 补奖资金在缓解牧民生存发展压力中具有重要作用

草原生态保护补助奖励政策（现为农牧民补助奖励政策），对解放牧区劳动力，优化生产关系，发展生产力中具有重要作用。在调研地区牧户户均获得补奖资金 3 万元以上，这使得牧户从思想上敢于减弱对传统草原家庭畜牧业的依赖，能够从单一的产业中脱离出来，探索新的发展路径。在实施补奖政策前，牧民对畜牧业的依赖度达到 90% 甚至更高，所以，牧民为了躲避生计风险，大都难易脱离畜牧业生产。而补奖政策实施后，农牧民获得了基本生活收入保障，促进了牧民探索性地转产，同时也促进了牧区新型经营主体的培育与发展，为企业、合作社入驻草原牧区并发展赢得了充足的资源和空间。

（四）建议

1. 鼓励发展与市场充分对接的企业＋基地＋牧民合作社模式

案例选择了"企业＋基地＋牧民合作社"模式，通过全面解析，认为该模式是一个产业链相对较长，生产风险相对较小，盈利空间相对较大，对牧区经济、社会发展带动能力较强的发展模式。这种模式里需要龙头或知名企业的参与和组织，需要合作社和牧民的积极配合，需要有足够的自然资源和生产规模。因此，建议在当前牧区加快发展草牧业的紧要时期，应该注重开发有特色、有实力、有目标、带动性强的发展模式。

2. 利用补奖政策积极推进牧区农牧民生产方式转变

补奖政策的实施对推进农牧民生产方式转变，使在草原上从事畜牧业生产几千年的牧民获得了转产探寻新发展路子的机会。因此，建议积极推进农牧民补助奖励政策的实施，适度增加资金量，并通过政策引导、产业发展，加快牧区农牧民生产方式的转变，以充分实现补奖政策的政策目标和效益。

3. 加大政策调控和投资力度，发展以嘎查为单元的合作经济

当前，在牧区正在积极探索以嘎查为单元的合作经济组织，联户经营或入社合作虽然取得了很多成功经验，但是，带动全体农牧民增收致富是区域经济、社会发展的最终目标，积极鼓励发展以嘎查为单元治村发展之路，将是全民之福的必要选择。

4. 鼓励草原畜牧业走绿色高质量发展之路

本案例中折射出的一个重要信息是企业始终以产品质量为发展的立足之本，连续八年获得产品有机认证，使得其企业、基地和合作社在发展中获得较好的利润，入社农牧民可以获得更为优厚的生产资料兑现、工资收入和入社分红。因此，建议牧区畜牧业发展必须要走生态优先、绿色发展的路子。

五、草畜联营合作社促进畜牧业转型和多元化发展

调研地区全面贯彻落实补助奖励政策，积极探索草牧业发展与建设的新思路和新模式，引导创建了草畜联营模式，该草畜联营合作社推行"两转三权四统五原则一分配"运营模式，推动传统畜牧业向现代畜牧业转型，草场管理向规模化、合理化、生产多元化发展，建成了管理、放养、销售为一体的畜牧集聚产业链，同时通过旅游业扩大增收渠道，不仅使草原生态环境得到了保护和改善，牧民的生活水平也得到了提高。

（一）概况

案例调查对象所在县是一个农牧结合的县，畜牧业已成为县域农业经济的支柱产业。居住着汉、哈萨克、回、维吾尔等 29 个民族，总人口 22 万人。全县草地总面积约 73 万公顷，可利用草地面积 60 万公顷，其中：夏牧场总面积 6.25 万公顷，春秋草场总面积 30.97 万公顷，冬草场 25.8 万公顷，四季草场 8 000 公顷。全县草地主要为温性荒漠草地类、温性荒漠草原草地类、温性草原草地类、温性草甸草原草地类、低平地草甸草地类、山地草甸草地类、高寒草甸草地 7 个草地类和 21 个草地亚类。

自补奖政策实施以来，该县认真贯彻中央、自治区、州关于发展现代畜牧业的各项方针政策，充分发挥畜牧业发展排头兵的作用，紧紧围绕农牧民持续大幅增收这一核心，全面贯彻落实补助奖励政策，保护生态环境，增加牧民收入。在改变传统畜牧业经济的基础上，积极探索草牧业发展与建设的新思路和新模式，引导创建的草畜联营模式，加快了现代畜牧业发展步伐，促进了一二三产业深度融合。案例中的草畜联营合作社组建于 2012 年，是当地成立的第一个草畜联营合作社。按照"政府引导、群众自愿、自负盈亏、形式多样、草畜平衡"的原则，以牧区草场管护使用权、牲畜生产使用权、设施使用权作为资本入股，按股实行年度固定分红。到 2018 年，合作社共有牧户 11 户、社员 56 人；饲养场区占地面积 2 700 平方米，有 6 幢标准圈舍，饲养牛 230 头，生产母羊 600 只，有天然草地 538.2 公顷。

（二）做法

合作社保持草场承包经营权和草场政策性补偿、补助对象不变，农牧

户以自愿申请加入草畜联营合作社，可以以标准牲畜入股，也可以草场入股。农牧户中的牛羊均按照基础母牛、母羊的年龄和种公牛、种公羊的品牌及纯度确定折算标准，草场则按照其租赁使用价格（3.4元/亩）进行核算，养殖设施、设备则按照入社时间的市场价值进行折算，以此作为股份。农牧民入社后与合作社签订协议，每年年底召开社员大会，按照年度12%固定分红，3年不变。累计给11户牧民发放分红款45万元，入社会员人均增收2000多元。开创了牧区"经济效益和生态效益"的双赢局面。同时合作社在帮扶贫困户方面也作出积极的贡献，2018—2019年帮助了90个贫困户脱贫致富。

一是传统畜牧业向现代畜牧业转型。该草畜联营合作社推行"两转三权四统五原则一分配"运营模式，简称"23451"模式，即传统畜牧业向现代畜牧业转型，农牧民向其他产业（岗位）转移；草地管护使用权、牲畜生产经营权、设施使用权作为资本入股（社）；实行统一放牧、统一防疫、统一改良、统一销售；坚持政府引导、群众自愿，自主经营、自负盈亏，因地制宜、形式多样，达到以草定畜，草畜平衡；以草地承包经营权和草地政府性补助对象不变的原则，形成按资（量）固定分红（物）的草畜联营合作社。合作社将牧民以草场或者劳力的形式入股加入合作社，牧民既是股民也是合作社理事，可以在合作社工作，也可以外出工作。

草场管理方面，采用集中式管理。11户牧民家连片草场及牲畜集中统一管理，由于实行了禁牧和草畜平衡区，暖季草场在严重不足的情况下，按照3.4元/亩价格租用其他牧民草场，同时实行划区轮牧。冷季在饲草料严重不足的情况下，通过草场禁牧区6.0元/亩、草畜平衡区2.5元/亩的补奖资金支持，在舍饲期间，购买饲草料青贮玉米2000吨/年、苜蓿30吨/年、番茄渣500吨/年、秸秆1万捆/年，进行牲畜的舍饲或补饲。

在牲畜的管理及销售上，采用放牧＋舍饲的管理模式，暖季放牧，冷季舍饲。合作社用工采用聘用制，所雇佣工人可以是合作社成员，也可以是外聘人员，按照3000元/月发放工资。生产经营运行实行统一放牧、统一购买饲料、统一管理、统一销售。通过建立固定牛羊肉销售点，辐射至全县、全州及省会城市。

二是促进草畜平衡、规范草地管理与流转行为，实行草畜联营合作模式。严格遵守草畜平衡政策，对退化草地实行生态改良，如围封、补播等。对禁牧区草地，严格禁止牲畜进入，对草畜平衡区域，严格实行草畜平衡制度，科学化、规范化管理草场。健全完善草地承包经营管理制度，规范草地流转行为，全面实施草畜联营合作的生产方式。家畜实行规模化养殖、集中防疫，遵循大畜不上山，实行舍饲管理，小畜按照草畜平衡制度实行划区轮牧。合作社自有草场和通过流转的牧民草场，集中连片统一管理，合理利用。

三是依托地理优势，通过旅游业扩大增收渠道。合作社所在地区风景优美，景色宜人，每年夏季是旅游旺盛季节。合作社依托景区的开发，借助地理优势，开设旅游接待区及旅游度假村，形成合作社＋旅游业的模式。让牧民成为度假村管理人员或者服务人员，既聚集了剩余劳动力，又拓展、延伸了产业链，同时也增加了农牧民的收入，提高农牧民生活水平，拓宽了脱贫攻坚的思路，构建了和谐社会。

四是合作社建成了管理、放养、销售为一体的畜牧集聚产业链。为销售合作社产品，合作社按照山区繁育，山下小区育肥、上市销售的模式，形成"合作社＋车间＋商超"式产业链，注册本土品牌，通过在草原肉产品加工直销店的基础上新建成牛羊肉直销店，并将直销店逐步推向周边县市及省会城市，不断提升与扩大市场影响力。

五是成立帮扶工作室，筹集帮扶资金建立长效帮扶机制，推动牧区发展。成立帮扶工作室是合作社承担社会责任的另一体现。合作社不但带领社内成员致富，社外把扶贫工作也当作己任。合作社每年拿出一部分收入形成扶贫资金，对低保贫困户进行扶贫，仅2019年，就帮扶贫困户达90户。工作室通过镇党委政府、工作组、党员、结对帮扶企业的支持，成立了发展帮扶基金，共募集帮扶基金20余万元。为更好地发挥帮扶基金的扶助作用，村两委和工作组制定了基金管理办法，组成基金监事会和理事会，保证基金发挥更好的帮扶作用。工作室还出台精准扶贫方案，长期帮助老弱病残、丧失劳动能力的贫困户。工作室购进种公羊、种公牛成立扶贫养殖合作社，每个贫困户可以通过养殖，年底拿分红，也可以让他们来合作社打工，实现村、合作社和个人的三赢。

同时，合作社还采取多种方式，鼓励社会各界爱心人士加入扶贫志愿者队伍，以工作室为平台，让更多贫困人口得到帮助。目前"志愿者团队"人员涉及的行业有运输业、畜牧养殖业、旅游业、手工艺及奶制品加工业等多个行业，在外经营运输的牧民也由原来的30多名年轻人发展到现在50多名，主要涉及煤炭运输和牲畜的贩运；村里的8名妇女还自发成立了女子手工艺品制作团队，将制作的手工艺品通过工作室平台走向市场，扩大销售；通过志愿者牵线搭桥 60 多名牧民走出了家门，走到了各类企业的工作岗位。

（三）启示

在补助奖励政策的实施下，草畜联营合作社的建立，改变了家庭小规模、粗放式经营、组织化程度低、生产繁琐落后、效益低下、生态环境恶化的现状，提出了"三权四统一"的管理模式，按照"以草定畜、草畜平衡"的原则进行运营，促进了畜牧业经营方式发生转变，草场管理向规模化、合理化、生产多元化发展，不仅使草原生态环境得到了保护和改善，牧民的生活水平也得到了提高。

1. 草地植被覆盖度提高，物种多样性增加，生态环境得到改善

在实行禁牧和草畜平衡政策后，合作社的草地实行统一放牧，统一管理，天然草地植被覆盖度增大、草场生产力整体呈逐年增加的趋势、物种多样性增加，载畜能力显著提高，天然草地自我修复能力逐渐增强，草场压力逐渐减轻。与 2010 年相比，天然草地牧草平均高度提高 8%，综合植被盖度提高 14%，鲜草产量提高了 15%，夏季草场毒害草平均下降 15% 以上，草原生产能力大幅提升。

2. 牧民养殖技术提高，养殖收入增加

牲畜采用集中管理后，饲养、防疫等方面全部实行科学化管理。牲畜棚圈建设采用先进的、科学化的工艺，牲畜饲喂采用先进配料、科学喂养。合作社 300 头牛每年的奶和肉年收入达 30 万元。

3. 牧民劳动力转移增加

草场和牲畜统一由合作社管理后，剩余劳动力增加。对于剩余的劳动力，按照他们的意愿既可以加入到合作社中管理合作社，作为合作社劳动人员获得另外的工资和报酬，也可以从事其他方面的工作，如进城务工等，增加额外收入。合作社共有 11 户牧民，其中社员 56 人，但在合作社中实际工作人员仅有 8 人，每人每月工资 3 000 元，除年底分红外，每人每年平均收入达 5 万元。

4. 牧民对草地保护的意识增强

补助奖励政策在牧区的逐步深入落实，牧区广大牧民对奖补政策的认知程度、草原生态保护的主动参与意识都得到了很大提高。合作社定期对牧民进行培训，通过宣讲实施补助奖励政策的意义，以往牧民进入禁牧区偷牧和草畜平衡区超牧的现象得到了有效的遏制，合作社在 2018—2019

年间，草场无偷牧、滥牧等行为发生。

5. 牧民文化程度提高，中青年从事牧业人数减少，贫困户逐渐减少

合作社对草场和牲畜集中管理之后，解放了一部分劳动力，牧民有时间有机会提高自己的文化水平和参与社会的能力，相当一部分年轻人走出了牧区，脱离了沿袭几千年的生活方式，从更宽的视野建设他们的家乡，创新与丰富现代畜牧业发展的思路。特别是合作社通过致富与扶贫措施，牧民的家庭居住条件因此改变，交通通讯、文化卫生及生活设施得到改善，文化素养得到提高，牧民的生活得到稳定，对构建和谐社会、维护稳定起到了积极作用。

6. 资源与经营效益得到充分放大

通过整合项目，捆绑资金，实现"行业转人、草原减畜、生产力转移"，创新草原畜牧业发展模式，增加牧民自我发展能力，加快了传统畜牧业的改造提升。合作社的建立，有效避免了农牧民分散状态下生产的随意性和盲目性，使牧民增收渠道实现了多元化。除每年年底股份分红这一稳定收入外，合作社通过技术培训对其他社员进行优化整合，并将剩余劳动力向其他产业或地区转移，获得额外的工资性收入。社员收入平均每年比入社前提高20%。

7. 草原畜牧业生产方式得到有效转变

传统的一家一户的生产经营方式已经不适合现代草地畜牧业的发展要求。合作社的建立，使草原畜牧业生产资料使用权实现流转，合作社实行统一化、规模化、标准化和产业化的生产方式，整合资金，统一管理草场，以草定畜推进了牧区草畜产业结构的调整；统一改良牲畜、病害防疫、统一销售，提高了生产效率，保障了产品质量安全，实现了草原畜牧业提质增效，推进了粗放经营向集约化经营转变的进程。

（四）建议

草畜联营合作社的建立，虽然优势明显，但目前推广的规模不大，农牧户参与程度和参与数量有限，加之目前合作社的自身发展与壮大能力还不足，常因资金的短缺，造成用于生产建设的资金缺乏。因此，还需要各级政府对合作社的建立与运营，给予项目补贴及政策性扶持，以求得不因建设资金不足和筹集资金困难的问题，使合作社的发展与提升受到影响。

1. 加大资金投入力度，确保合作社稳步发展

通过政府在资金和政策的支持下，为合作社提供各类扶持政策和资金资助，引导合作社有序健康发展，同时合作社自身要积极拓宽融资渠道，通过自身的努力与优势，吸引外部投资，也可以申请小额贷款，保证合作社正常运营。

2. 提高牧民的生产技术水平，保证合作社技术力量

针对合作社一些生产素质不高、技术水平低的社员，通过合作社培训，努力提高其科技文化水平。通过国语培训、技术培训和文化提升，全面提高社员整体素质，增强合作社科学发展的能力。

3. 多元化经营，多元化增收

合作社的经营模式，要采取多元化经营，除草畜联营外，还要在地域优势上推进旅游业、餐饮业等发展，即保证畜产品有序销售，又拓宽农牧民增收渠道。同时有重点推进一些典型的示范带头人，如民族手工、民俗旅游、运输和劳动力转移等第二三产业的带头人，实现三分之一的农牧民外出务工，三分之一的牧民发展种植业，从牧转农，三分之一的牧民从事养殖业。

4. 大力发展人工饲草料基地，夯实合作社持续发展基础

在原有的合作社规模上，通过土地流转，种植优质人工饲草料地，补充外购草料供给。实现天然草地放牧，人工饲草料地种植的双模式。实现天然草地放牧，异地舍饲圈养，冷季舍饲、暖季放牧，短期育肥、快速出栏，小畜换大畜，土种换良种等措施，从根本上实现天然草地的合理利用，推进草地生态修复工程的进程，夯实合作社持续发展基础。

第三节　脱贫攻坚案例

一、补奖资金助力脱贫攻坚

调研区自生态补奖政策实施以来，全面落实，鼓励牧民生态移民，发展家庭养殖业，同时充分利用国有、集体未承包草场，或原本属于国有未利用荒地，通过近年来生态保护修复成为可利用草场。此类草场承包或租赁给有从事畜牧养殖意愿的贫困户，用于开展畜牧养殖，助力脱贫攻坚，取得了良好效果。

（一）概况

温宿县，隶属于新疆维吾尔自治区阿克苏地区，位于西部天山中段的

托木尔峰南麓，塔里木盆地西北边缘，东与拜城、新和两县交界，南和阿克苏市毗邻，西隔托什干河与乌什县相望，北同吉尔吉斯斯坦共和国、哈萨克斯坦共和国及新疆伊犁哈萨克自治州的昭苏县接壤，总面积 14 569.3 平方千米。具有暖温带干旱型气候特点，气候干燥、晴天多、降水少、日照长、蒸发量大、无霜期长、光热资源丰富。该县春季多大风、沙尘天气、夏季多局地冰雹、暴雨天气，秋冬季节冷空气活动频次较低，平原地区一般无稳定积雪。

温宿县总人口 23.55 万人，其中，少数民族人口 19.9 万人，占总人口的 84.5%，2018 年地方生产总值 66.57 亿元，人均产值 28 261 元/人，农牧民人均纯收入 17 729 元。牲畜存栏 80.18 万头（只），肉类总产量 37 271 吨。自 2011 年国家实施第一轮草原补奖政策以来，地区全面落实政策，保护和改善天然草原生态环境，增加牧民收入，惠及农牧民 2.2 万户，牧民户均年增收 5 267.88 元，同时促进了畜牧业生产经营方式转变，天然草原自我修复能力逐年增强，生态环境显著改善。

（二）做法

调研区全面落实补奖政策，鼓励牧民生态移民，发展家庭养殖业。调研区一牧民回忆，多年前，家住山区，靠放牧为生，由于山区草场的草长势不好，产羔率也低，2011 年第一轮草原补奖政策实施后，牧民搬出了山区，全家住上了安居富民房，还建起了 100 平方米的牲畜棚圈，家庭养殖业成为主要收入来源，再加上每年领着草原补奖资金，家庭收入逐年增加。该牧民表示，实施禁牧后，牧民不仅能领到草原补奖资金，草原还得到了保护，山区的环境更美了。

充分利用国有、集体未承包草场，或原本属于国有未利用荒地，通过近年来生态保护修复成为可利用草场，此类草场承包或租赁给有从事畜牧养殖意愿的贫困户，用于开展畜牧养殖。温宿县草原生态补助奖励政策涉及 11 个乡（镇），每年确定已承包天然草原 44.62 万公顷，每年未承包到户天然草原 7.20 万公顷，每年实际发放享受草原生态补助奖励资金 4 048.22 万元，2 016、2017 年两年共发放 8 096.43 万元。目前地区财政下拨资金每年剩余未承包到户 7.20 万公顷天然草原的补助奖励资金 497.67 万元无法发放到户。根据当地出台的相关文件精神，温宿县将 2016 年、2017 年、2018 年未承包到户天然草原的补助奖励资金，采取短期承包合同方式，发放给 1 274 户贫困牧户，助力脱贫攻坚。所涉及未承包到户天然草原的乡（镇）各村委会与所在村贫困农牧民签订短期草原承包合同、禁牧和草畜平衡责任书，并向广大贫困牧户宣传短期承包草原区域与面积，指导贫困农牧民开展草原生态管护和合理利用，依据生态管护成效考核兑现草原禁牧补贴和草畜平衡奖励资金。

（三）启示

生态补奖政策提高生态扶贫效果。该案例旗县充分利用国有、集体未承包草场，承包或租赁给有从事畜牧养殖意愿的贫困户，用于开展畜牧养殖，这样做既保证该资金助力脱贫攻坚，也符合草原生态保护补助奖励政策，起到生态扶贫效果，使贫困牧民群众的收入水平得到持续提高，更让贫困户在参与生态管护中提高了生态保护意识，获得了收益，对保护草原生态起到了积极作用。

（四）建议

1. 明确立法，科学划定禁牧方式和期限

该地区草原生态补奖的立法和政策改革，有待于进一步完善。《草原条例》应该体现基础性，草原生态补奖作为一项基本制度，应当在条例中体现。草畜平衡和禁牧的具体措施等方面都应该在《草畜平衡管理办法》《禁牧办法》中体现出来。《草原条例》中要充分体现对牧民在草原生态保护补奖政策中享有的权利和应尽的义务，另外补奖政策中的财政、经济制度也应予以明确，而且要在《草畜平衡管理办法》和《禁牧办法》中对它们进行细化。该政策要从建立长效机制，完善相关的配套体系，完善草原相关管理体制，逐步健全监测管理机构，加强草原管护，建立资金支持机制，完善财政转移支付制度等方面考虑。禁牧等政策有利于恢复草原生态环境，但在执行过程中，往往增加了牧户的生产养殖成本，况且全年全部禁牧也使大量的可利用的饲草资源遭到浪费。应该因地制宜地利用草原，科学开展禁牧和草畜平衡工作。做到必须全年禁牧的地区要坚决禁牧，不需要全年禁牧的地区要做到有计划地放开，实现有效恢复生态与发展养殖业双赢。

2. 稳定补奖政策，持续促进脱贫

实施草原生态补奖政策不仅是为了保护草原生态环境可持续发展，同时也是为了提高草原牧户的生活质量。不过，作为一项行之有效的政策，要能在一定的时间内持续有效地发挥作用，必须具备一定的稳定性。现阶

段草原生态保护措施在恢复草原生态环境状况和增加农牧民生产生活收入方面还存在有一定的矛盾和问题，但是不能因此否定此项政策，在落实中对其产生动摇态度。因此，我们要解决这些矛盾问题，就必须要提高政策的持续有效性，并且努力找出保护草原生态平衡与牧民生计的平衡点。在保护好草原生态系统的基础上提高农牧民的生活水平。一些拥有大面积草场的牧户草场全部禁牧，得到的禁牧补助也很高，他们大多数人拿着高额的禁牧款来买房、买车，在政策实施周期内或许生活会很宽裕，但是周期结束后，如果不再实施这项政策，而他们又没有存款，生活就会得不到保障，所以这项政策应该具有一定的持续性，使牧民在不同时期都能够解决生计问题。但是应当注意鼓励牧民依靠生态补奖资金投入实际生产，而不单单是解决生计问题，以促进牧民更好的增收。

3. 健全相关配套体系

补奖政策在落实过程中存在部门职能交叉重叠，这些管理部门包括农业部、国土资源部、财政部等部门。在执行过程中，各部门相互协调困难，政策实施未达到预期效果。该地区作为该政策的实施区之一，要完善补奖政策，就需要改进政策管理体制。建议进一步加强部门之间的配合，共同推进补奖政策。建立补助奖励工作目标责任，对有关领导进行业绩考核，促进各项工作的落实。同时进一步完善补奖资金使用绩效考评制度和审计制度，确保补奖资金落到实处、用到实处。

4. 增强补奖的实际应用效率

从该地区补奖总体效益来看，草原生态补奖实施的整体效益一般。而补助奖励政策期限为5年，也就是说，截至目前，该地区补奖实施的效益并不显著，没有完全体现应该有的成效。原因之一就是补奖标准"一刀切"，没有针对性和侧重点。补奖政策的单一势必会影响本地草原生态的恢复以及塔城畜牧业的发展。因此，发挥各界力量的支持与帮助，抓住重点，把握时机，能够有效提升补奖政策的效率和效果。

二、生态种植业合作社助推脱贫

调研嘎查是一个以蒙古族为主体，汉族人口居多的纯牧业嘎查。补奖政策实施以前，嘎查的牧业生产结构单一、生产方式传统，草原生态退化严重，影响到嘎查的经济发展和农牧民的生产和生活。补奖政策实施以来，嘎查整体划为禁牧区，以补奖资金作为保障农牧民收入的重要手段，推行生态种植业合作社，大力发展沙产业，带动农牧民实现了多元增收，有效改善了"人—地—草—畜"之间的不均衡矛盾关系。

（一）概况

巴彦乌拉嘎查位于内蒙古自治区阿拉善盟阿拉善左旗，地处内蒙古自治区西部，是一个以蒙古族为主体，汉族人口居多的纯牧业嘎查。嘎查草场面积约 8 万公顷，有农牧民 206 户 475 人，常住 51 户 153 人，建档立卡的贫困户共 23 户 61 人。补奖政策实施以前，嘎查的牧业生产结构单一、生产方式传统，由于过度放牧，草原生态退化严重，沙化荒漠化已经严重阻碍了嘎查的经济发展，影响到农牧民的生产和生活。自 1998 年开始，为了保护和恢复天然草原生态，嘎查实施禁牧和退牧还草，鼓励农牧民进城搬迁转移，但是由于农牧民文化水平低、没有专业技术，就业渠道狭窄，农牧民转业、转产十分困难。

（二）做法

1. 充分利用补奖政策，转变传统生产方式，积极发展沙产业

补奖政策实施以来，嘎查整体划为禁牧区，以补奖资金作为保障农牧民收入的重要手段，转变传统以放牧为主的生态资源消耗型产业。2014 年，嘎查成立了生态种植业合作社，入社 25 个农牧户，带动周边的农牧民通过种植梭梭，嫁接苁蓉、锁阳等发展高附加值的沙产业，实现生态保护建设与沙产业发展的有机结合与相互促进。具体的做法是由合作社组织提供主要技术支持、种苗并回收产品，农牧民在自家的禁牧草场上种植梭梭等。通过合作社的运营，入社农牧民每年可获得产业收入 2.5 万~3 万元。贫困牧户以转租草场的形式将自有草场中可利用的部分转租给合作社，由合作社投资进行前期的种植与管护，待梭梭树成林后（一般周期 2~3 年），补种的苁蓉和锁阳产品均归贫困户所有，合作社按照统一价格收购。目前合作社通过该方式直接或者间接帮扶 8 个本地建档立卡贫困户，这些帮扶牧户每年可获得沙产品收益 2 万元以上，逐步实现脱贫。

2. 深度推进生态种植业合作社与嘎查融合发展，助力产业发展和脱贫攻坚

2015 年合作社和嘎查的建设与发展进一步融合，在发展林草沙产业的同时，积极争取政府及民间组织的支持，先后引进优良的梭梭苗木建成梭梭林达 3 000 公顷以上，并掌握了"大漠双雄"（中药材肉苁蓉和锁阳）

在梭梭木上的嫁接技术，使得经济效益远远超过传统畜牧业发展方式，且在生产经营过程中不但没有破坏生态环境，极大地助推了沙漠、荒漠地区的生态保护与建设。合作社和嘎查还通过多种生产方式与经营模式推进嘎查经济、社会和生态保护工作的开展。举办农牧民种养殖技能、合作社规范化管理、产品加工和销售知识的培训等，邀请农牧、科技、管理等领域的专业技术人员走进嘎查培训或派出牧民学习，通过学习引进新技术，以真正解决生产实践中的关键问题和难题；选派党员、致富带头人、种养殖大户外出参观考察，学习借鉴发展先进地区的经验及好的做法，提高嘎查农牧民的发展意识、增强致富意愿、树立致富信心、提升致富技能本领等，为嘎查和合作社实现从传统畜牧业向林沙产业转型提供了重要的思想基础和技能保障；落实有效帮扶模式，即"嘎查党支部—普通党员—贫困户""合作社（致富带头人）—帮扶单位（帮扶责任人）—贫困户"结对帮扶模式，优先瞄准贫困户，多渠道帮扶以实现增收脱贫。

截至 2019 年，在生态种植业合作社与嘎查融合发展的推动下，嘎查有效保护天然梭梭林 400 公顷，人工种植梭梭林 1.33 万公顷，人工嫁接肉苁蓉达到 1 333 公顷，嫁接锁阳 333 公顷；骆驼饲养作为地方的保护性品种和产业得到有序推进；嘎查禁牧政策得到有效实施，草地和林地植被修复十分明显，生态效益显著。嘎查 2014 年以来建档立卡的 23 户贫困户，已经有 21 户转为稳定脱贫户，2 户为正常脱贫户。2017—2018 年，合作社实现净利润 52 万元，人均增收达到 5 000 元以上，社员每户分红 1.5 万元以上，实现了持续稳定增收的目的。

（三）启示

生态种植业合作社带动农牧民实现了多元增收，逐步改变了传统发展模式下牧民生计对畜牧业的单一依赖，有效改善了"人—地—草—畜"之间的不均衡矛盾关系，圆满完成了脱贫攻坚的任务。

1. 农牧民补助奖励政策在推进产业发展中起到极其重要的作用

在调研过程中了解到，该嘎查取得的生态保护修复和产业发展成效，与 2011 年以来国家实施的草原生态保护补助奖励政策（农牧民补助奖励政策）密不可分。目前，阿拉善盟地区普遍存在整村划定为禁牧区落实农牧民补奖政策的情况，农牧民家庭收入得到了保障，草原减畜、减压，退化沙化草原持续朝着恢复的方向发展，在此基础上，以种植业合作社为依托，开拓出一条生态保护建设型产业发展之路。

2. 要转变退化沙化草原地区经济发展与生态修复治理的思路，谋求产业发展与生态保护的紧密结合，使农牧民在生态保护中获得产业发展的红利

传统的生态修复以自然修复为主，时间长，成效缓慢，生态修复往往与后期产业发展没有形成耦合。因此，农牧民和地方政府在生态修复中处于被动要求的状态。该嘎查作为典型案例，其重要的实践启示是将农牧民的收入增加寄予产业发展，以合作社发展为先导逐步辐射全嘎查农牧民，开展沙漠治理（种植梭梭）—发展保护性沙产业（嫁接苁蓉、锁阳等）—增加收入来源，并在合作社和嘎查经济发展模式上注重构建与农牧民利益的联结机制，即"合作社＋种植户"模式和合作社帮扶贫困牧户发展沙产业模式。实现产业发展与生态保护建设紧密结合，这样充分调动了农牧民保护与建设生态的积极性、主动性。

（四）建议

1. 继续推进农牧民补助奖励政策，并建立长效机制

从该嘎查的禁牧转移和沙产业发展增收致富的案例来看，草原牧区人口过多，人地矛盾突出系普遍现象，也是造成区域生态承载压力过大、资源超载超采的关键驱动力。该嘎查在农牧民补助奖励政策的支持下，有效地实施了人口转移，成效明显，极大地减缓了农牧民对草原的直接超载利用。要实现并稳步推进、巩固牧区人口转移的成果，必须下狠心并为之付出更多的努力。调研发现，转移、留守农牧民的生活仍然比较困难，对补奖资金来维持生活的依赖性较大。因此，他们希望能够继续实施农牧民补助奖励政策，适度提高转移支付标准，真正让为阿拉善荒漠地区生态保护和建设做出重大牺牲的牧民能够维持生计。另外，由于牧区转移人口中相当大一部分存在就业难、创收困难的问题，在牧区人口结构老龄化的关键时期，希望国家能够建立农牧民补助奖励政策的长效机制，政策能够继续实施20年甚至更长，避免转移牧民返贫、返牧，逐步稳固生态保护建设成果。

2. 注重牧区新经营主体的建设培育，发挥其对产业发展的推动作用

该嘎查的实践经验证明，先进有效的牧区合作社，在正确的政策方针指引下，在科学高效的管理下，在先进技术的支持下，可以探索出一条转变传统畜牧业发展方式，走出一条生态优先、绿色发展的农牧业新路径，其各方面优势明显高于单一牧户经营。因此，提出几点建议：一是要强化牧区合作社建设标准，对带动牧户发展致富、推进生态保护建设的合作社给予更多的政策扶持，同时削减取缔有名无实，仅是为了套取国家项目而成立的合作社，营造良好的新兴经营主体运行环境。二是借力农牧民补助奖励政策实施，积极鼓励、帮扶牧区合作社或新的经营主体朝着建设生态、发展生态产业的道路前进，避免再走收入依赖数量增长型传统产业的发展道路与模式，或先破坏、污染再修复治理的道路。三是加大政府对产业发展的支持，新兴农牧业产业的发展离不开资金和技术两大动力源泉，在资金方面应该加强政府对牧区合作社或牧民生产中资金方面的调控和支持；要做好技术对接工作，推动高校、研究所或者企业中的实用技术成果转化与推广，实现产业化，推动牧区产业结构调整和转型升级。

三、草建连＋合作社模式带动牧民增收致富

草建连是牧场的深度贫困连队，脱贫攻坚任务重，连队充分利用生态补奖及地方项目支持，以"草建连＋合作社"为依托，通过种养殖产业规模化、精细化运作，一方面带动了牧民增收致富，实现了连队牧民的脱贫；另一方面改变了牧民传统的山区放牧生产方式，将牧民从繁重的逐水草而聚的落后游牧生产劳动中解放出来，实现了产业多元化的生产格局。

（一）概况

调研区域位于北塔山牧场场部西北，距离场部 20 千米。海拔 1 653.7 米，草建连草场面积 4.39 万公顷，以温性草原化荒漠和温性荒漠草原为主。草建连拥有耕地 600 公顷，实际作物种植面积 556.8 公顷，以粮食作物为主，主要种植小麦、玉米、大麦、苜蓿等。草建连 114 户 426 人。其中 97％为哈萨克族，大部分从事畜牧业生产，且以天然草地放牧畜牧业为主，草建连草原承包牧户 83 户、147 人，其中职工 44 人、非职工 103 人，目前连队有标准畜数量 1.2 万只。草建连供水水源为乌伦布拉克河，取水口位于乌伦布拉克河渠首，管道输水，现状供水人口约 1 200 人，年供水量约 3 万立方米。

为了解决生态环境保护和贫困问题，2014 年连队成立了农牧合作社，充分利用生态补奖及地方项目支持，发展牛羊短期育肥输出和牧草、蔬菜大棚、马铃薯种植等产业，整体推进连队精准扶贫工作。

（二）做法

1. 充分利用生态补奖及地方项目支持，以"草建连＋合作社"为依托，加强畜牧业基础设施建设

草建连是牧场的深度贫困连队，脱贫攻坚任务重，由于基础设施建设比较薄弱，连队集体收入偏少，连队自身筹措资金能力有限，合作社成立后，在资金渠道获取上下大工夫。首先申请了水库扩容改造和引水渠修缮工程项目资金 600 余万元，修建成库容为 20 万立方米的水库一座，解决了连队生产生活用水困难。目前，该水库可自主进行水量调配，保证了马铃薯、蔬菜大棚、牛羊育肥以及连队生活用水，为特色种养殖业提供了良好的水源条件。合作社积极与牧场联系沟通，充分利用援疆资金和技术力量，为连队基础设施建设以及特色种养殖筹措援疆资金，先后申请到援疆资金 600 余万元，修建了 24 座反季节蔬菜大棚及其水电配套设施。同时，与草建连工作队联系，申请获得 62 万元资金，购买了菜种、大棚膜以及大棚卷闸机。

合作社始终以畜牧业生产为核心，积极发挥牛羊养殖的传统产业优势，利用好退牧还草工程资金和牧民补贴政策中的绩效奖励资金，先后投入 400 余万元，修建了短期育肥棚圈 10 座，利用乌伦布拉格水库的灌溉条件，建成 73.33 公顷的滴灌苜蓿地，可收获饲草 800 吨，为短期牛羊育肥提供了良好的饲草保障。

2. 建立精准高效农业示范区，带动牧民增收致富

为解决所在区域降水量偏少，耕地资源缺乏且耕地质量不高的困难问题，2014 年，经过牧场党委会决定在草建连进行精准高效农业示范区建设。2014 年以来，牧场投资 450 万元建成蔬菜大棚 24 座，既解决了群众夏季吃菜难的问题，又带动 24 户牧民种植大棚蔬菜，户均增收 8 000 余元；利用现有耕地水资源进行规模化脱毒马铃薯种植，其中有 50 户已经参与到马铃薯种植当中，目前种植面积达到 53 公顷。引导 120 户牧民种植苜蓿，户均增收 2 000 余元；鼓励群众发展庭院经济，对在庭院种植蔬菜、养殖家禽的 47 户群众进行补贴、提供技术支持；通过公益性岗位安置 63 人；新建商铺 80 余间，带动 200 余人就业。同时，在连队进行养殖小区建设，通过退牧还草工程建设资金和牧民补贴政策中的绩效奖励资金共计 265 万元修建育肥棚圈，主要进行短期牛羊育肥，将产品销往周边。到目前为止，草建连已经形成了以"山区放牧，连部育肥"的牧业生产，并兼顾发展蔬菜大棚和马铃薯种植多业并存的连队产业发展模式。

合作社运营模式采取合作社＋公司订单＋牧户的方式进行，改变了以往技术管理粗放、无法应对市场风险的局面。在科学种养方面，合作社积极与农业科研机构对接，聘请农业专家进行长期蹲点的技术服务。在马铃薯种薯选择、蔬菜品种选择方面进行跟踪式技术服务。为了加快草建连马铃薯收获进度，提高收获质量，减少马铃薯的破损率，提高其商品率，合作的农科机构花费近5万元购买了一台马铃薯收获机，无偿提供给连队牧工使用。同时，合作社与企业积极联系，申请了草建连种植的马铃薯科技扶贫项目，该公司为种植户提供优质脱毒马铃薯种薯110吨，提供了马铃薯点播机、旋耕机，并提供技术服务。在马铃薯生长期适时组织技术人员到连队举办培训班，现场给予技术指导，为连队马铃薯丰收提供技术保障。除了在种植过程中提供技术保障外，合作社在蔬菜大棚种植过程中，收集承包蔬菜大棚的技术和生产资料需求，联系农业科研院所为连队牧职工带来了大棚种植所需要的菜种、大棚膜以及大棚卷闸机等。

在牛羊短期育肥产业发展方面也做了大量的工作。首先在牧民中选择养殖大户，通过退牧还草和牧民补贴政策资金在连部修建了短期育肥棚圈10栋，共计2 000平方米，山区放牧结束后将牲畜集中在连队进行短期育肥，减轻了冬季放牧草场的放牧压力，大大提高了牛羊的商品率，并依托有机牛羊肉品牌效应，联系牛羊屠宰点，屠宰分割后进入市场销售，为育肥牛羊打开了市场销路，增加了牧民收入。

在牛羊育肥、蔬菜大棚、马铃薯、苜蓿种植等方面合作社不仅提供了基础设施建设投入，而且在种养过程中的技术指导、生产资料供给等方面给予了大力支持。同时，在产业发展过程中，合作社能够与市场积极对接，以订单销售形式解决了牧民生产产品的销售问题。2018年草建连种植马铃薯53公顷，亩产量1.5吨，总产约1 200吨，平均单价1.2元，可实现总收入200余万元，每位种植户可增收4万元。2018年共有24户承包了连队的温室大棚，主要进行反季节蔬菜种植，种植的西红柿、豆角、茄子、水萝卜、洋葱等各种有机蔬菜，初步解决了牧场牧民职工吃菜难的问题，同时将蔬菜销往周边，每座大棚可使承包户增收8 000元。牛羊短期育肥项目在合作社的带动下，发展势头良好，2018年共集中短期育肥牛100头，育肥羊800余只，集中销售，销售额达到1 700万元，职工人均纯收入6万元，大大提高了畜牧产品的附加值和商品率。

以前牧民自家畜产品（鲜牛奶、肉牛、肉羊等）面临着一定的市场风险，畜产品市场价格的波动、饲草料价格的上涨都会使牧民为此感到担忧，往往还愁市场销路的问题。例如，入社之前牧民家的鲜牛奶由于数量有限，不能规模化经营，有电动车、面包车的牧民一般自行到军户农场及周边市场销售给散户，要么只能在家门口等待收购商贩前来收购。由于没有固定的销售市场，在销售过程中便存在往哪销售和被压价的问题，而通过组织化的形式就能很好地解决这些问题。入社之前牧民是以家庭为单位到处跑市场，而入社之后牧民不必为销路问题而发愁，合作社蔬菜、肉类销售市场签订了统一的购销合同，合同的价格高于散户自己销售的价格。以合作社推动和引导牧区经济中的优势产品的生产，可以组织化、规模化、专业化地推动牧民的蔬菜种植、牛羊育肥、刺绣生产等优势行业，有效解决分散的家庭经营与大市场衔接的问题。

（三）启示

合作社通过种养殖产业规模化、精细化运作，带动了牧民增收致富，实现了连队牧民的脱贫，也改变了牧民传统的山区放牧生产方式，将牧民从繁重的逐水草而聚的落后游牧生产劳动中解放出来，实现了产业多元化的生产格局。同时，通过合作社一系列的生产带动，使牧民更多地接收到了市场信息，变被动为主动，能够通过各种渠道自主了解市场，与积极市场对接，拓宽了产品销售渠道。

1. 现代市场的引入是走上高效养殖的牧业发展之路的关键

在合作社成立之前，个体的牧民家庭成为了独立的生产经营单位。牧民饲养牲畜往往是以分散经营的形式存在，需要顾及牧业生产的各个方面，单个的家庭不仅需要搞养殖、寻找饲草供应商，进行防疫与治病，到头来还要自行寻找销售商等，牧民家庭就像一个小而全的生产组织。牛羊育肥、蔬菜等经济作物的种养与外销，使得牧民的生产中有了商品交换的需求。合作社成立后，使牧民生产经营有了"聚集"的可能性，在适应现代化市场的过程中，部分牧民通过互助合作的形式兴建标准化的圈舍，引进优质牲畜品种，走上了高效养殖的牧业发展之路。依托当地资源，通过整合当地牧民的人力、物力、财力把牧民们有效地组织起来。合作社围绕畜牧业的"产、加、销"经营活动，提高了当地主导产业的组织化程度。

2. 合作社作为整合草场的一种组织形式，有利于草原生态环境的保护

合作社可以将不同牧业生产主体的草场、资金、技术、基础设施等生产要素按照市场的要求，以效用为原则进行组合，降低牧业生产的成本，提高单位草场的牧业产出。通过对畜牧业生产要素的合理配置，使牧业生产规模化经营成为了可能，并且在一定程度上有利于草原生态环境的保护。同时，草建连利用水土资源优势，因地制宜发展灌溉农业，除了种植马铃薯和大棚蔬菜之外，还在连队附近进行高效节水滴灌饲草地的建设，基本上可满足冬季放牧和牛羊短期育肥所需要的补饲和饲喂需求。这在很大程度上减轻了冷季牧场的放牧压力，可在冬季放牧场进行隔年利用，实现了冬季牧场的阶段性休牧。

3. 合作社的建立要与当地主导产业高度相关

草建连合作社主要有畜牧养殖类、农业种植类两种类型，畜牧养殖类合作社占有绝对的比重，合作社的行业分布与当地的主导产业呈现出高度的相关性。当地出现的农业种植专业合作社通过集中规模化耕地的方法对畜牧业生产要素进行合理配置，使牧业和种植业生产规模化经营成为了可能，并且在一定程度上有利于草原生态环境的保护。

4. 合作社的建立要积极开发和利用当地的自然资源条件和已有硬件设施

草建连合作社的成立过程中，对当地水土资源承载能力的挖掘力度是足够的，前期进行了大量的现场调研和规划设计，水库、引水渠、耕地资源、蔬菜大棚、道路交通、水电以及连队定居点建设先行，为合作社的成立奠定了良好的硬件基础。

5. 合作社运营引入市场机制

草建连确立了"牧民参与、合作社引导和服务"的主导思想，积极组织牧民参与到合作社的集中运营过程中，生产过程拥有相对的自主性，合作社职能是在集约化和规模化生产过程中提供大宗的技术服务以及市场信息，利用合作社来进行资金筹措，进行连队生产设施建设。

6. 积极开展科技技能的培训，健全培训体系

草建连在合作社成立后，坚持常抓不懈定期培训的原则，落实培训职业技能鉴定补贴，加强对牧民技能双语等内容的培训力度，提高牧民适用技术的能力，要着重培养定居牧民中的科技能人，栽培一批牧民科技骨干队伍，发挥其示范引路作用。外聘专家企业技术人员，利用工作队的技术力量，进行技术质量监督，培植当地技术人才。拓宽培训途径，不仅要通过培训班教育，而且还注重发挥广播电视报刊书籍等多渠道作用，鼓励青年牧民积极接受高等教育，提升自身修养，学习先进技术，积极回归团场。

(四) 建议

1. 加大培训和教育力度，改善合作社人才结构

尽管草建连成立合作社后在组织牧民生产过程中起到了重要作用，但就目前来看，合作社从组织人员上仍然存在人才缺乏、业务种类单一的问题。人才在合作社发展中扮演着极为重要的角色，合作社在蔬菜种植、饲草料采购、牲畜饲养、卫生防疫、畜产品销售等所涉及的每一环节都与人才密不可分。合作社发展既需要具有丰富经验的畜牧兽医、动物防疫和检疫人才，也需要通晓市场运作规律的科学管理人才和营销人才。草建连牧民专业合作社的发起人和带头人大多数综合素质不高，缺乏一些懂技术、会管理、善经营的复合型人才。牧民专业合作社中一般社员的文化素质普遍更低，随着牧区外出务工的年轻人逐年增多，使牧民专业合作社成员的素质有进一步降低的趋势，制约着合作社的经营运作和健康发展。合作社社员现代畜牧生产技术和经营管理能力的缺乏，导致对政府及相关部门的依赖性增强，这在一定程度上制约了合作社的创新能力和发展后劲。因此，对于合作社管理人员及参与牧民的教育、培训和信息服务是合作社发展亟待重视的问题。一方面，合作社可以依托周边的教育资源，积极将合作社作为学校的实训基地，在与学校师生的互动学习中提高管理人和牧民的科学种植、养殖水平和合作意识；另一方面，当地政府需要积极争取全市培训资源，制定切实可行的培训计划，分层次对合作社的负责人和各类技术人员开展业务培训，使其逐步具备适应现代畜牧业发展趋势的科学养殖能力和管理能力，以促进合作社的健康有序发展。

2. 建立真正的"参与式发展"合作社模式

合作社的成立也和目前众多合作社一样，是政府主导下内生需求诱致型的一种制度变迁过程，如何使当地牧民从政府实施的一些涉牧、涉农类项目中受益应该成为政府工作的前提。在政府的大力支持下，草建连合作社发展很快，但其合作的核心内容仍然还停留在初级阶段，充分体现牧区、牧业生产特殊性的组织创新合作并不多，牧民重点关注的是合作社能够给我带来什么，而未意识到本身作为合作社主体参与到合作社的运营中，其本身能够为合作社带来什么，然后更好地促进合作社的发展这一重要逻辑关系。当然，这些合作社对于促进牧区社会发展的积极意义不能被忽视，但是从牧业生产潜在的避灾合作需求和游牧文化的合作传统与智慧

的潜力来衡量，现在的发展态势还不能令人满意。

因此，今后要加强有关合作社的知识供给与宣传，具有合作社精神人才的培育是政府部门需要反复实践的过程。将参与式发展思想导入牧区合作社，让普通的入社社员也能够参与到有关发展项目的实施、管理中，不仅有助于培养受益者进行项目参与的责任感，而且还可以给民族地区社会发展注入新的活力。

参 考 文 献

巴恩斯，泰勒．1992．牧草—草地农业科学［M］．北京：农业出版社．

巴图尔．2000．加强草原药材资源保护、管理及合理开发利用是维护生态平衡的重要举措［C］//中国草原学会．草业与西部大开发——草业与西部大开发学术研讨会暨中国草原学会 2000 年学术年会论文集．中国草原学会：中国草原学会．

白乌云，金良．2015．蒙古国个内蒙古草原生态环境问题及其解决途径比较研究［J］．经济论坛（5）：18 - 21．

本书编委会．2018．内蒙古统计年鉴［M］．北京：中国统计出版社．

本书编委会．2018．青海统计年鉴［M］．北京：中国统计出版社．

本书编委会．2018．四川统计年鉴［M］．北京：中国统计出版社．

本书编委会．2018．新疆统计年鉴［M］．北京：中国统计出版社．

本书编委会．2018．西藏统计年鉴［M］．北京：中国统计出版社．

卞瑞鹤．2016．农业补贴"三合一"透视［J］．农村·农业·农民（7）：9 - 10．

曹叶军．2013．锡林郭勒盟草原生他补偿问题研究［D］．呼和浩特：内蒙古大学．

成平，等．2009．川西北草地退化现状、驱动力及对策分析［J］．湖北农业科学，48（2）：499 - 503．

单胜道，黄祖辉．1999．农业资源外部经济李林体系初探——兼论外部经济理论在我国农业资源管理中的运用［J］．农业技术经济，5（34）：28 - 32．

邓立友．1980．西藏草地资源基本特点与发展畜牧业的措施探讨［J］．中国农业科学（4）：84 - 88．

邓艳芳．2012．青海省草原生态环境现状与治理对策［J］．中国草食动物科学，32（4）：78 - 81．

董世魁，任继周．2015．牧业文明与草地健康：认识草地畜牧业自然生态——人文社会耦合系统．兰州大学学报（社会科学版），43（4）：105 - 110．

冯媛．2017．国内农业补贴政策研究综述［J］．农业经济与科技（17）：133 - 135．

盖志毅．2005．从多重理论视角重新认识草原生态经济系统价值［J］．中国草地，27（1）：68 - 71．

甘肃省草原总站．1999．甘肃草地资源［M］．兰州：甘肃科学技术出版社．

甘肃省统计局．2018．甘肃统计年鉴［M］．北京：中国统计出版社．

高鸿宾.2012.中国草原 [M]. 北京：中国农业出版社.

郭彦玮，等.2015.农牧民补助奖励政策实施前后南疆牧民生活生产方式变化研
　　究 [J]. 广东农业科学 (14)：163－168.

郭彦玮.2015.新疆草原生态保护补助奖励政策实施效果及其对策研究 [D]. 乌
　　鲁木齐：新疆农业大学.

洪绂曾.2011.中国草业史 [M]. 北京：中国农业出版社.

侯扶江，等.2016.我国草原生产力 [J]. 中国工程科学，18 (1)：80－93.

胡自治.1994.什么是草原 [J]. 国外畜牧学（草原与牧草）(3)：1－6.

贾慎修.1963.中国草原与草原科学 [C]. 中国畜牧兽医学会 1963 年年会资料.

贾慎修.1982.草地学 [M]. 北京：农业出版社.

杰恩斯，马坦，张展羽，等.2007.新疆草原生态问题及其保护措施探讨 [J].
　　水利经济 (6)：73－75，84.

李昂.2018.美国放牧地管理政策的历史演变 [OL]. https：//www.docin.com/
　　p－2113622110.html.

李婧瑶.2017.草原生态保护补助奖励机制满意度影响因素的研究 [D]. 呼和浩
　　特：内蒙古农业大学.

李平，等.2017.农牧民补助奖励政策问题与建议 [J]. 中国草地学报，39 (1)：
　　1－6.

李天骄.2016.WTO "绿箱" 视角下的中国农业补贴政策研究 [D]. 沈阳：沈阳
　　师范大学.

李小松，曾凯.2016.草原生态保护补助奖励政策生态效益评估探讨——以四川
　　省甘孜藏族自治州炉霍县为例 [J]. 中国农业信息 (23)：65－67.

联合国粮农组织，国际林业研究协会.1981.英汉林业科技词典 [M]. 北京：科
　　学出版社.

刘爱军.2014.内蒙古草原生态保护补助奖励效应及其问题解析 [J]. 草原与草
　　业 (2)：4－8.

刘俊威，吕惠进.2011.2011 生态补偿理论研究现状与发展趋势 [J]. 中国可持
　　续发展论坛，2011 年刊（一）.

刘起.2015.中国自然资源通典·草地卷 [M]. 呼和浩特：内蒙古教育出版社.

刘晓莉.2015.中国草原保护法律制度研究 [M]. 北京：人民出版社.

刘振虎，郑玉铜.2014.新疆牧民参与草原生态补偿意愿分析——以新疆和静县、
　　沙湾县为例 [J]. 草地学报，22 (6)：1212－1215.

刘自学.2016.草种业现状与发展趋势 [C]. 中国畜牧业协会草业分会第四届中
　　国草业大会论文集.

鲁征，杨俊基.2009.论甘肃河西走廊草原退化与治理 [J]. 甘肃农业 (9)：

15－17.

娜仁图雅.2014.加大我国农业财政投入规模的对策建议［J］.财经理论研究（3）：48－53.

内蒙古草地资源编委会.1990.内蒙古草地资源［M］.呼和浩特：内蒙古人民出版社.

农业部畜牧兽医司.1996.中国草地资源［M］.北京：中国科学技术出版社.

农业农村部畜牧兽医局，全国畜牧总站.2018.中国畜牧业统计年鉴［M］.北京：中国农业出版社.

青海省草原总站.2012.青海草地资源［M］.西宁：青海人民出版社.

全国畜牧总站.2016.中国草业统计［M］.北京：中国农业出版社.

任继周.1959.草原学［M］.北京：农业出版社.

任继周.1985.草地生态系统及我国南方草地开发问题［J］.大自然探索（4）.

任继周.1996.草地资源的属性、结构与健康评价［C］.中国草地科学进展：第四届第二次年会暨学术讨论会文集.

任继周.2012.放牧，草原生态系统存在的基本方式——兼论放牧的转型［J］.自然资源学报，27（8）：1259－1275.

石永亮.2009.蒙古国草原畜牧业放牧制度研究［D］.呼和浩特：内蒙古大学.

侍伟利.2017.新疆草原生态保护补奖政策实施的效果评价［J］.青海草业，26（02）：40－43.

四川省畜牧局.1989.四川草地资源［M］.成都：四川民族出版社.

索南曲吉，王自力.2018.西藏畜牧业发展现状、存在的问题及对策［J］.当代畜禽养殖业（8）：64.

唐海萍，陈姣，房飞.2014.世界各国草地资源管理体制及其对我国的启示［J］.国土资源情报（10）：9－17.

唐文武，刘川.2007.西藏草原生态环境保护浅析［J］.现代农业（3）：60－62.

佟洪剑.2018.锡林郭勒盟草原生态补奖政策的牧民满意度及其影响因素研究［D］.呼和浩特：内蒙古农业大学.

托马斯.1981.草地植物研究中的术语及其定义［J］.国外畜牧学—草原（2），56－58.

王栋.1952.牧草学通论［M］.南京：畜牧兽医图书出版社.

王加亭，王宗礼，徐林波，丁勇.2016.草原生态补助奖励机制落实中的问题与对策——基于锡林浩特市牧户的调查实证分析［J］.中国草地学报，38（2）：1－7，12.

王建浩，张志涛，王永海，等.2019.美国和澳大利亚如何管理草原资源［N］.中国绿色时报，5－6.

西藏自治区土地管理局，西藏自治区畜牧局.1994.西藏自治区草地资源［M］. 北京：科学出版社.

新疆维吾尔自治区畜牧兽医局.2018.新疆畜牧业改革开放40年成就专题报告 ［J］.新疆畜牧业，33（12）：4-5，10.

新疆维吾尔自治区畜牧厅.1993.新疆草地资源及其利用［M］.乌鲁木齐：新疆 科技卫生出版社.

徐全红.2006.我国农业财政补贴的经济学分析［J］.经济研究参考（93）： 21-26.

许志信.1986.美国的草原管理［J］.国外畜牧学（草原与牧草）（3）.

杨昕颖，苟文龙，蒲棋，等.2017.四川草地资源利用现状、潜力及分类经营研 究［J］.草学（3）：49-54，61.

杨旭东，杨春，孟志兴.2019.草原生态保护补奖政策对牧业生产的效应分 析——基于山西右玉调研［J］.农业经济（10）：51-53.

杨振海，李明，张英俊，等.2015.美国草原保护与草原畜牧业发展的经验研究 ［J］.世界农业（1）：36-40.

尹晓青.2017.草原生态补偿政策实施效果及改进建议——以内蒙古乌拉特后旗 为例［J］.生态经济（3）：39-45.

于波，姚蒙.2018.内蒙古2016年农牧民补助奖励效果分析及建议［J］.内蒙古 科技与经济（8）：3-4.

岳远贺.2017.基于外部性理论的农业直接补贴政策研究［D］.济南：山东师范 大学.

曾富生，朱启臻.2010.农业补贴的历史与理论探析［J］.西北农林科技大学学 报（社会科学版），10（3）：18-22.

张浩.2015.草原生态保护补助奖励机制的贫困影响评价——以内蒙古阿拉善盟 左旗为例［J］.学海（6）：50-56.

张世忠.1987.开展季节畜牧业提高草原生产能力［J］.吉林农业科学（3）： 65-67.

张树安，王昕.2017.论草原生态系统中人畜平衡和畜草平衡［J］.内蒙古财经 学院学报（2）：49-53.

张英俊，等.2011.我国牧草产业发展趋势与技术需求［J］.现代畜牧兽医 （10）：8-11.

章祖同，刘起.1992.中国重点牧区草地资源及其开发利用［M］.北京：中国科 学技术出版社.

赵永珍.2015.肃南县农牧民补助奖励政策落实及存在问题研究［D］.西北民族 大学.

中华人民共和国国家统计局 . 2019. 中国统计年鉴 ［M］. 北京：中国统计出版社 .

A. M. 德米特里也夫 . 1954. 草地经营 ［M］. 北京：财经出版社：4.

Bell L. W.，Hayes R. C.，Pembleton K. G.，et al. 2014. Opportunities and challenges in Australian grasslands：pathways to achieve future sustainability and productivity imperatives ［J］. Crop and Pasture Science，65（6），489－507.

Busso C. A.，Fernández O. A. 2018. Arid and semiarid rangelands of Argentina ［R］. Climate Variability Impacts on Land Use and Livelihoods in Drylands. Springer，Cham：261－291.

David J. G. 2018. 禾草和草地生态学 ［M］. 张新时，译 . 北京：高等教育出版社 .

Duffey，E.，Morris M. G.，Sheail J.，et al. 1974. Grassland Ecology and Wildlife Management ［M］. Chapman and Hall，London.

Heady，H. F. 1975. Range Management ［M］. McGraw Hill Book Company，New York.

Hruska T，Huntsinger L，Brunson M，et al. 2017. Rangelands as social-ecological systems ［R］. Rangeland Systems. Springer，Cham：263－302.

Lewis J. K. 1982. Use of ecosystem classification in range resource management，Grassland Ecology and Classification Syposium Proceedings ［R］. Province of British Columbia Ministry of Forest.

Li W，Li Y. 2016. Rangeland degradation control in China：a policy review ［R］. The End of Desertification？. Springer，Berlin，Heidelberg：491－511.

Marchant R.，Richer S.，Boles O.，et al. 2018. Drivers and trajectories of land cover change in East Africa：Human and environmental interactions from 6 000 years ago to present ［J］. Earth-science reviews（178），322－378.

Nikolic J.，Zhong S.，Pei L.，et al. 2019. Sensitivity of Low-Level Jets to Land-Use and Land-Cover Change over the Continental US ［J］. Atmosphere，10（4），174.

Oliva G，Gaitan J，Ferrante D. 2016. Humans cause deserts：evidence of irreversible changes in argentinian Patagonia rangelands. The End of Desertification？ ［R］. Springer，Berlin，Heidelberg：363－386.

Paruelo J. M.，Jobbágy E. G. & Sala O. E. 1998. Biozones of patagonia（Argentina）［J］. Ecología Austral，8（2），145－153.

Reid R S，Galvin K A，Kruska R S. 2008. Global significance of extensive grazing lands and pastoral societies：an introduction ［R］. Fragmentation in semi-arid and arid landscapes. Springer，Dordrecht：1 – 24.

Risser P. G.，Birney E. C. 1981. The True Prairia Ecosystem ［R］. US/IBP Synthesis Series 16. Hutchinson Ross Publishers Co.，Stroudshurg.

Sala O E，Yahdjian L，Havstad K，et al. 2017. Rangeland ecosystem services：Nature's supply and humans' demand ［R］. Rangeland Systems. Springer，Cham：467 – 489.

Sampson A. W. 1952. Range Management—Principles and Practices ［M］. John Wiley and Sons，Inc.，New York.

Smelansky I. E.，Tishkov A. A. 2012. The steppe biome in Russia：Ecosystem services，conservation status，and actual challenges ［R］. Eurasian Steppes. Ecological problems and livelihoods in a changing world. Springer，Dordrecht：45 – 101.

Society of Range Management，Range Term Glossary Committee（M. M. Kothmann，Chairman），eds. 1974. A Glossary of Terms Used in Range Management ［R］. Denver，Colorado.

Suttie J. M.，Reynolds S. G. and Batello C. 2005. 张英俊，译 . 世界草原 ［M］. 北京：中国农业出版社 .

William H. McNeill. The Steppe ［OL］. https：//www. britannica. com/place/the-Steppe.

W. 戴维斯 . 1960. 第八届国际草地会议论文集：温带和热带草地 ［M］. 北京：农业出版社：10.

Zhao X.，Hu H.，Shen H.，et al. 2015. Satellite-indicated long-term vegetation changes and their drivers on the Mongolian Plateau. Landscape Ecology，30（9），1599 – 1611.